·北京师范大学史学探索丛书·

U0573713

ZhongGuo DaoLu De TanSuo
ErShi ShiJi ZhongGuo ZhengZhi Yu SheHui YanJiu SanLun

中国道路的探索：
二十世纪中国政治与社会研究散论

耿向东　著

北京师范大学出版集团
BEIJING NORMAL UNIVERSITY PUBLISHING GROUP
北京师范大学出版社

图书在版编目(CIP)数据

中国道路的探索:二十世纪中国政治与社会研究散论/耿向东著.
—北京:北京师范大学出版社，2015.10
　(北京师范大学史学探索丛书)
　ISBN 978-7-303-18267-1

　Ⅰ.①中…　Ⅱ.①耿…　Ⅲ.①中国历史—研究—20世纪
Ⅳ.①K260.7

中国版本图书馆 CIP 数据核字(2014)第 273057 号

营　销　中　心　电　话　010-58805072　58807651
北师大出版社学术著作与大众读物分社　http://xueda.bnup.com

出版发行:北京师范大学出版社　www.bnup.com
　　　　　北京市海淀区新街口外大街 19 号
　　　　　邮政编码:100875
印　　刷:大厂回族自治县正兴印务有限公司
经　　销:全国新华书店
开　　本:787 mm×1092 mm　1/16
印　　张:20.25
字　　数:320 千字
版　　次:2015 年 10 月第 1 版
印　　次:2015 年 10 月第 1 次印刷
定　　价:68.00 元

策划编辑:刘松弢　　　　责任编辑:赵雯婧　刘松弢
美术编辑:王齐云　　　　装帧设计:王齐云
责任校对:陈　民　　　　责任印制:马　洁

出版说明

在北京师范大学的百余年发展历程中，历史学科始终占有重要地位。经过几代人的不懈努力，今天的北师大历史学院业已成为史学研究的重要基地，是国家"211"和"985"工程重点建设单位，首批博士学位一级学科授予权单位。拥有国家重点学科、博士后流动站、教育部人文社会科学重点研究基地等一系列学术平台。科研实力颇为雄厚，在学术界声誉卓著。

近年来，北师大历史学院的教师们潜心学术，以探索精神攻关，陆续完成了众多具有原创性的成果，在历史学各分支学科的研究上连创佳绩，始终处于学科前沿。特别是崭露头角的部分中青年学者的作品，已在学术界引起较大反响。为了集中展示北师大历史学院的这些探索性成果，也为了给中青年学者的后续发展创造更好条件，我们组编了这套"北京师范大学史学探索丛书"，希冀在促进北师大历史学科更好发展的同时，为学术界和全社会贡献一批真正立得住的学术力作。这些作品或为专题著作，或为论文结集，但内在的探索精神始终如一。

当然，作为探索丛书，特别是以中青年学者作品为主的学术丛书，不成熟乃至疏漏之处在所难免，还望学界同仁不吝赐教。

北京师范大学历史学院

北京师范大学史学理论与史学史研究中心

北京师范大学史学探索丛书编辑委员会

2014 年 3 月

前　言

　　中国道路指的是中国特色社会主义的发展道路。从 1978 年中共十一届三中全会以来，这条道路已经有 37 年的历史了，形成了中国特色社会主义理论和中国特色社会主义制度。37 年的历史时间并不长，其中承载着的历史经验、教训和历史认知却十分丰富。可以这样说，中国特色社会主义道路的由来、发展及其演变，反映了近代以来中国历史的主题和走向。从这个意义上说，中国道路不仅仅是中国特色社会主义的发展道路，也映衬着近代以来中国的发展道路。

　　近代中国的历史起始于 1840 年的鸦片战争，这是学界大多数人的看法，自有其道理。古代中国历经几千年，形成自身独特的文化传统和经济社会发展路径，而且古代中国与外部世界的交流并不是很多，尤其在明中叶以后更少与外界沟通。鸦片战争中，资本主义最早发展起来的英国依靠坚船利炮打开了中国的大门，古老的中国不能再隔离于世界之外，而不得不与西方资本主义建立起各种各样的联系。西方列强打开你的大门不是给你送来财富和幸福。它们要倾销其产品，要掠夺你的资源，还要控制你的政府，还要取得在你的领土上的独有的特权等。资本主义世界的生存模式决定了它的这些行为。这样的结局对于中国来说是悲惨的。中国的主权和领土完整被肆意侵害，国家强盛和百姓福祉更是无从谈起。中国一步步地沦为了半殖民地。类似中国这样境况的国家在亚洲、非洲和拉丁美洲都可以找到。然而，作为有着悠久历史传统和深厚文化积淀的文明古国，中国虽沦为半殖民地，但从鸦片战争开始，中国人就在抗争，就在找寻奋发图强、摆脱困境的途径和道路。近代中国历史上各个阶级、各个阶层及其各个党派和团体，为了实现国家、民族的总目标，拿出了种种符合各自阶级、阶层利益的具体方案并付诸实践，真可谓是你方唱罢我登场。在这里我们看到了地主阶级改革家喊出的"自强"口号，看到了资产阶级维新派提出的变法图强的期盼，看到了资产阶级革命派举起的"振兴中华"的旗帜。归结起来，追求民族独立、国家强盛和人民幸福成为近代中国历史的最强音。

尽管各种强国方案先后出台，但最终未能改变中国的面貌。到了1921年，中国共产党登上了历史舞台。中国共产党以马克思列宁主义为理论武器，依靠和团结最广大的人民群众，确立了新民主主义革命的奋斗目标，进行了持续的斗争历程，取得了革命胜利，建立了中华人民共和国。中国共产党何以能用28年时间取得革命胜利、实现民族独立的目标？其中原因很多，不容忽视的一条是中国共产党和毛泽东走的是一条符合中国国情的革命道路。毛泽东在《论人民民主专政》中指出，28年的历史，我们有许多宝贵的经验，"一个有纪律的，有马克思列宁主义的理论武装的，采取自我批评方法的，联系人民群众的党。一个由这样的党领导的军队。一个由这样的党领导的各革命阶级各革命派别的统一战线"，"这三件是我们战胜敌人的主要武器。这些都是我们区别于前人的。"① 正是由于党依靠广大人民群众，团结各个革命阶级，坚持以农村包围城市、最后夺取城市的武装斗争的道路，中国革命才取得了胜利。这些都是近代中国历史上其他阶级、阶层不曾使用过或根本不可能使用的措施和办法。这彰显出中国革命道路的独特性和中国特色。

1949年中华人民共和国成立，中国共产党当时确立的目标是实现工业

① 毛泽东：《论人民民主专政》（1949年6月30日），见《毛泽东选集》，第4卷，1480页，北京，人民出版社，1991。

化和实现从新民主主义向社会主义的转变，建设"独立、民主、和平、统一、富强"① 的新中国。在 1953 年正式提出过渡时期总路线以后，1954年 9 月的一届人大一次会议，毛泽东、周恩来等明确提出要把我国建设成社会主义现代化强国的奋斗目标。这个目标在随后的历史发展过程中有所变化，但是主旨仍包含了社会主义、现代化、富强、民主、文明的内容。2007 年中共"十七大"提出了要建设"富强、民主、文明、和谐的社会主义现代化国家"的目标。2012 年以来又提出实现中华民族伟大复兴的中国梦的目标。总之，中华人民共和国追求的目标因应了近代中国历史发展的主题。为了实现这一目标，中国共产党在新中国成立以后的 60 多年里，进行了艰辛的探索，努力找寻与中国国情相适应的发展道路。20 世纪 50 年代中期，毛泽东等人提出了中国社会主义建设道路探索的问题，尝试吸取苏联的教训、走出一条中国自己的社会主义道路。这当中既有成绩，也有失误。成绩令人鼓舞，失误使人惋惜。但是，中国的社会主义必然要与中国的实际情况相结合才有生命力的结论是正确的。

中共十一届三中全会以后，改革开放大幕拉开，中国特色社会主义的历史命题被郑重提出。此后的 30 多年实践逐步形成了中国特色社会主义的发展道路。邓小平在 1984 年 6 月会见外宾时的谈话，从近代中国被侵略受屈辱的历史、从新中国成立以来社会主义建设的经验教训、从对社会主义的重新认识三个视角，进一步阐述了中国特色社会主义的由来和基本观点。他指出："马克思主义必须是同中国的实际相结合的马克思主义，社会主义必须是切合中国实际的有中国特色的社会主义。""我们相信，这条道路叫建设有中国特色的社会主义道路，是可行的，是走对了。"② 这篇谈话后来在收入《邓小平文选》时被命名为《建设有中国特色的社会主义》。中国特色社会主义道路是有充分的历史依据和现实依据的。它是顺应近代中国历史发展主题的结果，是总结新中国成立后前 30 年的历史经验的结

---

① 《中国人民政治协商会议共同纲领》（1949 年 9 月 29 日），见中共中央文献研究室编：《建国以来重要文献选编》，第 1 册，2 页，北京，中央文献出版社，1992。

② 邓小平：《建设有中国特色的社会主义》（1984 年 6 月 30 日），见《邓小平文选》，第 3 卷，63、65、66 页，北京，人民出版社，1993。

果，是中国社会主义在国内外风云变幻的历史演进中寻求发展路径的结果。因此，我们认真研究中国特色社会主义道路的历史，除了着重考察改革开放以来的历史外，毫无疑问，还要将视野上溯到新中国成立后前30年的历史、中国共产党领导中国革命的历史，以及1840年以后的中国近代历史。只有这样，我们才能够充分认识近代中国历史发展的内在规律，认识当代中国发展道路的历史独特性。

中国道路的探索是中国近现代历史发展的客观事实。中国道路的探索是以中国共产党人为核心的几代中国人为建设社会主义现代化强国、为实现中华民族伟大复兴而进行的探索。这个历史过程正在不断发展完善之中。我们应本着历史的眼光，审视这一过程，给予其更多的关注。

本书是笔者近些年来关于中国现当代史研究方面的一些论述的结集，所收文章是公开发表或在学术会议上宣读的，在收入本书时对注释、格式和个别文字做了一些调整，观点没有改变。上篇所收5篇文章属于新民主主义革命时期，有三篇是考察中国共产党在大革命时期和抗日战争时期的政治策略和政治主张。有两篇侧重于战后经济构想：其中有"张闻天新民主主义经济思想略述"一文，张闻天是中国共产党党内具有重要影响的理论家，他在新民主主义理论的框架下阐述的经济构想对于新中国建立后的思想理论具有重要意义。另一篇介绍解放战争时期经济学界关于经济建设原则的讨论，让我们看到抗战胜利后中国经济的走向所具有的独特性。中篇所收12篇文章是中华人民共和国史范畴内的，涉及政治和社会领域的问题，反映的核心问题还是中国共产党社会主义建设道路的探索历程。其中想表达的是中国共产党的探索是一个充满艰辛的过程，而我们要历史地、发展地看问题，要把握历史发展的趋势。下篇所收6篇文章涉及历史经验和历史教育。中国的文化传统中注重对历史经验的总结，注重历史教育，这在中国现当代历史中，在中国共产党的历史中有着非常充分的体现。中国道路的产生一定意义上说是总结历史经验的产物，是探索历史规律的产物。这几篇文章力图从这个侧面反映这一问题。

本书由于是论著集，文章写作时间不同，文中难免会有一些重复，望读者谅解。对于文中的不足、错误，尚祈读者批评指正。

目 录

上 篇

中 篇

下篇

附录

上篇

早期中国共产党的三民主义观

一

三民主义是 20 世纪初以孙中山为首的资产阶级革命民主派创立的革命学说。它在推翻清王朝的腐朽统治中发挥了重要作用。清王朝虽然覆灭了，但反帝反封建的任务并没有完成，民族危机日趋严重，人民生活日益恶化。辛亥革命后，孙中山虽然领导了一系列斗争，并在斗争中使三民主义学说得到了一定的发展。但由于认识的局限性，他不仅对外国帝国主义共同的侵略本性缺乏认识，而且对他们抱有幻想。对于国内的封建主义，他曾提出"平均地权"的主张，但是没有能够提出具体的土地制度改革措施。他曾一度认为："民族、民权两主义俱达到，惟有民生主义尚未着手。"三民主义变成了一民主义。尽管如此，到 20 世纪 20 年代初，三民主义仍是一个比较系统、在社会上有很大影响、不断发展充实且正在付诸实践的理论。

中国共产党于 1921 年 7 月成立之时，就明确了自己的奋斗方向和目标，并把马列主义作为自己的指导思想。但是共产主义理想不是一朝一夕就可实现的，这就要求中共适时地制定出符合国情的近期目标。这样在现实面前中共面临一个如何在坚持马列主义的同时，正确认识和对待在国内有着广泛影响的三民主义的问题。

中国共产党成立时自身的理论准备是不充分的。这时的党还没有反映中国现实的民主革命的纲领，"一大"提出的直接进行无产阶级革命的任务也是不现实的。对于国内的各党派和学说，"一大"通过的第一个决议强调："应采取独立的攻击的政策。"①

---

① 《中国共产党第一个决议》(1921 年 7 月)，见《中共中央文件选集》，第 1 册，8 页，北京，中共中央党校出版社，1989。

这时的中共作为共产国际的一个支部，在政策上受共产国际和苏俄的很大影响。在中国这样一个半殖民地半封建的国家里共产党如何确定现阶段革命的任务，这是中共所面临的最现实的问题。这一问题在1920年共产国际"二大"上就已经涉及。列宁在大会上提出："各国共产党必须帮助这些国家的资产阶级民主解放运动。"①"二大"在《关于民族与殖民地问题的决议》中也认为：封建关系或宗法关系和宗法农民关系占优势的比较落后的国家和民族，其"共产党应以实际行动帮助这些国家的革命解放运动"②。在列宁和共产国际的理论、政策指导下，1922年中共"二大"对中国革命的重要理论问题进行了研究，调整了现阶段革命目标，制定了反帝、反封建的民主革命纲领。中共"二大"指出：帝国主义和封建主义造成中国人民痛苦的根源；无产阶级应帮助民主革命；对内"打倒军阀"，对外"推翻国际帝国主义的压迫"③。进而，中共提出了建立"民主联合战线"的主张，表示要"联合全国革新党派"，"联合民主派，援助民主派"④。

至于谁是资产阶级民主派，中共"二大"认为：在当时具有民主主义纲领和行动的政党只有以孙中山为首的国民党"比较是革命的民主派"。究其原因是由于国民党"表示于公众的三民主义和发展实业计划，都是民主主义的色彩"。此时中共认为三民主义是具有资产阶级民主主义色彩的政治理论。但是对于国民党党纲中对帝国主义和军阀存在幻想这一点，中共认为"实有改变的必要"⑤。

很明显，中国共产党成立初期对待三民主义的看法有一个转变过程，由最初的排斥政策转变到改造或改变的政策。这个政策的转变虽然受到共

北京师范大学史学探索丛书

---

① 列宁：《民族和殖民地问题提纲初稿》，见《联共（布）、共产国际与中国国民革命运动（1920—1925）》，117页，北京，北京图书馆出版社，1997。

② 《关于民族与殖民地问题的决议》，见《联共（布）、共产国际与中国国民革命运动（1920—1925）》，142页，北京，北京图书馆出版社，1997。

③ 《关于"国际帝国主义与中国和中国共产党"的决议案》（1922年7月），见《中共中央文件选集》，第1册，62页，北京，中共中央党校出版社，1989。

④ 《关于"民主的联合战线"的议决案》（1922年7月），见《中共中央文件选集》，第1册，65、66页，北京，中共中央党校出版社，1989。

⑤ 《中共中央第一次对于时局的主张》（1922年6月15日），见《六大以前》，18页，北京，人民出版社，1980。

产国际和苏俄的影响，但也反映出中共的理论开始注意结合中国的现实政治斗争的实际。就三民主义来说，中共希图对孙中山以及三民主义施加一定的影响，尤其是在反帝、反封建的问题上。

正是在这一思想指导下，中共积极开展帮助孙中山的工作，其首要问题是纠正国民党对帝国主义和封建主义（以军阀为代表）的错误认识，明确民主革命的革命对象问题。一些中共的领导人也在《向导》等刊物上发表文章，明确地指出了这一问题，给孙中山以很大的启发和帮助。陈独秀指出，国民党领导革命的资产阶级进行民主革命不可忘记"反抗国际帝国主义的势力而脱其羁绊"[①]。李大钊则号召"今日的国民党，应该挺身出来，找寻那些呼唤的声音，去宣传去组织，树立旗帜来让民众——反抗军阀与外国帝国主义的民众……集合在国民党的旗帜之下，结成一个向军阀与外国帝国主义作战的联合战线"[②]。对于国内封建军阀势力，尽管孙中山早在1918年就指出，"吾国之大患，莫大于武人之争雄，南与北如一丘之貉"[③]，但对军阀的幻想一直未曾破灭。他为了讨伐直系军阀，于1922—1923年年初联合奉系军阀张作霖、皖系军阀段祺瑞成立反直"三角联盟"，并发表《和平统一宣言》。共产党人对孙中山的这一做法及时进行了批评，指出："革命党要靠继续革命才能存在的，靠旧的军阀势力之均衡，是不能存在的。"[④]并劝告国民党：如果徘徊于军阀之间，那将"徒然失去国民之希望于国情，致阻国民革命的机运"，以致"终无所就"[⑤]。共产党人除了撰文指出国民党政策中的缺点和错误外，还与孙中山当面接触，直接阐述说明中共的政治主张。1922年8月，孙中山由广州来到上海以后，李大钊专

---

① 陈独秀：《资产阶级的革命与革命的资产阶级》（1923年4月25日），见《陈独秀文章选编》（中），259页，北京，生活·读书·新知三联书店，1984。

② 李大钊：《普遍全国的国民党》（1923年4月18日），见《李大钊文集》（下），648页，北京，人民出版社，1984。

③ 邹鲁编著：《中国国民党史稿》，第4册，1085页，北京，中华书局，1960。

④ 蔡和森：《统一、借债与国民党》（1922年9月），见《蔡和森文集》，96页，北京，人民出版社，1980。

⑤ 陈独秀：《北京政变与国民党》（1923年7月11日），见《陈独秀文章选编》（中），320页，北京，生活·读书·新知三联书店，1984。

门赴沪与孙中山"讨论振兴国民党以振兴中国之问题",以致"几乎忘食"。

共产党人的热忱帮助使孙中山在反帝反封建这两个重要问题上的认识产生了变化。他在1923年《致犬养毅书》中谈到国际形势时指出:"在欧洲则露(指俄国)独为受屈之中坚,英佛(指法国)为横暴者之主干;在亚洲则印度、支那(指中国)为受屈者之中坚,而横暴者之主干亦同为英佛;而米国(指美国)或为横暴之同盟,或为中立,而必不为受屈者之友朋,则可断言也。"[1]孙中山这段话说明他此时对帝国主义的认识发生了变化,开始改变对帝国主义的看法。至于对军阀的认识也在发生着变化,孙中山认为:军阀"不是为主义而战争,是为个人升官发财而战争。故单靠军人奋斗,不能使三民主义实现"。他认识到"借人之力量以干革命事业,终是不可靠的"[2]。

在这一时期中共对孙中山的帮助还体现在促使孙中山制定联合苏俄、中共及支持扶助农工运动的政策方面。

1. 关于联俄。

十月革命后的苏俄以其全新的内外政策使得孙中山认识到俄国革命是人类的希望,因而产生了联俄的最初思想。1922年9月孙中山以他驻上海秘书处名义发表《对联俄联德外交秘函之辨证》,明确表示了联俄的主张。中共支持和肯定孙中山的联俄政策,希望国民党"与苏俄为不二的同盟"[3],以此反帝反封建,推动革命形势的高涨。1922年10月蔡和森在一篇文章中说:"中山先生联德联俄的计划完全建筑在民族独立的基础上面,这是毫无疑义的……孙中山的新外交也是为中华民族独立的惟一适当政策","是利于中国全体被压迫民族的政策"[4]。

① 孙中山:《致犬养毅书》(1923年11月16日),见《孙中山选集》,533页,北京,人民出版社,1981。

② 孙中山:《人民心力为革命成功的基础》(1923年11月25日),见《孙中山选集》,544～545页,北京,人民出版社,1981。

③ 蔡和森:《统一、借债与国民党》(1922年9月),见《蔡和森文集》,100页,北京,人民出版社,1980。

④ 蔡和森:《中德俄三国联盟与国际帝国主义及陈炯明之反动》(1922年10月4日),见《蔡和森文集》,122～125页,北京,人民出版社,1980。

2. 关于联共。

联俄与联共是相辅相承的，联共是为了更好地联俄，而联俄又促进了联共。在这方面共产国际提出了重要的意见。正是在共产国际的指导下，中共开始考虑与国民党联合的问题。1922 年 6 月 15 日，中共发表《中共中央第一次对于时局的主张》认为："国民党比较是革命的民主派"，进而提出"邀请国民党等革命民主派及革命的社会主义各团体，开一个联席会议……共同建立一个民主主义的联合战线，向封建式的军阀继续战争"①。6 月 30 日，陈独秀在致维经斯基的信中认为："我们很希望孙文派之国民党能觉悟改造，能和我们携手。"②随后中共"二大"制定了"民主的联合战线"的策略。中共的积极态度使孙中山感到满意。他同意共产党员以个人名义加入国民党，并让陈独秀等人参与国民党改组工作。

3. 关于扶助农工。

20 世纪 20 年代初，中国仍是一个落后的农业国，农民占人口的绝大多数且遭受帝国主义和封建阶级的压迫，他们具有强烈的革命的愿望。中国的工人阶级同样也遭受着深重的压迫。随着革命形势的发展，他们的政治要求也日益迫切，因而在中国进行民主革命必须依靠工人和农民两大阶级。但是，事实上在中共成立前，没有一个能够代表工人利益，哪怕是一部分利益的政治党派。由于阶级的局限性，孙中山在领导旧民主革命的十余年中，一向忽视工农的力量，没有把他们作为革命的主力，从而使民主革命没有一个坚实的群众基础。中国共产党作为无产阶级的政党，代表着工人阶级和一切受压迫人民的利益，对农工的力量自然相当重视。李大钊指出："国民党现在惟一要紧的工作，就在向全国国民作宣传和组织的工夫"③。中共"三大"在《关于国民运动及国民党问题的决议案》中也指出，应

---

① 《中共中央第一次对于时局的主张》(1922 年 6 月 15 日)，见《六大以前》，18、22～23 页，北京，人民出版社，1980。

② 《陈独秀致吴廷康的信》(1922 年 6 月 30 日)，见《"二大"和"三大"》，55 页，北京，中国社会科学出版社，1985。

③ 李大钊：《普遍全国的国民党》(1923 年 4 月 18 日)，见《李大钊文集》(下)，648 页，北京，人民出版社，1984。

"阻止国民党集全力于军事行动而忽视对于民众之政治宣传"①。上述主张得到了孙中山的积极响应。国民党一大《宣言》中指出："国民革命之运动，必恃全国农夫、工人之参加，然后可以决胜，盖无可疑者……对于农夫、工人之运动，以全力助其开展，辅助其经济组织，使日趋于发达，以期增进国民革命运动之实力。"②

总之，从中共成立到1924年1月国民党"一大"之前，中共从国内政治斗争的需要出发，积极帮助和影响孙中山，从而使三民主义增加了新的内容，这体现在1924年1月国民党"一大"通过的《宣言》和孙中山的三民主义演讲中，由此形成了重新解释的三民主义或新三民主义。③ 正是由于新三民主义与中共"二大"通过的民主革命纲领相近，才可能形成第一次国共合作的局面。

二

在国民党"一大"及此后，孙中山重新解释了三民主义，这是以"联俄、联共、扶助农工"三大政策为基础的三民主义。与以前孙中山提出的三民主义相比，新三民主义顺应时代的发展和变化，提出了以前所没有的新思想。随着第一次国共合作的形成，中共郑重宣布："我们加入本党（指国民党——引者注）是来接受本党的政纲。"④这表明中共举起了三民主义的旗帜，拥护并接受三民主义的政治主张。但这个三民主义已经不再是旧三民主义，而是新三民主义。此后，中共开展各种工作，宣传、解释新三民主

① 中共三大《关于国民运动及国民党问题的议决案》（1923年6月），见《"二大"和"三大"》，182页，北京，中国社会科学出版社，1985。

② 《中国国民党第一次全国代表大会宣言》（1924年1月23日），见《孙中山选集》，593～594页，北京，人民出版社，1981。

③ 新三民主义的提法是毛泽东1940年在《新民主主义论》中提出的，在国民革命时期尚没有这个说法。那时，毛泽东曾使用过"革命的三民主义"、"中国国民党之三民主义"的说法。为行文方便，下面均使用新三民主义说法。

④ 《北京代表李大钊意见书》（1924年1月），见《李大钊文集》（下），704页，北京，人民出版社，1984。

义。1924 年 2 月，中共中央在《同志们在国民党工作及态度决议案》中指示全党说："国民党此次议定之宣言书，为国民党精神之所寄托。我们的同志应站在国民党立脚点上，根据此宣言书，努力向国民党党内党外宣传。"①一些中共领导人在报刊上先后发表文章宣传、解释新三民主义，其主要方面有：

1. 认为新三民主义是解决中国时局的具体方案。

1924 年 2 月 16 日，恽代英发表《评国民党政纲》一文，详细地分析了国民党的内外政策。他认为，国民党的对外政策中以废止不平等条约为主要任务，"不能不说是可以敬服的事"。他认为国民党拒绝承认北洋政府所借外债，"实为合当"。在对内政策上，他认为，这是国民党以往党纲中"最能有进一步之主张的"党纲。他肯定县自治、普选制、人民自由权，以及平均地权等政策。他希望"国民党真能完成为一个有主义、有办法的政党"②。瞿秋白认为，三民主义的产生"是完全由于中国现实经济状况而起的"。中国遭受外国帝国主义压迫，故首先有民族主义；人民反抗封建专制，便有民权主义；而人民欲求生活的保障，也就有民生主义。他说："必完全达到三民主义，然后可以说革命成功。在三民主义未达到以前只有革命"，"三民主义是国民革命的一种口号，是从事革命的目标，是平民组织团结力量以达到革命的旗帜"③。毛泽东更是直截了当地指出："革命的民族主义叫我们反抗帝国主义，使中国民族得到解放。革命的民权主义叫我们反抗军阀，使中国人民自立于统治地位。革命的民生主义叫我们反抗大商买办阶级，尤其是那封建宗法性一切反动势力根本源泉之地主阶级，使中国大多数穷苦人民得享有经济幸福。"④以上论述指出了新三民主

① 《同志们在国民党工作及态度决议案》(1924 年 2 月)，见《中共中央文件选集》，第 1 册，224 页，北京，中共中央党校出版社，1989。

② 恽代英：《评国民党政纲》(1924 年 2 月 16 日、23 日)，见《恽代英文集》上卷，458～461 页，北京，人民出版社，1984。

③ 瞿秋白：《中国革命史之第二篇》(1924 年 1 月)，见《"二大"和"三大"》，444～449 页，北京，中国社会科学出版社，1985。

④ 毛泽东：《〈广东省党部代表大会会场日刊〉发刊词》(1925 年 10 月 20 日)，见《毛泽东文集》，第 1 卷，16 页，北京，人民出版社，1993。

义所包含的革命因素，明确了新三民主义与中国革命的关系，其论点是正确的。

2. 认为新三民主义是为全国民众谋利益的。

由于阶级的局限性，旧三民主义在广大民众中缺少宣传，其理论不为民众所了解，即使是国民党的党员也有不少人不明真谛。这是旧三民主义实践过程中的一大明显缺陷。中国共产党是以马克思主义为理论基础的无产阶级政党，是代表广大工农劳动人民利益的。由此出发，中国共产党人在宣传三民主义的时候，非常注意它与广大民众的结合。恽代英指出："我们只知道三民主义是为全国民众谋利益的；孙中山先生与他所统率的国民党，是为全国民众的利益而奋斗的。"①《中国青年》曾刊文进一步指出：在半殖民地半封建的状态下，农工阶级遭受帝国主义、封建军阀和地主土豪的压迫剥削，他们的出路在哪里呢？"国民党既是讲民族主义，反抗帝国主义压迫的；既是讲民权主义，反抗军阀官僚压迫的；既是讲民生主义，反抗土豪痞绅压迫的；他的成功，总可以有利于一般农工阶级。"②这些思想的提出表明中共希望三民主义扎根于工农群众之中，纠正国民党忽视工农群众作用的倾向；同时也希望工农群众支持三民主义，支持国民党，在三民主义的旗帜下进行民主革命。

3. 认为新三民主义与共产主义是可以合作的。

中共在国民革命时期高举三民主义旗帜，但同时又要保持共产党的基本原则，这里就有一个如何认识三民主义与共产主义的关系问题。孙中山在论述这一问题时指出，三民主义与共产主义是一种朋友的关系，他说："民生主义就是共产主义，就是社会主义。所以我们对于共产主义，不但不能说是和民生主义相冲突，并且是一个好朋友，主张民生主义的人应该

---

① 恽代英：《国民党中的共产党问题》（1924 年 7 月 19 日），见《恽代英文集》上卷，571 页，北京，人民出版社，1984。

② F. M.：《国民党左派与共产党》（1924 年 12 月 13 日），见《六大以前》，218 页，北京，人民出版社，1980。

要细心去研究的。"①在他坚持认为民生主义与共产主义无区别的同时，他也承认两者之间的差别"只是为达到目的所走的道路不同"②。似乎民生主义与共产主义是殊途同归的关系，并不与他的理论相冲突，三民主义可以将共产主义包容在内。这些认识当然是肤浅的。但他认为三民主义与共产主义是朋友的关系的观点基本是正确的。

针对这个问题，中共作出了自己的回答。第一，三民主义与共产主义是两个不同的理论体系。蔡和森说："中山主义与共产主义显然是两个不可混淆的标帜。"③恽代英也说，孙中山的学说"不能纯粹的同于无产阶级革命的学说"④。中共的这种认识是基于马克思主义主张阶级斗争、剩余价值学说和无产阶级专政，主张辩证唯物主义的一元论等观点，而孙中山反对阶级斗争和剩余价值学说，其民生史观是二元论。两者从根本上说是截然不同的。第二，三民主义与共产主义是"朋友"的关系。蔡和森指出："共产主义者愿帮助中山主义之实现。"⑤恽代英甚至说：孙中山"虽不说无产阶级革命，他却是要消灭阶级……他仍旧是要达到共产主义社会"。"孙先生的学说虽然不能纯粹的同于无产阶级革命的学说，但是一样要达到无产阶级革命的目的。"⑥1925年8月，《政治生活》发表署名文章，在反驳右派的同时指出：三民主义中的民族主义是要联络平等待我之民族反对帝国主义，而共产主义者领导工人罢工也是反对帝国主义；民权主义是反对军阀

---

① 孙中山：《三民主义·民生主义》(1924年8月10日)，见《孙中山选集》，836页，北京，人民出版社，1981。

② 《孙逸仙在国民党中央全会最后一次会议上的讲话》(1924年8月30日)，见《联共(布)、共产国际与中国国民革命运动(1920—1925)》，527页，北京，北京图书馆出版社，1997。

③ 蔡和森：《何谓国民党左派？》(1925年5月3日)，见《蔡和森文集》，763页，北京，人民出版社，1980。

④ 恽代英：《孙中山主义与戴季陶主义》(1925年12月27日)，见《恽代英文集》下卷，750页，北京，人民出版社，1984。

⑤ 蔡和森：《何谓国民党左派？》(1925年5月3日)，见《蔡和森文集》，763页，北京，人民出版社，1980。

⑥ 恽代英：《孙中山主义与戴季陶主义》(1925年12月27日)，见《恽代英文集》下卷，750页，北京，人民出版社，1984。

政治，把政权归于人民；而共产主义者则是每日与军阀作战，并做出了重大牺牲；民生主义是反对国际资本主义侵略中国，要使民众"得遂其生"，改变其经济地位，而共产主义者则要消灭人掠夺人的事实，抵抗国际资本主义，领导工人同资本家斗争，以取得工人经济地位的提高。作者质问：这是违背三民主义的精神吗？① 以上论证表明中国共产党人试图正确处理共产主义与三民主义的关系，其中有些论证尽管显得不够充分，但却为国共合作奠定了理论的基础，即中共民主革命的最低纲领与孙中山的新三民主义之间存在相通之处。正是由于明确了三民主义与共产主义的关系，中共才能在以后复杂的形势中同各种与孙中山新三民主义学说相悖的言行作斗争。

4. 认为戴季陶主义歪曲了新三民主义。

1925 年孙中山逝世后，中共主要与戴季陶主义进行了论争，展开了"五四"以来第一次关于三民主义的论争。戴季陶主义的主要观点，一是把三民主义"道统化"，认为孙中山的思想"完全渊源于中国正统思想的中庸之道"，"实在是孔子以后中国道德文化上继往开来的大圣。"②二是强调三民主义的"独占性"和"排他性"。三是反对阶级斗争。戴季陶主义产生以后，在国民党内产生很大影响。西山会议派吸收了戴季陶主义的某些思想，更加剧了反对新三民主义、反对"联俄、联共、扶助农工"三大政策的活动。而蒋介石则凭借着戴季陶主义加紧反共清党。鉴于此，中国人产党人对戴季陶主义的批判就显得更为重要。瞿秋白指出："戴季陶等这种思想的根本点，便是一种唯心论的道统说。所谓孙中山三民主义的哲学基础，竟只是仁慈忠孝的伟大人格，竟只是继承尧、舜、禹、汤、周、孔的道统——戴季陶又继承孙中山的道统！⋯⋯这完全是想把革命当做慈善事

---

① 希祖：《给反革命派一个回答》（1925 年 8 月 5 日），见《第一次国共合作在北京》，169～171 页，北京，北京出版社，1989。

② 戴季陶：《民生哲学系统表说明》（1925 年 5 月 19 日），见《中国现代思想史资料简编》，第 2 卷，609 页，杭州，浙江人民出版社，1982。

业。"①关于三民主义的"独占性"和"排他性"问题，陈独秀指出：他不反对一个党要有"共信"的主张，不反对把三民主义作为国民党的"共信"。但是，国民党"不是单纯一个阶级的党"，而是各个阶级合作的党，所以在"共信"之外，"应该容认有各阶级的'别信'"。所谓"别信"，即是在"各阶级共同需要所构成的共同主义之外"，"各阶级各别需要所构成的各别主义"②。陈独秀强调：戴季陶"若以为这别信存在有害于党的理想统一与组织强固，主张全党只许有一个共信，不许有别信存在，这分明是想把全党中各阶级的分子成为某一阶级化。可是这个野心的企图，在现时的中国国民党中，颇难实现。"③至于阶级斗争问题，中共领导人撰文从理论和现实来阐明阶级斗争存在的必然性。瞿秋白指出："民族主义是中国要求解放，脱离帝国主义的压迫……民权主义是中国民众要推翻卖国军阀的政权，建立平民的政权……民生主义是中国一般民众要求经济生活的改善，小商人、自耕农要免除苛捐杂税，没有地的农民要田地，工资低的工人要增加工资……凡此都是极具体极明显的民众要求。这是中国被压迫的各阶级反对帝国主义及军阀的斗争，这是中国的工人农民反抗剥削阶级的斗争。这些政治经济要求完全是现时经济制度下所必然要产生的革命要求。这些要求是现在中国大多数民众所共同的，所以能集合中国各阶级而成国民革命的政纲。然而这些要求的本性，便是资本主义经济制度之下的阶级斗争。"①1925 年 9 月，陈独秀发表《给戴季陶的一封信》，明确指出："抹杀阶级争斗的需要……那便是一个极大的错误。"他说："我知道有许多人，都以为民族争斗最好是各阶级联合的争斗，若同时不停止阶级争斗，这种

---

① 瞿秋白：《中国国民革命与戴季陶主义》(1925 年 8 月)，见《瞿秋白文集·政治理论编》，第 3 卷，321 页，北京，人民出版社，1989。

② 陈独秀：《给蒋介石的一封信》(1926 年 6 月 4 日)，见《陈独秀文章选编》(下)，231 页，北京，生活·读书·新知三联书店，1984。

③ 陈独秀：《给戴季陶的一封信》(1925 年 9 月 11 日)，见《陈独秀文章选编》(下)，90 页，北京，生活·读书·新知三联书店，1984。

④ 瞿秋白：《中国国民革命与戴季陶主义》(1925 年 8 月)，见《瞿秋白文集·政治理论编》，第 3 卷，326 页，北京，人民出版社，1989。

矛盾政策，岂不要破坏各阶级的联合战线么？"①陈独秀承认这种矛盾是存在的，但更重要的问题是依靠什么力量来实现国家自由民族平等？他以沙面工人罢工、平息商团叛乱、五卅运动等革命运动中工农阶级的表现说明，"阶级斗争即在国民革命运动中也是必要的"。

由于中共坚持孙中山新三民主义，批判戴季陶主义，所以在统一战线内部对戴季陶等国民党右派形成了一定的压力。国民党"二大"作出决议，警告戴季陶，"促其猛省，不可再误"。这样戴季陶主义的气焰受到了一定程度的打击。中共对戴季陶主义的据理批判，在统一战线内部明确了什么是孙中山的新三民主义，什么是戴季陶主义。这在一定程度上起到了宣示孙中山新三民主义的作用，同时也把诠释新三民主义的主动权掌握在自己手里。与此同时，中共还为了坚持和捍卫三大政策，同国民党右派进行了斗争。

北京师范大学史学探索丛书

三

综观 1921 年中共建立到 1927 年国民革命失败的这段历程，可以看出，中共积极支持扶助孙中山确立符合时代需要的新三民主义及"联俄、联共、扶助农工"的三大政策，为国民革命的进行和工农运动的开展打下了一个良好的基础。

作为无产阶级政党的中共，在纷繁复杂的形势面前，能够认清革命发展的大趋势，通过与孙中山所领导的国民党进行合作，促进中国民主革命的发展。这当中，中共注意处理好共产主义理论与三民主义的关系，在不放弃自己政治信仰的前提下，尽可能地宣传三民主义、维护三民主义、与违反和反对三民主义的倾向进行不懈地斗争。这段历程说明，中共对待三民主义的态度是先在理论上承认它，继而又发展它，并努力在行动上实践它。因此，可以说中共是新三民主义的促成者、维护者和执行者。

---

① 陈独秀：《给戴季陶的一封信》（1925 年 9 月 11 日），见《陈独秀文章选编》（下），86 页，北京，生活·读书·新知三联书店，1984。

然而，应该注意到的是，这一时期的中共毕竟尚处幼年，理论水平和革命斗争经验都显不足，在认识和实践三民主义的过程中存在着一些偏差，主要表现在以下两方面：

第一，中共对三民主义理论体系的研究不够，缺乏应有的深度。理论上承认与实践中推行三民主义，首先必须认真研究三民主义。毛泽东在1938年中共六届六中全会报告中曾指出："共产党员应该如像他们研究共产主义一样，好好研究三民主义，用马克思主义的眼光，研究三民主义的理论，研究如何使三民主义具体地见之实施，研究如何用正确的三民主义思想教育人民大众，使之由了解而变为积极的行动。"毛泽东的这番话是十分中肯的。这也正是早期中共对三民主义认识中所缺乏的。中共建立之初，对国民党及其主义基本上是持否定的态度。到中共"二大"确定了"民主的联合战线"策略后，仍然对三民主义缺乏系统的研究。尽管中共在帮助孙中山确定"联俄、联共、扶助农工"三大政策过程中发挥了重要作用，但对三民主义产生的阶级背景、理论渊源、内在联系等问题仍是不十分清楚。这时期，中共党内论述三民主义的文章非常少见，更没有系统的论著出现。国民党"一大"后，这种情况有所好转，中共的许多领导人纷纷撰文阐释三民主义，但多是从论战的角度出发来讲三民主义，仍然缺少全面的研究成果。这种状况不利于中共举起三民主义旗帜。

第二，中共在宣传三民主义的过程中，忽略了对马列主义的宣传。国民革命时期中共为举起三民主义的旗帜，的确做了许多宣传工作。除了中央以外，地方上也开展了大量工作。但是，必须注意到，三民主义是不能等同于马克思列宁主义的。张闻天在1939年时曾说："马列主义，科学的社会主义，同三民主义有原则的区别。"①宣传三民主义并不等于宣传马列主义。然而在国民革命中有关马列主义及共产党的性质、宗旨、纲领、任务的宣传显得不够。其原因主要是，共产国际在促成国共合作的过程中，在指导思想上始终存在过低地估计中国无产阶级、农民阶级及中共的能力

---

① 张闻天：《支持长期抗战的几个问题》(1939年8月23日)，见《张闻天选集》，240页，北京，人民出版社，1985。

和力量，过高地估计资产阶级革命性及国民党的领导作用的问题。他们认为，中国无产阶级及其政党还很幼稚，无力单独进行民族民主革命；中国无产阶级革命的时机尚未成熟。相反，国民党却是当时"中国唯一重大的民族革命集团"①。基于这种认识，共产国际和中共积极帮助孙中山改组国民党，完善、发展三民主义，并在国民党"一大"后为捍卫和实施新三民主义进行不懈地努力。然而，中共却没有相应地向工农群众着力宣传自己的政治主张。因此，当国民党右派叛变革命时，工农群众未能很好地团结在中共的周围，使革命力量遭受损失。

总而言之，尽管早期共产党人在认识及实践三民主义的过程中有值得认真总结的地方，但幼年的中共为改变中国的社会现状所表现出来的信心和勇气，在推动革命向前发展的历程中体现的坚忍不拔的精神，是令人钦佩的。他们对三民主义的认识和阐释为以后抗日战争时期进一步深入研究三民主义以及中国共产党的理论建设打下了基础。

北京师范大学史学探索丛书

---

① 《共产国际执行委员会关于中国共产党与国民党的关系问题决议》(1923 年 1 月 12 日)，见《共产国际、联共(布)与中国革命文献资料选辑(1917—1925)》，436 页，北京，北京图书馆出版社，1997。

大革命时期中国共产党对汪、蒋策略的演变

汪精卫和蒋介石作为国民党内两个关键的人物，在整个大革命时期，政治态度前后发生很大变化，且常常以假相来掩盖其真实面目。这对于国民党的同盟者、尚处于幼年时期的中国共产党来说，正确地认识汪、蒋并采取相应的策略确实是一个重大的问题。本文拟通过汪、蒋政治态度的变化及中共对其策略的演变来总结大革命失败的经验教训。

一

从大革命的进程看，中共对汪、蒋策略的演变可分为四个阶段：

1. 从国民党"一大"到中山舰事件前，中共认为汪、蒋是左派，对他们的本质缺乏深入的认识。

汪精卫早年就追随孙中山参加资产阶级革命。国民党"一大"前后，他赞同"联俄、联共、扶助农工"的三大政策，做了大量的实际工作。国民党"一大"上国民党右派反对共产党员跨党，汪明确表态："曩者吴稚晖、李石曾、张溥泉诸君都是无政府党，我们已承认他们为国民党员，如何对于共产党，又不允许他。这是什么道理？"[①]汪支持联共的态度昭示天下并得到孙中山的信任。孙中山曾说："真正跟我来革命的，如汪精卫先生一样的人不出二十个。"[②]汪在跟随孙中山的过程中为建立国共合作、执行三大政策做出了努力，这无疑应该肯定。孙中山逝世后，汪以左派的面目出现，继续拥护三大政策，坚持国共合作的立场。1925 年 7 月，广州国民政

---

① 《中国国民党第一、二次全国代表大会会议史料》（上），53 页，南京，江苏古籍出版社，1986。

② 毛泽东：《国民党右派分离的原因及其对于革命前途的影响》，见中国人民解放军政治学院编：《中共党史参考资料》（三），431 页。

府成立，汪当选为第一任主席，遂跻身于国民党领袖的行列。

大革命时期国民党内存在左、中、右三派是客观事实，这在国民党"一大"上即见端倪。国民党内各派由于代表着国内不同的阶级和阶层，他们的政治立场、政治倾向有很大差别。随着国内政治形势的变化，这些人的政治态度也在不断改变。因此，国民党内各派成员的构成并非固定不变。作为同盟者的中共，对国民党内各派的认识和采取的相应策略主要依据他们的政治态度。

对于汪精卫，中共根据他在这一阶段的言行，一直认为他属于左派。1924年5月，中共执行委员会指出："照现在的状况看来，国民党的左派是孙中山及其一派和我们的同志。"①这里所说的"孙中山及其一派"显然包括汪精卫在内。广州国民政府成立后，中共认为这个政权掌握在国民党左派手里。1925年10月，陈独秀明确地说："这班国民政府的领袖，即是国民党的领袖。"而国民党的左派领袖则包括汪精卫在内。② 这期间中共对汪精卫的认识基本上是正确的，这与汪精卫表示坚持三大政策、坚持国共合作的态度是一致的。

中共除了认为汪精卫为左派外，还认为蒋介石也属于左派。蒋虽然在国民党内的资历不如汪，但是，蒋以其独具的军事才能和政治手腕，很快跃居国民党领袖的行列。

蒋介石于辛亥革命后投靠孙中山，他以其军事方面的才能渐获孙中山的信任。1924年1月24日，孙中山任命蒋为黄埔军校筹备委员长，5月3日又正式任命蒋为校长兼粤军总司令部参谋长。正是这种信任成为蒋日后扩展势力的基础。此后，蒋介石在平定商团叛乱、两次东征和平定杨、刘叛乱中发挥了一定的作用，其在国民党内的声望和地位陡增。

在这一阶段，蒋介石在许多场合发表拥护三大政策的言论，把自己扮成孙中山的忠实信徒。第一次东征期间，蒋曾宣称："反革命的势力虽然很大，但是我们有国共两党的合作，有全国民众的支持，总理死了，还有

北京师范大学史学探索丛书

---

① 《中共中央文件选集》，第1册，230页，北京，中共中央党校出版社，1989。

② 陈独秀：《今年双十节中之广州政府》，见《六大以前》，357、359页，北京，人民出版社，1980。

鲍顾问领导我们，总理的精神不死！"①1925 年 12 月，蒋甚至表示："吾为三民主义而死，亦即为共产主义而死也。""三民主义之成功，与共产主义之发展，实相为用而不相悖者也。"②

蒋介石的上述言行符合三大政策和国共合作的精神，据此中共认定蒋是左派。邓中夏曾指出："自从打败刘、杨以后，国民政府成立，在政府中显然分成三派：一派以许崇智为领袖……一派以胡汉民为领袖……一派以廖仲恺、汪精卫、蒋介石为领袖，而左派党员及工农群众属之。"③陈独秀对蒋曾大加赞扬，称："现在蒋介石先生手创了有力的党军，用这包打军阀绝不扰民的党军不顾成败利钝的肃清了……滇桂粤各派小军阀，以图广东军政财政之统一，这不但为国民党，建了惊人的勋劳，并且为死的中山先生出了多年力不从心的怨气。中山先生及他手创的中国国民党，倘若没有这几个月国民政府一面肃清内部恶势力，一面反抗外部恶势力的坚决举动，几乎使人民怀疑到什么三民主义，什么革命事业，都不过是欺骗人民的鬼话了！"④这段话把蒋捧到了很高的程度。如此说来，蒋无疑是孙中山三民主义的忠实执行者了。进而，陈独秀断言："就现有的事实而论，国民党左派的领袖，如汪精卫、蒋介石、胡汉民、谭延闿……等一班人"，"是实行反对帝国主义及军阀，实行三民主义的革命派。"⑤

中共认为汪、蒋同是国民党左派的认识直接影响了对汪、蒋的策略。1925 年 10 月，中共中央扩大执行委员会提出："共产党现在的职任，便是更加应当继续与国民党合作的政策而与大多数群众接近，竭力赞助他的左派，使他进行发展革命运动的工作。"不久，陈独秀也表示，我们必须赞助国民党的左派而反对其右派。

总之，这一阶段中共对汪、蒋的策略是一致的、明确的，即采取联合、赞助的态度，并希望通过支持他们来反对右派，巩固大革命已取得的

① 《包惠僧回忆录》，171 页，北京，人民出版社，1983。
② 见中国人民解放军政治学院编：《中共党史参考资料》(三)，493 页。
③ 《邓中夏文集》，272 页，北京，人民出版社，1983。
④ 陈独秀：《今年双十节中之广州政府》，见《六大以前》，358 页。
⑤ 陈独秀：《什么是国民党左右派？》，载《向导》，第 137 期。

成果，发展革命的力量。然而，事实上，中共的这种认识和分析以及采取的策略，带有片面性和盲目性，尤其是在对蒋的认识和采取的策略上犯了右倾的错误。

对于大革命时期的蒋介石，周恩来曾回忆道："蒋介石开始办黄埔军校时，表面上赞成革命，但他的思想实际上是反共反苏的，并不是真心诚意地与共产党合作。"①1923 年 8 月，蒋受孙中山委派率"孙逸仙博士代表团"赴苏联考察三个月。次年 3 月在致廖仲恺的信中，他坦言说："俄党殊无诚意可言……俄党对中国之惟一方针，乃在造成中国共产党为其正统，决不信吾党可与之始终合作，以互策成功者也……彼之所谓国际主义与世界革命者，皆不外恺撒之帝国主义，不过改易名称，使人迷惑于其间而已。"②蒋的这一段自白颇能反映他的内心真实思想，他高谈拥护联俄联共的言论是值得怀疑的。1925 年 11 月在第二次东征途中，针对黄埔军校和国民革命军中共产党力量的不断扩大，蒋介石要求周恩来将军校和军队中共产党员的名单交给他，遭到拒绝。

从以上情况看出，蒋并非像他所说的那样希望国共两党共同携手合作，实现孙中山的三民主义，而是包藏祸心，玩弄两面派的手法，以革命的词句来掩盖反革命的行动。实际上，蒋并非左派，但也不能说是右派，而属于中派。对蒋的政治倾向，中共当时的主要领导人未能全面准确地做出判断，并进而采取相应的策略，相反却认为"中国革命是需要蒋介石这样的一个人物"③，以至于对陈延年、周恩来等人在国民党"二大"前提出不与蒋合作的建议也置若罔闻。由于中共对蒋的让步策略，使得蒋在国民党"二大"上第一次当选为中央执行委员，不久又当上中央常务委员。蒋介石的得势为他进一步走向背叛三大政策的道路提供了资本。

2. 从中山舰事件发生到北伐战争前，蒋已蜕变为右派，但中共仍缺乏正确的认识且疏于戒备。

1926 年 3 月发生了限制和打击共产党的中山舰事件，从此，国共合作

北京师范大学史学探索丛书

---

① 《周恩来选集》上卷，115 页，北京，人民出版社，1980。
② 《蒋介石年谱初稿》，167 页，北京，档案出版社，1992。
③ 《包惠僧回忆录》，172 页，北京，人民出版社，1983。

出现裂痕。蒋介石是这一事件的制造者，通过打击国民革命军中的共产党人，他开始向共产党进攻。但此时蒋的羽翼未丰，还不敢更进一步地与共产党决裂。于是，蒋在事件后大作表面文章，表示自请从严处分。这种伎俩当时确使许多人感到迷惑。中山舰事件发生后，中共广东区委和在国民党中央工作的陈延年、周恩来、毛泽东等主张趁蒋立足未稳给其应有的反击。但是，在上海的中共中央最初对事件的反应和对蒋的策略却不是这样。3 月 29 日，中共中央发出指令说："从党和军队纪律的观点看，蒋介石的行动是极其错误的，但是，事情不能用简单的惩罚蒋的办法来解决。"对蒋介石"我们现在应该全力拯救他，将他从陷入的深渊中拔出来"①。陈独秀此时尽管意识到国民党内部的政治力量已经分化，并提出了新右派的概念，认为他们要修正联俄联共的政策，但是他仍然表示："蒋介石是中国民族革命运动中的一个柱石"，中共决不会采取"推倒蒋介石"这种"破坏中国革命势力统一的政策"②。戴季陶属于新右派，而蒋则不是。

中共中央正是基于以上认识，所以根本不理会广州的同志提出给蒋以反击的主张，作出了向蒋让步的对策。中共中央委派张国焘面见蒋，表示"中共始终支持他，希望彼此仍能精诚无间的合作；使广东局面更加稳定，进而达成统一全国的革命愿望"③。

经过中山舰事件，蒋限共、排共更加有恃无恐。在 1926 年 5 月 15 日召开的国民党二届二中全会上，蒋提出限制共产党活动的"整理党务案"。中共党内经过争论最终同意鲍罗廷的提议，接受了该案。这是中共对蒋策略上的一次大的让步。至此，蒋介石已经掌握了党政军大权，其个人野心急剧膨胀。

对于蒋的一系列变化，中共领导人也表示了种种忧虑，对蒋的言行作了有限的批驳。赵世炎撰文指出：整理党务案的意义其实是非常明显的，

---

①　《毛泽东年谱(1893—1949)》上卷，160 页，北京，人民出版社，1993。

②　陈独秀：《中国革命势力统一政策与广州事变》，见《六大以前》，432 页，北京，人民出版社，1980。

③　张国焘：《我的回忆》，第 2 册，106 页，现代史料编刊社，1980。

"西山会议议案的精神亦可以说有部分的实现了"①。陈独秀6月4日致信蒋，对其所言"凡是一个团体里面，有两个主义，这个团体一定不会成功的"这句话，表示"实在不敢苟同"，并认为"这完全是季陶先生的理论"。针对蒋所说"拿国民党三民主义来做招牌，暗地里来做共产主义的工作"这句话，陈独秀明确指出："这是右派历来攻击国民党中共产分子的话，我们听得十分耳熟了。"②6月7日，陈独秀写了《论国民政府之北伐》一文，对即将开始的北伐战争表示消极态度。这种看不到革命形势迅速发展的态度是错误的，但是其中却另有原因，这就是陈独秀对蒋拥兵自重深感忧虑。他说："论到北伐之本身，必须他真是革命的势力向外发展，然后北伐才算是革命的军事行动；若其中夹杂有投机的军人政客个人权位欲的活动，即有相当的成功，也只是军事投机之胜利，而不是革命的胜利。"③话虽说得不错，但"投机的军人政客"的投机之势已经形成，欲阻止这种趋势的发展将更为困难。

总之，中山舰事件以后，蒋已蜕变成右派。中共虽然对他心存忧虑，但却没有认识到他已有了质的变化，甚至连他是新右派都不曾承认，这样当然谈不上制定正确的对蒋策略了。

中山舰事件后，中共依旧认为汪精卫是左派，对他寄予厚望。然而事件本身激化了汪蒋之间固有的矛盾。汪先是抱"病"不出，后离国赴法。他打算以出走来促成公众对蒋的反感和不满，结果正中蒋的下怀，由此蒋获取了更大的权力。汪出走海外，离开中国政治斗争的中心，使中共以及国民党左派感到很大的失望。随后，中共便把对国民党政策的重心转到蒋的身上。

3. 从北伐战争开始到"四·一二"反革命政变前，中共对蒋的策略模糊不定，但对汪则寄予希望。

1926年7月北伐战争开始后，中共对蒋不断专权日益感到担忧，对其

北京师范大学史学探索丛书

---

① 赵世炎：《最近国民党中央全体会议之意义》，见《六大以前》，492页，北京，人民出版社，1980。

② 《中共中央文件选集》，第2册，625页，北京，中共中央党校出版社，1989。

③ 《中共中央文件选集》，第2册，627页，北京，中共中央党校出版社，1989。

认识也产生了新的变化。1926年7月，中共在上海举行第四届中央执行委员会第三次扩大会议，着重讨论对待资产阶级和蒋介石的策略问题。会议认为，"资产阶级的特性，一旦得到些小胜利，稍稍能够安慰其阶级的要求，便立刻发挥其妥协性，离开民众，背叛革命而与敌人合作"。同时又提出，"中国的国民革命若没有资产阶级有力的参加，必陷于异常困难或至于危险"，不能"敌视他们过早，逼他们为帝国主义利用"①。这种认识显然是矛盾的。会议还认为，国民党内的新右派是代表资产阶级利益，反映资产阶级的政治态度的，蒋介石正是属于这一派（或称中派）。就这一点来说，中共对蒋的认识有了进步。但是基于对资产阶级的矛盾认识，会议对蒋的本质仍然认识不清，没有把他视为与中共争夺领导权的潜在主要对手。因此，会议确定的对待中派的策略是："联合左派并中派向反动的右派进攻"；"联合左派控制中派使之左倾，而不能希图消灭中派"；"有时还需要扶助中派。"②于是，在北伐即将开始之际，当苏联顾问团问及在北伐中是帮助蒋介石呢，还是削弱蒋介石的时候，张国焘代表中共中央答复说："是反对蒋介石，也是不反对蒋介石。"③这充分地说明中共对蒋的策略是不确定和模糊的。在这一阶段，这种策略的具体表现就是支持开展"迎汪复职"运动。

北伐开始时，尚在国外的汪精卫在国内还有很大影响。中共仍然认为汪是国民党左派的领袖。当蒋日益专权之时，中共考虑以汪来抵消蒋的影响，一些国民党左派也希望汪回国，这样"迎汪复职"运动伴随着北伐的进行展开了。

"迎汪复职"运动自1926年7月至1927年4月汪回国止，目的是要实现"汪蒋合作"。这期间的口号，1926年12月前是"以汪助蒋"，以后是"以汪限蒋"。1926年7月，国民党一些省党部纷纷提出请"汪精卫销假视事""迎汪复职"运动由此而起。9月16日，中共中央首次表明对"迎汪复职"运

① 《中共中央文件选集》，第2册，168～169页，北京，中共中央党校出版社，1989。
② 《中共中央文件选集》，第2册，170页，北京，中共中央党校出版社，1989。
③ 《周恩来选集》上卷，124页，北京，人民出版社，1980。

动的态度，指出："我们同志在民党中，应向左派宣传'革命势力统一'的口号，便是必须汪蒋合作，使汪能主持国民党。"①然而，蒋是很不情愿让汪回国复职的。他对陈公博说："我以为党政军只能有一个领袖，不能有两个领袖，如果大家要汪先生回来，我便走开。如果大家要我不走，汪先生便不能回来。"②9月，蒋又派胡公冕到上海见陈独秀，请中共"勿赞成汪回"。陈答复说："我们赞成汪回。"同时附加了三个条件："一是汪蒋合作不是迎汪倒蒋；二是仍维持蒋之军事首领地位……三是不主张推翻整理党务案。"③

中共的这一策略明显是有失偏颇的，这表现在：虽然认识到蒋集党政军权于一身是很危险的，但并未采取强有力的反击措施"反对蒋介石"，而是把希望寄托在尚居国外且无一兵一卒的汪的身上，对蒋一再退让。在此情形下，蒋急剧扩充力量，开始向革命力量挑战。至1926年12月蒋挑起"迁都之争"，中共始调整策略实行"迎汪限蒋"。

1926年12月13日，陈独秀在中共汉口特别会议上分析了近来蒋的变化，指出蒋等人"日行其右倾政策毫无所顾忌"，蒋"言论虽左，实际行动仍然表示很右"④。鉴于此，中共改变了对蒋的策略，实行"迎汪限蒋"。具体做法是："扶助左派建立以汪精卫为领袖的文人派政府。军事首领不任政府的常务委员，军事委员会须在政府管理之下，以减少国民政府之军事独裁的性质与形式"；"维持国民党军事首领势力之均衡"；"扩大民主主义的宣传"；"抑制军事独裁的局面之向前进展及向右反动"等。1927年3月10日，在中共和国民党左派共同努力下，国民党二届三中通过了《统一党的领导机关决议案》、修订的《军事委员会组织大纲》等文件，对蒋的权力予以限制和削弱。但此时蒋的羽翼已经丰满，他开始公开打击破坏工农运

① 《中共中央文件选集》，第2册，311页，北京，中共中央党校出版社，1989。
② 陈公博：《苦笑录》，50页，现代史料编刊社，1981。
③ 《中共中央文件选集》，第2册，325～326页，北京，中共中央党校出版社，1989。
④ 《中共中央文件选集》，第2册，561～562页，北京，中共中央党校出版社，1989。

动。在蒋日益走向反动的时候，中共在策略上仍未采取措施加强无产阶级的领导权，加强军事工作，甚至仍未承认蒋已变为右派，而是继续把希望寄托在汪身上。在国民党二届三中全会上，尚在国外的汪精卫被委以中央执行委员会常务委员、中央组织部长、中央军事委员会主席团成员等要职，这为其回国后的活动提供了条件。

1927年4月1日，汪从欧洲经苏联到达上海。蒋对汪的到来表示欢迎，并迅速与汪商议反共事宜。在反共问题上，汪有两方面的考虑：第一，认为"共产党素来不轻变更所定政策，共产党实以本党为利用品。本人亦不赞成共产党之阶级革命及劳农专政。且据本人观察：国民党与共产党亦不易继续相安；但本人希望暂能维持合作，自己愿尽调和之责"①。第二，出于与蒋的争权斗争，汪也希望据武汉的国民党中央和国民党政府来与蒋抗衡，而不愿一回国即受制于蒋。因此，蒋、汪未达成反共协议。汪坚持召开国民党二届四中全会来解决国共两党关系问题，暂时没有打出反共的旗帜。他这样做完全是出于策略的考虑，而不是真心诚意地维持与共产党的合作。

中共这时对汪的策略依旧停留在原有的认识基础上。这表现在4月5日汪陈联合宣言的发表。宣言指出："中国共产党坚决的承认，中国国民党及国民党的三民主义，在中国革命中毫无疑义的重要，只有不愿意中国革命向前进展的人，才想打倒国民党，才想打倒三民主义。中国共产党无论如何错误，也不至于主张打倒自己的友党。"宣言表示，国民党不怀疑联共政策，"决无有驱逐友党摧残工会之事"。宣言号召国共两党同志们"立即抛弃相互间的怀疑，不听信任何谣言，相互尊敬，事事开诚协商进行"②。发表这个宣言的目的在于协调两党渐趋紧张的关系，极力营造两党团结的气氛，但却隐蔽了矛盾，淡化了蒋叛变革命的危险，使革命群众放松了警惕。这不能不说是陈独秀等人的一个极大的错误。

---

① 转引自吴稚晖在国民党中央监察委员会临时会议上的讲话，见《四一二反革命政变资料选编》，111～112页，北京，人民出版社，1987。

② 《中共中央文件选集》，第3册，593～594页，北京，中共中央党校出版社，1989。

4. 从"四·一二"反革命政变到"七·一五"分共，中共最终认清了蒋的面目，但又对汪采取让步政策。

蒋介石发动"四·一二"反革命政变表明他已撕下了一切革命的伪装，公开叛变了革命，站到了革命的对立面。1927年4月20日，中共发表宣言声讨其罪行，指出："蒋介石业已变为国民革命公开的敌人，业已变为帝国主义的工具，业已变为屠杀工农和革命群众的白色恐怖的罪魁。"[1]

"四·一二"反革命政变的严酷的事实教育了尚处幼年的中共，使其对蒋有了深刻的认识。5月，中共"五大"承认党"只注意于反帝国主义及反军阀的斗争，而忽视了与资产阶级争夺革命领导权的斗争"[2]。会议认为"蒋介石并不是在四月十二日突然变成反革命，而命令在上海的街道上屠杀工人的。从三月二十日起(指中山舰事件——引者注)，他已经是革命的仇敌了"[3]。但在讨蒋的同时，把希望再次寄托到汪的身上。汪秘密从上海到达武汉以后，嘴里高喊了几句革命的口号，如"革命的往左边来，不革命的快走开去!"但他也在变化。面对两湖地区高涨的工农运动，汪警告中共说："火已经烧起来了，我们要使这把火烧向敌人，不要烧向自己。"汪针对武汉的工农运动以及蒋对武汉方面的高压，权衡再三，终于下决心走分共的道路。5月以后，汪开始在两湖地区镇压工农运动，这表明他已经彻底变成了右派。

对于汪的变化，中共缺乏警惕，仍旧向汪让步，希望他继续革命。当6月10日汪等人赴郑州与冯玉祥商议分共之时，作为中共主要领导人的陈独秀还撰文说："国民政府的领袖在郑州会议，已决定了讨蒋政策，这是中国革命进展之一个重大时机，在革命史上值得大书特书的。"[4]直到7月1日，陈独秀还希望"以汪精卫先生为中心的国民党左派"团结起来，"来一个从左边的清党运动，毫不顾惜的清除党内一切反革命及不革命的投机分

---

① 《中共中央文件选集》，第3册，39页，北京，中共中央党校出版社，1989。
② 《中共中央文件选集》，第3册，50页，北京，中共中央党校出版社，1989。
③ 《中共中央文件选集》，第3册，52页，北京，中共中央党校出版社，1989。
④ 陈独秀：《蒋介石反动与中国革命》，载《向导》，第198期。

北京师范大学史学探索丛书

子，以救出真正革命分子的国民党正统之生命。"①陈独秀的这种态度只能助长汪更大胆地走向反革命。

陈独秀在汪日益暴露出走向反革命面目之际，坚持妥协、退让的策略，引起中共党内许多有识之士的强烈反对。7月12日，根据共产国际执委会指示，中共中央进行了改组，陈独秀被排除在中央领导之外。7月13日，在汪"分共"阴谋已经暴露之时，中共中央宣布"撤回参加国民政府的共产党员"。7月15日，汪在武汉宣布"分共"，公开叛变革命。7月24日，中共中央发出通告，指出"武汉中央政府已完全反动"，"对汪精卫亦须历数其改变三大政策曲解三民主义之罪恶"。② 汪叛变革命标志着轰轰烈烈的大革命最终失败，同时也表明中共对汪策略的最终失败。

二

客观地说，造成大革命失败的原因是多方面的。但其中重要的一点是，中共在大革命时期在对待汪、蒋这两个国民党内关键人物的策略上出现了失误。中共未能根据汪、蒋的政治态度、政治立场和言行的变化，对他们作出正确的分析，因而在大革命发展的每个紧要关头对汪、蒋的策略带有明显的盲目性和滞后性。因此，当蒋、汪先后叛变革命时，中共几乎是束手无策。中共对汪、蒋策略频频失误的原因是什么，概括起来有以下三个方面：

1. 大革命时期中共尚处幼年，各方面都很不成熟，在错综复杂的斗争环境里缺乏驾驭政治风云的能力。中共成立不足三年即与国民党合作，投身大革命，很快掀起中国革命的高潮。这种形势使得中共不可能在理论、干部和军事工作等方面做好充分的准备，因此，工作中存在缺陷是显而易见的。这表现在：第一，理论问题上。中共对在有资产阶级和无产阶级共同参加的国民革命中如何确定无产阶级的地位和由谁掌握领导权的问题

---

① 陈独秀：《中国国民党的危险及其出路》，载《向导》，第 200 期。

② 《中共中央文件选集》，第 3 册，224 页，北京，中共中央党校出版社，1989。

上，长时间没有正确的认识。以陈独秀为代表的一些主要领导人认为，既然国民革命的性质是资产阶级革命，那么无产阶级则是"帮助资产阶级"，"替资产阶级抬轿子"①。无产阶级不需争夺领导权，它会天然地落到无产阶级身上，这是不用去争的。这种认识客观上帮助了汪、蒋等人一步步地篡夺了大革命的领导权。在大革命时期一段较长的时间里，中共认为汪代表小资产阶级，蒋代表资产阶级，因此采取联合他们革命的态度。当汪、蒋暴露出反革命言行时，中共依然坚持联合资产阶级的立场，唯恐采取反击措施会破坏国共合作，破坏大革命的形势。事实上，随着大革命形势的发展，汪、蒋已不再代表小资产阶级和资产阶级的利益，他们逐渐在向大地主大资产阶级的代表者方向转变。这一点在前文中已有说明。第二，干部问题上。大革命时期中共的大批干部年轻而有朝气，但缺乏面对复杂斗争的经验，尤其在驾驭变幻莫测的政治形势上显得单纯、幼稚。而作为主要领导人的陈独秀，虽经历丰富，但书生气太重，缺少无产阶级政党领袖的气魄。他坚持右倾机会主义错误，对汪、蒋政治态度、立场的变化疏于深入的分析，且压制党内的不同意见，造成对汪、蒋策略的重大失误，陈本人应负主要责任。第三，军事工作问题上。大革命时期，中共始终未把建立无产阶级领导的军队问题摆到首位，这是一个严重的错误。大革命后毛泽东在"八七"会议上提出"枪杆子里面出政权"的思想，应该说是对大革命中在军事工作的一个很好的总结。

2. 共产国际和苏联对中国革命的指导上犯有右倾错误，这对中共产生很大的影响。应该承认，共产国际和苏联给予中国革命的支持与帮助是很大的，对中共的指导在许多方面是正确的。但并不排除存在一些错误的指导，尤其是在对汪、蒋策略问题上。1926 年 2～3 月间召开的共产国际"六大"认为：国民党是"人民的革命政党"，要求中共"克服在共同斗争的各个关头必然会发生的一切摩擦，务求维持中国共产党同国民党的战斗联盟"，强调"共产党人和国民党基本核心分裂，就意味着中国民族解放运动的发展向资产阶级趋势转折"。共产国际还要求中共"采取灵活的策略，不要发

---

① 《周恩来选集》上卷，158 页，北京，人民出版社，1980。

号施令"①。这些指示对中共在中山舰事件和"整理党务案"中采取的策略无疑产生了一定的影响。1927年4月5日，在蒋叛变革命前夕，斯大林仍然在为联蒋政策辩护，要人们信任蒋。"四·一二"反革命政变后，共产国际认为汪还是革命的，表示要信任武汉的国民党和国民政府。共产国际在对国民党的认识和对汪蒋的认识上的右的倾向，对中共策略的制定必然产生不利的影响。因此，共产国际对中国大革命的失败及中共的右倾机会主义错误应该承担一定的责任。

3. 汪蒋在大革命时期的政治态度多变，且常常以一种倾向掩盖另一种倾向，这使中共难于彻底认清他们的真实面目。前文已述及蒋在大革命中的两面派伎俩，而汪又何尝不是这样呢？大革命中很长一段时间内，汪以左派面目出现，曾喊过非常"左"、非常革命的口号，但他的思想实质与孙中山晚年思想有一定差距，更与中共的理论有质的区别。国民党"一大"后汪积极宣扬三大政策，但实质上他并非真心拥护。孙中山曾尖锐地指出："精卫本亦非俄派之革命。"还认为："我党今后之革命，非以俄为师，断无成就"，而"精卫恐皆不能降心相从"。② 孙中山的这种判断不会是没有道理的。对于中共坚持的阶级斗争理论，汪也是极力反对的。总之，汪同蒋一样也是擅长玩弄两面派伎俩的政客。汪、蒋出于其阶级立场，摆出假革命的姿态不足为怪。但是，对于中共来说，没有能够及时地透过他们的伪装认清其真实面目，对他们可能转向反动没有采取应有的反击和防范措施，这是应该认真吸取的深刻教训。

---

① 《共产国际有关中国革命的文献资料》，第3辑，129页，北京，中国社会科学出版社，1990。

② 《孙中山选集》，948页，北京，人民出版社，1956。

抗战时期的民主政治运动和
三种民主政治观

实现民主政治是近代以来中国人民进行民主革命的重要目标，是时代和历史赋予中国人民的总任务之一。在抗日战争这个特定的历史时期，实行民主政治是关系到能否动员和团结全国各方面的力量，最终打败日寇，挽救民族危亡的大事，也是国家政治生活中的头等大事。抗战期间，以中国共产党为主的抗日各党派、各种政治力量纷纷提出了各自的民主政治主张，并为之作出了不懈地努力，这对于抗战的胜利、民主政治的进步起了重大的推动作用。本文试图通过阐述抗战时期有关民主政治的几个问题，来进一步认识抗战时期民主政治的发展及其在近现代民主运动史上的地位。

一

抗日战争全面爆发后，中日民族矛盾加剧，国内的政治局面发生了重大变化。国共两党实现了第二次合作，抗日民族统一战线已经形成，各个阶级、阶层的广大人民群众以极大的热情投入到抗战中来。在此形势下，国内政治生活中需要不需要民主、抗战与民主是什么关系、民主政治在整个抗战中居于何种地位等问题提到了各党派面前。

中国共产党作为无产阶级和广大劳动人民利益的忠实代表，在抗战前为实现民主政治作出了艰苦的努力，为了推动抗日民族统一战线的形成，曾多次发出实现民主政治的呼吁。卢沟桥事变发生后不久，共产党即表明了自己的政治态度。1937 年 7 月 15 日，中共中央在交付国民党的《中共中央为公布国共合作宣言》中，把"实现民权政治，召开国民大会，以制定宪法与规定救国方针"①作为奋斗的总目标之一。7月23日,中共中央在一篇宣言中要求:立刻实行全中国人民的总动员,开放党禁,实行民主权利,立刻改革政治机构,使中央与地方政府民主化。② 8月,共产党在阐明其抗日救国基本主张的《抗日救国十大纲领》中重申了上述主张,此后,毛泽东等共产党领导人进一步论述了抗战中民主政治的地位等问题,指出"抗日与民主是一件事的两方面"③。具体来说,没有民主制度方面的改进,"要最后战胜日寇也是不可能的"。"民主政治是发动全民族一切生动力量的推进机,有了这制度,全国人民的抗日积极性将会不可计量地发动起来,成为取之不尽用之不竭之深厚渊源。"④"民主政治是统一团结与抗战胜利的基本条件。"⑤

共产党的这些主张得到了代表民族资产阶级和小资产阶级利益的中间党派和进步舆论的呼应。抗战开始后,第三党、职教社、救国会、青年党等党派和一批著名民主人士发表大量言论,呼唤民主政治。邹韬奋指出,为了保证抗战的全面胜利,必须巩固抗日民族统一战线,而巩固抗日民族统一战线的基础是民主政治,他还说:"贯彻抗战国策,非真心诚意实行民主政治不可。"⑥胡愈之认为:"只有民主政治,才能增加了对外抵抗的力量。""现在团结统一是已经成为事实了。我们所需要的就只是民主,抗战时期需要民主,这是极容易明白的。"⑦施复亮在抗战与民主的问题上提出了"民主的抗战"的口号,他说:"我们要为争取抗战的胜利去促进政治的民主化。""我们要努力促进政治的民主化,努力推动民主的抗战。"⑧上述主张强调了抗战与民主政治的紧密关系,明确了实行民主政治在抗战中的重

① 《周恩来选集》上卷,77页,北京,人民出版社,1980。

② 《中共中央文件选集》,第11册,296~297页,北京,中共中央党校出版社,1991。

③ 《毛泽东年谱(1893—1949)》中卷,139页,北京,人民出版社,1993。

④ 《中共中央文件选集》,第11册,611页,北京,中共中央党校出版社,1991。

⑤ 《抗战中的中国政治》,167页。

⑥ 邹韬奋:《抗战以来》,7~8页,1941。

⑦ 《申报》,1937年10月11日。

⑧ 《抗战中的政治问题》,载《文化战线》,第7期,1937年10月26日。

要地位，它和共产党的主张一样都反映了抗战期间广人民众的政治要求，因而是正确的。

然而，在呼唤民主政治的浪潮中，也存在一股逆流。抗战伊始，有人散布这样的言论，说：抗战一致对外的时候，谈民主是对内，对内不免要分散对外的力量，会使对外的抗战遭受挫折，所以现在谈民主是不识时务。又言：抗战期间，百事待举、头绪纷繁，要做的事多得很，但一切希望都寄托在军事上，要把军事放在第一位，而并不紧迫的民主问题可暂时搁置。[①] 持此论者虽没有明确讲反对民主，但他们却把抗战与民主对立起来，以抗战为借口来压制民主，阻碍民主政治的实行，到头来仍然是要继续战前那种专制独裁的政治局面。这些人中有国民党的御用文人，有国民党的舆论喉舌，也有国民党的高官显贵。叶青就是其中一个。他公开反对抗战时期的民主政治，说"军事与民主有不相容性"。"在抗战时期要求实现民主，是既不懂战争为何物，又不懂时局为何状的。目前的重大问题是统一军队，训练军队，整理军队，同时还要统一意志……服从军事。"[②]在国内各界大声疾呼"结束一党专制"，"开放党禁"声中，叶青则声称："国民党是一切党派中的骄子，它以外的党派，根本不能与它讲平等。"从抗战的需要上说，要"尊重国民党底唯一性！"[③]从叶青的话里，我们可以清楚地看出抗战期间这股反民主的逆流来自国民党。

从本质上说，国民党是反对实行民主政治的，妄想借抗战之机加强其一党专制统治，巩固蒋介石的个人独裁。但在抗战期间声势浩大的民主运动面前，他们也不得不唱几句民主的高调，提出："组织国民参政机关，团结全国力量"；"改善各级政治机构"；"在抗战期间，于不违反三民主义最高原则及法令范围内，对于言论出版集会结社，当与以合法之充分保障"。[④]

① 《生死关头政治》，4～5 页。

② 《扫荡报》，1938 年 1 月 12 日。

③ 《扫荡报》，1938 年 1 月 22 日。

④ 《中国国民党抗战建国纲领》(1938 年 3 月)，见《国民参政会纪实》上卷，36～37 页，重庆，重庆出版社，1985。

北京师范大学史学探索丛书

甚至表示在抗战期间"要建立民主政治的基础"①。

总之，在抗战的局面下，国内的各阶级、阶层及各党派尽管利益、立场、世界观、民主观不尽相同，但是都不同程度地认识到抗战与民主的关系，认识到实行民主政治对于实现全面抗战的重要性。这对于抗战时期民主政治的发展起了促进作用。

二

抗战八年间，为了实现民主政治的目标，在共产党、中间党派以及民主人士的推动和参与下，曾先后三次掀起民主政治运动的高潮。每次高潮都在国内政治生活中产生了巨大反响，引起各界的广泛关注。

1. 第一次高潮出现在抗战初期，主要是围绕着一届一次国民参政会的召开进行的。

抗战之初，国内舆论要求实行民主政治，结束党治，确保人民基本权利自由的呼声对国民党政府产生了强大的压力，这迫使他们不得不放松其长期坚持的专制独裁政策，做出某些民主的表示。1937 年 8 月国民党政府决定召集国防参议会，次年 4 月又决定召集国民参政会，以此"集思广益，团结全国力量"。这一举动令中间党派兴奋不已。他们称这是"民主的萌芽"，"民主的曙光"，"走向民主政治的枢纽"。同时，他们希望国民参政会"开诚协商，互谅互信"，"增加团结"，"切实做到传达民众的意见和政府能采纳民众意见"，"使民众对民主政治发生信仰"。② 对于国民参政会的召开，共产党一方面明确指出其产生的方法、职权的规定还有不尽如人意之处；另一方面也肯定其具有团结全国抗战力量的作用和使政治生活走向真正民主化的初步开端的意义。③

1938 年 7 月 6 日，一届一次国民参政会在汉口召开。167 位参政员与会，其中除了国内各党派的代表外，还有社会知名人士、著名学者教授、

---

① 蒋介石在一届一次国民参政会上演讲词，见《国民参政会第一次大会纪要》，21 页。
② 汉口《新华日报》，1938 年 6 月 26 日。
③ 汉口《新华日报》，1938 年 7 月 5 日。

蒙古和西藏的代表以及海外华侨的代表等。会间，6位（共产党参政员共7位，毛泽东因事羁身和牙疾未与会）共产党参政员同各党派参政员共商了民主政治问题，其中涉及如何确保人民言论、集会、出版、结社之自由；如何保证各抗战党派之合法权利；如何改善各级政治机构，首先是县及其以下的各层机构等。会议通过了确定各党派之合法地位，改善各级行政机构设立省县参议会完成自治等项内政方面的提案。会议在通过的宣言中反映了各党派的政治要求，其中提到"在政治上，须本抗战建国纲领，力求庶政之革新，树立民主政治之基础"①。

应该指出，这次国民参政会的运作，远谈不上是真正的民主政治。原因在于：第一，国民参政会并不是战时的"民意机关"、"人民参政机关"。因为参政员不是经过选举产生的，而是由国民党政府聘请的，其中国民党籍参政员的比例远远大于其他党派。国民参政会不过是一个战时咨询机构而已。第二，国民参政会形成的议案对国民党政府不具有任何约束力。国民参政会虽具有向政府提出建议案的权利，有听取政府施政报告并提出询问的权利，但是，根据1938年4月颁布的《国民参政会组织条例》规定：抗战期间国民参政会通过的决议案须经国防最高会议通过后，依其性质，交主管机关，制定法律或颁布命令行之。② 可见，最终起决策作用的是国民党把持的国防最高会议，而非国民参政会。

尽管如此，在抗战初期出现国民参政会毕竟为共产党和其他党派宣传抗战、争取民主提供了一个合法的场所，进而推动了民主政治运动的高涨。在一届一次国民参政会召开前后，国内舆论借此契机大力宣扬民主政治。汉口《大公报》指出：国民参政会"是发挥民权主义的精神，而树将来宏政的基础，也就是民主政治的道路"③。重庆《新民报》希望通过国民参政会"树立一个战时民主政治的模范"④。延安《解放》周刊认为：这次国民参政会的成功证明，"只有建立真正的民意机关，实现民主制度，才能适应

北京师范大学史学探索丛书

---

① 《国民参政会纪实》上卷，184页，重庆，重庆出版社，1985。
② 《国民参政会纪实》上卷，47页，重庆，重庆出版社，1985。
③ 汉口《大公报》，1938年6月18日。
④ 重庆《新民报》，1938年7月2日。

全国抗战的需要"①。总之，国民参政会的召集与首次会议的举行，的确使国内各党派看到了民主政治实现的希望，激发了他们推动民主政治前进的信心。

2. 第二次高潮出现在 1939 年 9 月至 1940 年 9 月。

一届一次国民参政会之后，国民党政府并未执行会议通过的有关民主政治的议案，相反，在国统区，他们强化一党专制，压制民主运动，束缚人民的基本自由。鉴于此，共产党、中间党派及民主人士在 1939 年 9 月一届四次国民参政会上，提出了七项有关实行宪政的议案，要求国民党"颁布宪法，结束党治"，"召集国民大会"，"立施宪政"。在此次参政会上，共产党、中间党派的参政员和国民党的参政员进行了激烈的面对面的斗争，双方"唇枪舌战，各显身手，好像刀光闪烁，电掣雷鸣"②。最终通过了《召集国民大会实行宪政决议案》。会后，中间党派积极进行活动，先后在重庆、成都、上海、桂林等地召集宪政座谈会，组建"宪政促进会"等组织，掀起了第一次宪政运动。国民党为了摆脱被动局面，也组建了官办的"宪政期成会"，企图让宪政运动按照他们设计的程序行事。为此，国民党宣布宪政只能依照抗战前制定的法则来进行，肯定"五五宪草"的合法性，同时表示要在 1940 年 11 月 12 日召开国民大会，实行宪政。"五五宪草"表面上看有不少民主的辞藻，实际上却是把国民党的一党专制和蒋介石的个人独裁用法律形式肯定下来，以这个文件来进行民主政治的实践，实质是把专制独裁强加在宪政头上。因此，国民党的做法遭到中间党派的强烈批评。与此同时，中间党派也对国民党许诺实行宪政寄以希望，许多人持盲目乐观态度，认为"此次宪政乃政府与人民共同之要求，故宪政之实施，原则上无问题"③。

然而，共产党对宪政运动的态度却十分清醒。1939 年 10 月 2 日和 11 月 1 日，中共中央两次发出关于宪政运动的指示，一方面强调其进步性，要求党的组织参与并领导这一运动；另一方面明确指出国民党所讲的宪政

① 《解放》周刊，1938(47)。

② 邹韬奋：《抗战以来》，130 页，1941。

③ 《新华日报》，1939 年 10 月 19 日。

是"借此欺骗人民"①。事实也正是如此，国民党对宪政运动的高涨异常恐惧，遂进行破坏活动。1940年9月，国民党政府宣布因战时交通不便，国民大会不能如期召开，会期无限期推迟。第一次宪政运动夭折。

3. 第三次高潮出现在1944年至抗战结束。

第一次宪政运动之后，国民党更加有恃无恐地破坏民主政治。在国统区，专制独裁依旧，人民的基本权利自由无法保障。同时，国民党不断掀起反共高潮，破坏抗战。其种种行径遭到共产党的坚决反对，也激起了中间党派的强烈不满。1943年9月，为了敷衍强大的民主势力，国民党宣布要在战后一年内召开国大制定宪法。国内其他党派对此深表怀疑，遂于1944年年初开始，掀起了第二次宪政运动。这次运动以争取基本的民主权利为主要内容。一些著名民主人士提出："希望有关人权的言论、出版、集会、结社、居住等自由能首先实行"②；重要的是"要全国注意民权保障之真实执行"③；"民主若没有党派的合法公开地位及公开竞选的自由权利，那就不能有真正民主"④。共产党完全支持中间党派及民主人士争取民主权利的斗争，同时提出："希望国民党立即结束一党统治的局面"，"组织各抗日党派联合政府"⑤。这一主张的提出，使宪政运动焕然一新。中间党派及民主人士拥护"联合政府"的口号，并在此基础上团结起来，矛头直指坚持专制独裁的国民党，把第二次宪政运动推向了新的高潮。这期间，不仅中间党派、民主人士为民主政治大声疾呼，文化界、教育界、实业界的许多人士也加入了争取民主的行列，从而在抗战后期形成了一股强大的追求民主、反对专制独裁的历史洪流，有力地促进了全民抗战形势的发展。

北京师范大学史学探索丛书

---

① 《毛泽东选集》，第2卷，732页，北京，人民出版社，1991。

② 《新华日报》，1944年9月5日。

③ 邹韬奋：《抗战以来》，249页，1941。

④ 《新华日报》，1944年9月5日。

⑤ 《新华日报》，1944年9月17日。

三

如前所述，抗战时期各个阶级、阶层的人民群众要求民主、呼吁民主的强烈愿望是此前不曾有过的，民主政治运动的规模也是空前的。但是，实现民主政治的道路并非坦途，民主与专制独裁、真民主与假民主的斗争仍很尖锐。究其原因，皆由于不同的阶级对民主政治的基本观点和对实现民主政治的途径的认识存在着差别。抗战中主要存在三种民主政治观，即代表大地主大资产阶级的国民党的民主政治观，代表民族资产阶级和小资产阶级的中间党派的民主政治观，代表无产阶级及广大劳动群众的共产党的民主政治观。

(一)国民党的民主政治观

国民党蒋介石自 1927 年"四·一二"反革命政变以后，奉行封建法西斯主义，逐步建立了一套专制独裁的政治统治。就是这样一个政权在抗战开始后也讲起了民主政治。其原因大致有：第一，国内各阶级、阶层广大人民群众在抗战旗帜下要求民主的呼声一浪高过一浪，这给国民党的统治造成了巨大的压力，迫使他们不得不做出某些民主的承诺。这是主要的原因。第二，国际上掀起的民主浪潮对国民党也形成一种压力。第二次世界大战期间德意日三国的法西斯独裁统治为反法西斯各国所唾弃，而英美等国的资产阶级民主制度正在世界范围内形成一种潮流。这使得国民党必须考虑其政策究竟倾向于哪一边。第三，孙中山先生的三民主义中包含有建立民主政治的思想，即民权主义。这使得标榜自己为三民主义正宗继承者的国民党不敢轻易抛弃民主政治。

抗战初期，分别担任国民党正、副总裁的蒋介石和汪精卫表示：要"为国家建立一个永久的、真正民主政治的基础"①。"中国国民党所期待之民主政治，不是以有了一部白纸黑字之宪法为已足。欲求宪法实际有效，必须有民众的力量来做基础。"②话虽这么说，然而实际上，国民党的民主

---

① 《国民参政会纪实》上卷，165 页，重庆，重庆出版社，1985。
② 《国民参政会纪实》上卷，157 页，重庆，重庆出版社，1985。

政治观却是建立在反民主的基础上的，这主要表现在以下几点。

1. 实行民主政治必须由国民党来对人民进行"训迪"。

应该指出，孙中山的民权主义中有许多进步思想，但也不可避免地存在一些落后的东西：如在实行宪政以前加上一个"训政"时期，由革命党人对民众行使政权的能力进行"培养训练"。这一点正好被国民党蒋介石所利用，作为他们长期维持一党专制和个人独裁统治的借口。抗战期间，在空喊"建立民主政治的基础"的同时，蒋介石强调："中国人民承累代专制的弊习，民智民力，异常薄弱，人民习于散漫和自私，国内又有不少的障碍"因之，实行民主政治"断不能一蹴而几"。他甚至认为，"严格的说来，我们目前还在军政时期之中"，在抗战结束前，"要以军政时期的工作为主，而一面积极进行训政的工作"①。这实际上等于说抗战时期民主是可有可无的东西，即使需要民主，那也得由国民党来教会人民行使民主，而广大人民无权自行去争取民主。正像毛泽东所说，国民党的"民权主义实际上是法西斯主义，没有民主"②。

2. 实行民主政治必须以强化"集权"和"统一"为前提。

在抗战期间，动员与团结全国各方面的力量，集中人力、物力去抗战是必需的。但是，国民党把集中统一与民主自由对立起来，借抗战之机，以集中统一来压制民主自由。蒋介石声称，真正的民主自由要"不侵犯他人的自由，不侵犯他人的权限，更要严守纪律"，要使人人"能守本分"，"更要重纪律"③。这样的民主自由还"必须是不妨害公共利益，不违背国家法律的自由"。否则，就要"一致发挥公正的权威而加以制止"④。可以这样说，在国民党蒋介石眼里，实行民主政治的前提条件是不能动摇其统治基础，不能动摇其"一个主义、一个政党、一个领袖"的信条。

3. 实行民主政治必须按照国民党设计的程序和步骤进行。

蒋介石说："因为我们所要造成的是彻底的民主政治，所以断不能忽

---

① 《国民参政会纪实》上卷，428～429 页，重庆，重庆出版社，1985。
② 《毛泽东年谱(1893—1949)》中卷，446 页，北京，人民出版社，1993。
③ 《国民参政会纪实》上卷，165 页，重庆，重庆出版社，1985。
④ 《国民参政会纪实》上卷，430～431 页，重庆，重庆出版社，1985。

略程序和步骤。"①这个程序和步骤是：先由国民党主持制定宪法，后召集国民大会，进而宣布宪政实现。前文曾提及，国民党在抗战前公布的"五五宪草"本质上是强化专制独裁，是反民主的。按照"五五宪草"的精神实行宪政，无异于将民主政治推向绝路。然而在抗敌期间，国民党仍抱着"宪草"不放，妄想以此来应付民主力量。由此可见，蒋介石倡言的按照程序和步骤实现宪政，实质是继续专制独裁，丝毫没有民主可讲。

总之，国民党的民主政治观实际上是假民主、真专制。抗战时期，国民党顽固坚持这个反民主的立场，最终把自己完全置于民主力量的对立面。

(二)中间党派的民主政治观

抗战时期在争取民主政治的斗争中，中间党派是一支重要的政治力量，不管是在历次国民参政会上，还是通过组建中国民主政团同盟，都显示了他们的决心和勇气。在民主斗争中，中间党派的民主政治主张主要表现在：第一，"保障人民生命财产及身体之自由"，"尊重思想学术之自由，保护合法之言论、出版、集会、结社"②；第二，结束党治，开放党禁，制定宪法，召集国民大会，实施宪政。这些主张是属于资产阶级民主思想的范畴，它和封建法西斯主义专制独裁是根本对立的，因而带有反帝反封建的特性。这在抗战时期尤为明显。为了反对国民党蒋介石假民主、真专制的阴谋，为了动员号召广大民众投身抗日，中间党派到处奔走呼号，宣传民主精神，推动宪政运动，发挥了积极的、进步的作用。

但是，必须看到，中间党派的民主政治观中存在消极、落后的东西。概括起来说就是希望通过改良的途径来实现民主政治的目的。他们不相信人民群众，没有把人民群众看作实现民主政治的主要依靠力量。他们把希望寄托在执政的国民党身上，指望通过国民党的某些让步，在不改变原有法统的情况下实现民主政治。抗战开始后不久，刚刚出狱的"七君子"之一章乃器表示：在国策已经确定的今日，我们要"少作政治的号召，多作积极的建议"，要"信托一些政府"③。1937 年 10 月，李济深、陈铭枢等人组

---

① 《国民参政会纪实》上卷，429 页，重庆，重庆出版社，1985。
② 《中国民主政团同盟对时局主张纲领》(1941 年 10 月 10 日)。
③ 《申报》，1937 年 9 月 1 日。

织的中华民族革命同盟宣布自行解散。他们表示"拥护政府"，并希望政府积极动员民众以争取最后胜利，"完成民族解放之使命，实现民有民治民享之国家"①。然而，中间党派的美梦破灭了。国民党蒋介石集团并没有实现民主政治的真意，他们仍然坚持专制独裁的反动政策。到抗战胜利时，中间党派为之努力奋斗的民主政治并未实现，在严酷的事实面前，中间党派的民主政治观发生了某些变化。在抗战后期，中间党派赞同共产党关于"联合政府"的主张，并以此作为反对和揭露国民党专制独裁的一面旗帜。1944 年 10 月 10 日，民盟明确提出"立即结束一党专政建立各党派之联合政权，实行民主政治"的政治主张。同时，中间党派一些人还认识到只有依靠人民群众才能最终实现民主政治。邓初民认为："实行民主必须要由民主赞成的人来实行民主，决非反对民主的人能实行民主。"②"只有人民自己掌握对外抗战，对内实施民主的机构，民主的真谛，才能发挥，民主政治的方案，才能实现。"③所有这些说明，资产阶级民主政治具有的局限性使得中间党派争取民主政治的斗争不能取得最后胜利。他们只有与共产党联合起来，并且在共产党领导之下，其实行民主政治的目标才能实现。

(三)中国共产党的民主政治观

中国共产党成立以后，为在中国实现民主政治进行了不屈不挠的斗争。抗战期间，以毛泽东为代表的共产党人根据国内的政治形势及国情，提出了一种全新的民主政治观。其主要内容有：

1. 现时中国需要的民主政治是新民主主义的政治。

在 20 世纪三四十年代世界政治舞台上，存在两种截然不同的民主政治：一种是资产阶级民主政治；另一种是无产阶级民主政治。资产阶级民主讲平等与人民的权利，但却可以容许绝对不平等的经济地位。无产阶级民主要求法律上、政治权利义务上的平等，也要求经济上的平等。对这两种民主，毛泽东认为，前者"已经没落，变成反动的东西了"。国民党借此欺骗人民，而民族资产阶级真心想要这种民主却要不来，原因是中国人民

---

① 《文汇年刊》，1939 年 5 月。

② 《新华时报》，1944 年 9 月 25 日。

③ 《民主周刊》，第 1 卷第 4 期。

北京师范大学史学探索丛书

不欢迎资产阶级一个阶级来专政。后者"自然是很好的",但"现在的中国,还行不通",只有到了将来,有了条件以后才能实行。鉴于此,毛泽东明确提出:中国现时需要的民主政治,"不是旧的、过了时的、欧美式的、资产阶级专政的所谓民主政治,也还不是苏联式的、无产阶级专政的民主政治",而"是新民主主义的政治,是新民主主义的宪政"①。

2. 新民主主义的国体是"各革命阶级联合专政"。

抗战开始后,毛泽东在一系列报告、谈话、文章中提出改组国民党一党专政的政府,组成容纳工人、农民及其他抗日阶级在内的"民族民主的统一战线的政府",或称"国防政府"。只有这样的政府才能团结国内各阶级、阶层的人民打败共同的敌人。在《新民主主义论》中,毛泽东进一步指出:"一切革命的阶级对于反革命汉奸们的专政,这就是我们现在所要的国家",也就是"几个反对帝国主义的阶级联合起来共同专政的新民主主义的国家。"②其国体是"各革命阶级联合专政"。共产党的这一基本主张没有得到国民党的响应。抗战期间,国民党依然顽固坚持一党专制,实际上是坚持大地主大资产阶级专政,这样就站到了各革命阶级的对立面。1944年,共产党提出组成"联合政府"的口号,目的就是为建立各革命阶级联合专政的新民主主义国家。只有这样,各个阶级的利益才能得到保障,抗战才能最后胜利,一个独立、自由、民主、统一和富强的新中国才能建成。

3. 新民主主义的政体是"民主集中制"。

毛泽东在《新民主主义论》中指出,中国现在可以采取全国人民代表大会,以及省、县、区直到乡的人民代表大会系统,并由各级代表大会选举政府。这种制度即民主集中制。而要做到这一点,必须保证人民的基本民主权利和自由,制定真正民主的宪法,召集真正的国民大会,选举真正的民主政府,这样做才能适合各革命阶级在国家中的地位,政体和国体才能相互适应。抗战八年,国民党搞假民主,搞宪政骗局,人民的民主权利和自由在国统区根本无法保证。形成鲜明对照的是,在共产党领导的各个抗

---

① 《毛泽东选集》,第 2 卷,732 页,北京,人民出版社,1991。
② 《毛泽东选集》,第 2 卷,676 页,北京,人民出版社,1991。

日民主根据地，通过比较广泛的民主选举，建立了由各抗日阶级和阶层的代表组成的抗日民主政权。这个政权实行"三三制"的民主政策，即在参议会和政府人员的分配中，共产党员大体占三分之一，左派进步分子大体占三分之一，中间分子和其他分子大体占三分之一。共产党还提出，在政权中共产党员应与党外人士"实行民主合作，不得一意孤行，把持包办"①。这充分说明共产党是以自己的行动真心诚意地来实践民主政治。

如果比较一下上述三种民主政治观，可以说最虚伪、最反动的是国民党蒋介石集团的民主政治观，它将把中国引向专制独裁的深渊。中间党派的民主政治观虽有合理、进步的一面，但它毕竟只代表少数人，广大劳动人民是不会接受这种民主政治的。而真正反映中国社会历史发展，反映广大劳动人民愿望，并且真正能够付诸实施的只有中国共产党提出的新民主主义的民主政治观。抗战八年的历史已经证明了这一点。

综上所述，抗战时期民主政治的发展在近现代民主运动史上有着十分重要的地位。一方面，全民族抗战局面的出现为实现民主政治提供了良好的条件，促进了民主运动的高涨，扩大了民主在广大人民群众中的影响，使实现民主政治的努力有了一定的进步。另一方面，民主运动的开展空前地发动了人民群众，这为打败日本侵略者奠定了坚实的基础。

抗战时期，在实现民主政治的进程中存在着不同民主政治观的斗争，这实际上是不同抗战路线和建国方针的斗争。共产党顺应时代潮流，顺应民心，坚持实现民主政治，坚持全面抗战路线，得到了广大人民群众，包括中间党派的支持和拥护。这是共产党在抗战时期得以有很大发展的重要原因之一。与共产党相反，国民党蒋介石集团逆历史潮流而动，违背民意，在抗战中大搞假民主、真专制的种种活动，推行片面的抗战路线，其结果使自己"失去了影响中国历史发展的领导地位"②。

北京师范大学史学探索丛书

---

① 《新中华报》，1941 年 5 月 1 日。

② ［加］徐乃力：《中国的"战时国会"：国民参政会》，见《国民参政会纪实》续编，642 页，重庆，重庆出版社，1987。

张闻天新民主主义经济思想略述

新民主主义经济思想是中国共产党新民主主义理论的重要组成部分。以毛泽东为代表的中国共产党人根据中国的国情，以马克思列宁主义为理论指导，提出了一条新民主主义的经济发展道路。在探索这条道路的过程中，曾在党内担任重要领导工作的张闻天，从 20 世纪 40 年代初直至新中国成立，尤其在东北解放战争时期，通过对经济情况的深入调查研究，提出了一系列有关新民主主义经济的重要思想和许多重要的方针政策，丰富了新民主主义的理论宝库。本文谨从五个方面对张闻天这一思想作一概述。

一、关于"新式资本主义"的论断

近代半殖民地半封建社会的中国是生产力非常落后的国家。帝国主义、封建主义和官僚资本主义的存在严重地束缚着生产力的发展。因而，在中国要发展生产力，繁荣经济，就必须首先进行新民主主义革命，扫除帝国主义、封建主义和官僚资本主义的阻碍。那么在这种革命中遵循什么样的经济原则？它所要建立的是一种什么样的经济？这些问题需要正确地认识，认真地对待。1940 年年初，毛泽东在《新民主主义论》中正确地阐述了新民主主义经济的基本原则，即大银行、大工业、大商业收归国有；保护民族资本主义的财产，允许"不能操纵国民生计"的资本主义生产的发展；没收地主的土地，分给无地和少地的农民，实行"耕者有其田"[①]。他还提出采取这些原则的根本原因在于生产力水平低下，经济十分落后。毛泽东强调在中国"决不能建立欧美式的资本主义社会，也决不能还是旧的

---

① 《毛泽东选集》，第 2 卷，678 页，北京，人民出版社，1991。

半封建社会"①。这里毛泽东大体勾画出了新民主主义经济的总体构想，这也是中国共产党人的共同认识。

在党内除了毛泽东以外，张闻天对新民主主义经济的总体构想也作了认真研究。1942年，他为了深入了解中国经济现状前往陕北和晋西北进行考察，着重进行生产力和生产关系的调查研究。在对山西兴县农村作过考察后，他于1942年10月提出了《关于在农村发展新民主主义经济的一个问题》的报告。在报告中，张闻天以生产力发展作为研究经济问题的出发点，阐述了新式资本主义的论断，主要内容有：

1. 新式资本主义的含义。从张闻天的论述中可以看出，新式资本主义具有两层含义：一是指新民主主义政权下的资本主义生产方式。他认为，在新民主主义政权下，资本主义生产方式不但可以存在，而且应当发展，但它"与欧美的旧资本主义不同"②，它必须受新民主主义政权的限制与监督，因而不是一般意义上的资本主义，是新式资本主义。这就是说，新式资本主义是在新民主主义革命取得了政权的条件下，在革命政权掌握了"可以操纵国民生计的工商业"③的情况下的资本主义。二是认为新式资本主义就是新民主主义经济。他说："发展新式资本主义是新民主主义经济的全部方向和内容"④，今天要实行的新民主主义，"就是新式资本主义"⑤。从这个角度说，新式资本主义与新民主主义经济具有相同的含义。

2. 实行新式资本主义是生产力发展的必然趋势。张闻天在对农村进行调查研究后指出：在中国社会中，封建剥削制度在农村是大量存在的，这是落后的生产关系。相比较而言，资本主义的生产方式是进步的，它可以促进社会生产力的发展，增加社会的财富，使社会进化。然而这种资本主义在中国的发展是很微弱的，所以发展资本主义就成为我们的任务和具体的工作。张闻天的论述表明，在中国，落后的生产关系阻碍了社会生产力

① 《毛泽东选集》，第2卷，679页，北京，人民出版社，1991。
② 《中共党史资料》，第29辑，3～4页，北京，中共党史出版社，1989。
③ 《中共党史资料》，第29辑，4页，北京，中共党史出版社，1989。
④ 《中共党史资料》，第29辑，2页，北京，中共党史出版社，1989。
⑤ 《中共党史资料》，第29辑，4页，北京，中共党史出版社，1989。

的发展，必须彻底清除。而像资本主义这种能够促进生产力发展的生产关系则要保护和发展。新民主主义革命推翻三座大山，为资本主义的进一步发展创造了前提条件。因此，在新民主主义条件下资本主义的存在完全是生产力发展的客观要求和必然趋势。

3. 新民主主义革命胜利之后，新式资本主义应该有一个发展时期。张闻天认为：中国"只有走过新式资本主义的第一步，才能走社会主义的第二步"①。社会主义和共产主义是理想，但现阶段我们只有采取新式资本主义的措施，也就是说允许新式资本主义有一个稳定发展的时期。通过这个时期生产力的发展，为将来向社会主义转变提供物质基础。在这期间新式资本主义如何发展呢？张闻天提出了具体措施，他强调：应该允许富农和资本家经营他们的土地，雇用长工；允许他们经营工商业，拥有自己的工具和进行资本积累。他认为，富农和资本家的经营活动不仅对他们有利，"对全社会更有利"：一方面这种资本主义经营，"可使商品经济园艺业等发展"②，可以依靠农业增加资本积累，以利于新式资本主义的进一步发展；另一方面农民群众生活的改善"应主要从发展生产、增加社会财富"③这个途径来实现。对于在资本主义发展过程中产生的消极作用，张闻天认为，新民主主义政权可以通过具体政策来调节资本主义的生产关系，如对于富农和资本家的随意剥削，革命政权可以颁布有关劳动法令来保护工农的利益，以此保证新式资本主义的健康发展。

纵观张闻天关于新式资本主义的论断，笔者认为它是对新民主主义经济总体构想的充实和发挥。第一，他从生产力发展状况出发来研究中国经济问题，通过对新民主主义政权下资本主义的作用和存在条件的分析，从理论上阐明了资本主义生产方式所具有的进步意义，这有利于深入理解和贯彻党在 1942 年 1 月提出的"奖励资本主义生产与联合资产阶级，奖励富

---

① 《中共党史资料》，第 29 辑，4 页，北京，中共党史出版社，1989。
② 《中共党史资料》，第 29 辑，3 页，北京，中共党史出版社，1989。
③ 《中共党史资料》，第 29 辑，3 页，北京，中共党史出版社，1989。

农生产与联合富农"①的经济政策。第二，他提出的新民主主义革命胜利之后应该有一个资本主义发展的时期，然后在具备了物质基础之后再实现向社会主义转变的思想是很宝贵的。它明确了现实与理想的联系，明确了目前的任务和未来的前景，这是党在革命转变过程中具有指导意义的思想，因而其理论价值不容低估。

然而，张闻天的新式资本主义论断也存在一些不足。如关于发展新式资本主义是新民主主义经济的全部方向和内容的提法，如果是为了表明新式资本主义与新民主主义经济的前途一样都是社会主义，或者为了特别强调新民主主义政权下农村新式资本主义发展的重要性，那么这种提法是可以理解的。但是这也容易造成一种误解，即新民主主义经济仅仅是发展资本主义，而其他的经济，尤其是国营经济和合作社经济则不占主导地位。因此，这种提法有些欠缺。在这个问题上，毛泽东提出的"新资本主义"这个名词不妥当，"我们的社会经济名字还是叫新民主主义经济"②的主张是恰当的。

二、关于新民主主义经济的构成和经济建设基本方针

张闻天新民主主义经济思想中最重要的贡献是在党内首次提出新民主主义经济是由五种经济成分构成的论断。在此以前，毛泽东在《论联合政府》中曾提出："在现阶段上，中国的经济，必须是由国家经营、私人经营和合作社经营三者组成的。"③1947年12月，毛泽东又提出新中国的经济构成，一是国营经济，这是领导的成分；二是由个体逐步地向着集体方向发展的农业经济；三是独立小工商业者的经济和中小私人资本主义经济。

① 《中共中央关于抗日根据地土地政策的决定》(1942年1月28日)，见《中共中央文件选集》，第13册，282页。

② 毛泽东：《在中央政治局会议上的报告和结论》(1948年9月)，见《共和国走过的路——建国以来重要文献专题选集(1949—1952)》，16页，北京，中央文献出版社，1991。

③ 《毛泽东选集》，第3卷，1058页，北京，人民出版社，1991。

毛泽东认为"这些，就是新民主主义的全部国民经济"①。这种分析代表了当时党对新民主主义经济构成的一般认识。

1945 年 11 月，张闻天主动向中央提出到东北工作，并先后担任中共合江省委书记、东北财经委员会副主任等职务，直到 1950 年年初。在此期间，他结合东北实际对新民主主义经济构成问题作了探索。东北是我国工业基础最为雄厚的地区之一，工商业比较发达，同时解放战争先于其他地区取得胜利，土地改革运动也较早在这一地区开展。这些因素使得东北各种经济在新民主主义的前提下发生变化。这就要求党及时研究新民主主义经济的构成情况，分析各种经济的相互关系，以便制定相应的方针政策。张闻天到东北对经济情况进行实际调查之后，于 1948 年 9 月为中共东北局起草了《关于东北经济构成及经济建设基本方针的提纲》。这个文件集中体现了张闻天关于新民主主义经济构成以及经济建设基本方针的思想，主要表现在：

1. 张闻天指出东北经济是由五种经济构成。

张闻天指出："东北经济在彻底消灭封建主义、官僚资本主义及取消帝国主义在东北的经济特权以后，基本上是由五种经济成份所构成，这就是国营经济、合作社经济、国家资本主义经济、私人资本主义经济、小商品经济。"②

2. 张闻天分析了五种经济成份的性质及其相互的关系。

张闻天强调：国营经济是社会主义性质的经济，在国民经济中居于领导地位；合作社经济是在新民主主义国家制度之下在不同程度上带有社会主义性质的经济，它是国营经济最可靠的、有力的助手；国家资本主义是在国家管理与监督之下的资本主义，这种资本主义的发展对于新民主主义经济的发展是有利的，它应该成为私人资本主义发展中的有利方向；私人

① 《毛泽东选集》，第 4 卷，1255～1256 页，北京，人民出版社，1991。

② 《关于东北经济构成及经济建设基本方针的提纲》(1948 年 9 月 15 日)，见《张闻天选集》，396 页，北京，人民出版社，1985。除了五种经济成分以外，张闻天还提到小部分自然经济，如蒙古人经营的游牧经济和东北原始的自然经济，因其意义不大，故略。

资本主义主要指中小资本家，要把这种经济引导到有利于国计民生的方向，对其适当加强国家的管制与监督，国营经济与私人资本主义的斗争主要是在经济上和平竞争；小商品经济主要是农民的小商品经济，它是处在资本主义与社会主义之间的一种经济，它要走向社会主义只有通过合作社经济并与国营经济结成联盟才可以实现。

3. 在分析了各种经济成分之后，张闻天提出了新民主主义国家经济建设的基本方针。

这就是："以发展国营经济为主体，普遍地发展并紧紧地依靠群众的合作社经济，扶助与改造小商品经济，容许与鼓励有利于国计民生的私人资本主义经济，尤其是国家资本主义经济，防止与反对商品的资本主义所固有的投机性与破坏性，禁止与打击一切有害于国计民生的投机操纵的经营。"①张闻天设想新民主主义经济应该是以国营经济为主，发展其他形式的多种经营，以促进经济建设的迅速开展，最终加强新民主主义经济中的社会主义成分，以便将来实现新民主主义社会向社会主义社会的转变。这实际上阐述了新民主主义经济建设的战略格局和策略。它与毛泽东提出的"发展生产、繁荣经济、公私兼顾、劳资两利"②的发展经济的指导方针是一致的。

笔者认为，张闻天在以上论述中表明的思想内涵大大超过了他关于新式资本主义的论断，这体现出他的新民主主义经济思想有了重大的发展。实践证明，张闻天对新民主主义经济进行的系统全面的分析是科学的，符合中国经济的状况。建立在这种科学分析基础上的经济政策对于促进新民主主义经济的发展，意义非常重大。因此，党中央非常重视张闻天的这种分析。刘少奇、毛泽东先后修改并肯定了他所写的《提纲》，七届二中全会吸收了新民主主义经济构成这个重要论断。

北京师范大学史学探索丛书

① 《关于东北经济构成及经济建设基本方针的提纲》(1948 年 9 月 15 日)，见《张闻天选集》，415～416 页，北京，人民出版社，1985。

② 《毛泽东选集》，第 4 卷，1256 页，北京，人民出版社，1991。

三、关于国营经济的地位、作用和国营企业的经营管理

毛泽东在《新民主主义论》中曾明确指出："无产阶级领导下的新民主主义共和国的国营经济是社会主义的性质，是整个国民经济的领导力量。"①张闻天完全赞同这个观点，并进一步阐发了有关国营经济的几个问题。

1. 他根据东北解放前后的情况提出了国营经济的地位问题。

他认为：国营经济在整个东北的国民经济中占了很大的比重，掌握了社会的经济命脉，已经"居于国民经济的领导地位"②。这种在无产阶级领导下的新民主主义国家所经营的经济，"已经是社会主义性质的经济"③。新民主主义国家应把国营经济看作是最宝贵的财产，认识到它的发展前途是无限的，它在国民经济建设中应该占据最主要的地位。任何忽视国营经济的领导地位，忽视促进国营经济的迅速发展的做法，其结果将会使新民主主义革命遭到最后的失败。

2. 他从五个方面分析了国营经济的作用。

①指出国营经济应成为人民革命战争取得最后胜利的最主要的物质力量。没有强大的国营经济提供雄厚的物质援助，解放战争就不可能取得最好的胜利。②指出国营经济是新民主主义经济的支柱，应该积极地领导市场，领导整个国民经济，充分发挥在新民主主义经济诸成分中的领导作用。国营经济的贸易机关必须"善于掌握物价政策"，"善于吸收或抛出物资以提高或压低物价"④，以此同投机操纵、囤积居奇者作斗争，使大多数人民群众得到利益。③指出国营经济应积极地帮助合作社经济，并与之相

① 《毛泽东选集》，第 2 卷，678 页，北京，人民出版社，1991。

② 《关于东北经济构成及经济建设基本方针的提纲》(1948 年 9 月 15 日)，见《张闻天选集》，397 页，北京，人民出版社，1985。

③ 《关于东北经济构成及经济建设基本方针的提纲》(1948 年 9 月 15 日)，见《张闻天选集》，397 页，北京，人民出版社，1985。

④ 《发展工商业的若干政策问题》(1946 年 11 月 7 日)，见《张闻天选集》，361 页，北京，人民出版社，1985。

结合，使小生产者逐步实现合作化。国营经济通过与合作社经济的结合可以使小生产者免除商业资本家的之间剥削，可以向小生产者提供各种农用机器，最终"使他们不走资本主义的道路，而是经过新民主主义走上社会主义的道路"①。④指出国营经济与私人资本主义经济是处于对立地位的，国营经济在与资本主义进行和平竞争和反对经济活动中的投机操纵时应该发挥强有力的作用。但是国营经济并不是"排斥与吞并私人资本，与民争利，而是在调节私人资本活动，补助私人资本的不足和缺陷，使之与支持长期战争的需要及整个社会发展的利益相符合"②。⑤指出实行统一集中管理的国营经济在实现社会的计划经济的过程中应发挥核心的作用。国营经济必须实行统一的计划经营。国家经济机关必须统一法律、制度和计划，在统一的领导机关指挥下进行经营活动，消灭无政府状态。这种统一计划经营的国营经济通过合作社去结合广大小生产者，通过国家资本主义去吸收一部分私人资本主义，那么整个新民主主义国家就可以对整个社会的经济加以组织，使其成为有计划的经济，最终实现计划经济的目标。张闻天的这些论述正确地指明了国营经济在新民主主义经济中的作用，这对于稳步地进行新民主主义经济建设，对于将来由新民主主义经济向社会主义经济过渡具有重要的指导意义。即使在今天，国营经济在整个国民经济中发挥领导作用的思想仍然具有理论价值。

3. 他对国营经济中国营企业的经营管理问题作了有益的探索。

早在1943年4月，张闻天在《关于公营工厂的几个问题》的讲话中谈及公营工厂的管理问题。在东北期间，他又多次重申了这个问题。具体来说，第一，提出实行经济核算制是建设国营企业的基本原则。他认为一个企业不能只管完成生产任务而不管企业是否办得合理，生产是否经济。否则的话，只会造成浪费和企业内部的贪污腐化。因此，企业"必须很好的

---

① 《关于东北经济构成及经济建设基本方针的提纲》(1948年9月15日)，见《张闻天选集》，405页，北京，人民出版社，1985。

② 《发展工商业的若干政策问题》(1946年11月7日)，见《张闻天选集》，359页，北京，人民出版社，1985。

计算成本与利润"①。他认为这就是经济核算制。只有实行经济核算制，"我们才能在工厂与工厂之间引起生产合理化的竞赛，才能推动各工厂创造出各种各样提高生产力的办法，如淘汰冗员，节省原材料，反对浪费贪污，加强工人教育，严明劳动纪律，改善管理制度，改变平均主义的工资制度等"。② 第二，他认为国营企业在经济上要相对独立。政府有管理企业的部门来领导和帮助企业，但政府应该同企业建立平等的买卖关系，保证企业具有一定的自动流转的资金，使企业能够独立地发展下去。但是这种独立并不是无政府主义和闹独立性。第三，在企业内部，要实行"管理一元化"，企业的领导者在生产的一切问题上有最后决定权。第四，国家的税收是促进工商业发展的有力武器，国营企业除特许者以外都应向国家纳税。

张闻天上述观点表明了这样一个思路，即国营企业必须遵循客观经济规律，讲求经济效益，努力发挥企业自身的潜力，促进劳动生产率的不断提高；国营企业要有独立的自主权；国营企业内部要实行厂长负责制等。回顾新中国成立以来的历史，如何搞好国营企业是长期困扰我们的一个问题。而张闻天在20世纪40年代就明确提出搞好国营企业的重要思想，这表明他所具有的远见卓识。

张闻天之所以能提出这样宝贵的见解，笔者认为其原因在于：他始终注重客观经济规律在经济活动中的作用，注重通过有效地运用客观经济规律来解决经济中存在的问题，而不是依靠行政的手段。这是张闻天经济思想中一个重要的特点。

四、关于农村小商品经济与合作社经济

在中国农村，个体小商品经济占有绝对优势。农民在封建剥削制度下

---

① 《关于公营工厂的几个问题》(1943年4月20日)，见《张闻天选集》，344页，北京，人民出版社，1985。

② 《关于公营工厂的几个问题》(1943年4月20日)，见《张闻天选集》，345页，北京，人民出版社，1985。

生活贫困，农业生产发展缓慢。随着新民主主义革命的胜利，新中国在广大的农村进行了反对封建制度的土地改革，农民获得了土地和其他生产资料，农村经济开始出现新的变化。张闻天认真分析了土改后东北农村的新情况，指出了四种趋向：①多数农民的生活有所改善；②阶级分化已经开始；③农业人口向城市工矿业转移；④土地的所有与使用更趋于合理的新的调整。这些趋向是农村生产力发展的各种不同的表现。在这种转变过程中，小商品经济不可避免地要发生某种程度的分化。张闻天引用斯大林的话指出：农民的小商品经济"是站在资本主义和社会主义间的十字路口的经济"。它既可以向资本主义方向发展，也可以向社会主义方向发展。他进而认为在无产阶级领导的新民主主义的国家制度下，小商品经济的发展最终前途是向社会主义方向发展，所采取的途径是通过农村的互助合作，如具有初级形态的插犋换工①和更高一层次的生产合作社、供销合作社（或称消费合作社）以及将来的集体农场等。张闻天认为："这种互助合作是"新的生产关系，是农民与农民结合的互助合作的平等互惠的劳动关系，这就是新民主主义的生产关系。"②而合作社经济也就是"农村个体的，分散的经济向着合作方向发展的经济形式"③，它在不同程度上带有社会主义经济的某些性质，是国营经济最可靠、最有力的助手。它能够大大提高农村生产力，改善农民生活。因此，发展合作社经济是新民主主义条件下农村经济发展的方向，作为小生产者的农民也只有通过这种途径才能避免走资本主义道路，而经过新民主主义农村经济的发展走上社会主义的道路。

　　东北根据地在巩固和发展过程中，农村的互助合作有了一定的发展。但在政策方面却出现了强迫命令和放任自流两种错误倾向。对此，张闻天多次强调，无产阶级只能用经济的办法而不能用行政手段去组织领导农

---

　　① 插犋换工是中国农村旧有的一种劳动互助形式。插犋指由两户以上农民将各自单只牲畜合在一起，各户轮换使用，无牲畜的以人抵换畜工，解决畜力不足的困难。换工指两户以上农民间的换工互助。

　　② 《从土地斗争转入生产斗争》（1948年2月），见《张闻天选集》，378页，北京，人民出版社，1985。

　　③ 《新民主主义的经济结构与农村经济的发展前途》（1948年7月18日），见陈伯村主编：《张闻天东北文选》，186页，哈尔滨，黑龙江人民出版社，1990。

民。因此，"必须严格根据自愿和两利的原则"①和耐心说服、典型示范的办法，而不能采取片面有利与强制的办法。同时，无产阶级在互助合作过程中还必须克服农民无组织、散漫、动摇及投机等弱点，警惕地主、富农为维护他们的剥削而与无产阶级争夺领导权。

张闻天在全面分析农村互助合作工作基础上提出的这些政策有利于合作社经济的健康发展，有利于农村小商品经济稳步地走上社会主义道路。新中国建立以后，我国农业社会主义改造的实践表明，张闻天所强调的这些政策是正确的。

在张闻天新民主主义经济思想体系中，关于互助合作的论述是非常重要的，其中关于供销合作社发展的思想尤其具有现实意义。列宁在苏联实行新经济政策时曾提出合作社在吸引农民参加社会主义建设时应先把集体制原则应用于农产品的销售方面的思想。张闻天吸收并发展了列宁的这个思想，并结合中国实际提出了一系列具体的做法。

1. 提出"发展合作社的道路，必须遵守'从供销到生产'的规律"②。他认为在小商品经济的范围内，商业是可以控制农业甚至破坏农业的。农业的合理发展须依靠合理的商业发展。这种合理的商业就是供销合作社。它可以在小生产者和国家中间建立一条经济的桥梁和纽带。通过桥梁和纽带，小生产者可以和国家在经济上结合起来，国家可以推动小生产者的生产发展，并在经济上领导他们。因此，张闻天强调，只有生产合作社而没有供销合作社不行，供销合作社应该"大量、普遍、充分地发展和加强起来"③，"成为新民主主义社会中农村商品生产的指挥机关"④。

2. 提出供销合作社的办社方针、主要任务和组织原则。他认为供销合

---

① 《关于东北经济构成及经济建设基本方针的提纲》(1948 年 9 月 15 日)，见《张闻天选集》，400 页，北京，人民出版社，1985。所谓两利指的是等价交换和按劳得值。

② 《关于发展农村供销合作社问题》(1948 年 12 月 22 日)，见《张闻天选集》，427 页，北京，人民出版社，1985。

③ 《关于农村供销合作社盈利分红等问题的意见》(1949 年 4 月 24 日)，见《张闻天选集》，445 页，北京，人民出版社，1985。

④ 《关于发展农村供销合作社问题》(1948 年 12 月 22 日)，见《张闻天选集》，427 页，北京，人民出版社，1985。

作社不应专以盈利分红为目的，而应该遵循为社员的消费事业与生产事业服务，免除商人的中间盘剥为基本办社方针。关于主要任务，应该是以尽可能公道的价格供给社员所需的生产资料(如工具、原料)与生活资料(如粮食、煤、油、盐等)，收买社员所生产的商品(如农民多余的粮食、棉花，手工业者的成品等)，再运销出去或卖给国家，从而在经济上为社员服务，保护社员的利益。关于组织原则，他强调：必须遵守自愿和互利的原则，不能强迫入股，禁止摊派股金，每个社员都有随时入股和退股的自由。必须严格实行民主集中制的原则，实行社员群众的民主管理。

3. 认为供销合作社采取正当的办法盈利分红是应该肯定的。针对在供销合作社发展过程中，有人反对盈利分红的主张，张闻天指出：供销合作社单纯追求盈利分红而违反为社员服务的方针是错误的。但是也不能把两者对立起来。他认为一个好的合作社应是既做到了为社员服务而又盈利分红。所以问题的本质不是盈利分红问题，而是是否采取正当的手段来盈利分红。张闻天进而指出，供销合作社的盈利或资金积累是"为将来社会主义农村集体化准备必不可少的经济条件"[1]。一味地排斥盈利不进行资金积累，将使合作社难以完成改造小生产者的历史任务。针对反对分红的思想，他认为这实际上是一种平均主义思想在合作社问题上的反映。只有采取多入股者多分红、少入股者少分红的做法，个体农民才会把多余的资金集中到合作社，这样才能使合作社经济不断发展壮大。

从以上论述可以看出，张闻天在强调供销合作社时表明了发展农村商品经济的观点。他主张供销合作社须依据商品经济的规律来发展，通过商品交换促进供销合作社的壮大，以此推动农村生产力的不断发展，为实现向社会主义经济的过渡准备物质条件。张闻天的这个思想在农业合作化理论中是很重要的，在党内也产生了重大的影响。

---

① 《关于农村供销合作社盈利分红等问题的意见》(1949 年 4 月 24 日)，见《张闻天选集》，438 页，北京，人民出版社，1985。

五、关于实行国家资本主义的主张

张闻天在论述新式资本主义论断时以及在东北期间多次阐明新民主主义条件下私人资本主义应得到保护和发展的问题。在对私人资本主义作出正确分析之后，他又进一步探讨了这种经济向社会主义过渡的途径问题。

私人资本主义采取什么办法实现向社会主义的过渡呢？列宁在晚年曾提出资本主义通过国家资本主义的途径向社会主义过渡的设想。张闻天依据这一设想探讨了在中国的现实条件下发展国家资本主义的重要问题。他提出国家资本主义有四种类型：第一，出租制：国家把自己现时还无力开发的林场、农场、渔场以及矿山出租给资本家开发，资本家取得一定的利润，国家则从资本家的经营中取得一定的租税；第二，加工制：国家给资本家以原料，订立加工合同，资本家为国家制造成品，并从中取得利润；第三，订货制：国家向资本家定购一定数量与质量的成品，资本家从中获得一定的利润；第四，代卖制：国家给一定的私人商店、公司以成品，由其推销，资本家从中获得利润。张闻天认为以上四种形式的国家资本主义"对于新民主主义经济很有好处，也有发展前途"①。它可以根据国家需要吸引私人资本来为国家服务，国家也可以由此对私人资本进行管理与监督，使其成为国民经济建设计划中的有机部分。在新民主主义经济中，国家资本主义是私人资本主义经济中最有利于新民主主义经济发展的一种形式，它"应该成为私人资本主义发展中的有利的方向"②。张闻天指出：目前情况下，国家资本主义的发展还不多，有的形式只是刚刚出现，但它的前途是远大的。因此，"我们应该有意识地承认'国家资本主义'这个经济

---

① 《新民主主义的经济结构与农村经济的发展前途》(1948 年 7 月 18 日)，见陈伯村主编：《张闻天东北文选》，185 页，哈尔滨，黑龙江人民出版社，1990。

② 《关于东北经济构成及经济建设基本方针的提纲》(1948 年 9 月 15 日)，见《张闻天选集》，407 页，北京，人民出版社，1985。

范畴，有意识地加以提倡和组织"①。

张闻天关于国家资本主义主张的理论意义和现实意义是十分重大的。历史证明，我国 20 世纪 50 年代对资本主义工商业的社会主义改造正是经过了国家资本主义这一重要环节才得以实现的。由此可见，张闻天的这个主张丰富和发展了新民主主义经济思想和由新民主主义向社会主义转变的理论，对此应给予积极的评价。

① 《关于东北经济构成及经济建设基本方针的提纲》(1948 年 9 月 15 日)，见《张闻天选集》，407 页，北京，人民出版社，1985。

解放战争时期经济学界关于
中国经济建设原则的讨论

为了将人民革命进行到底，夺取全国的胜利，1949 年 3 月 5 日至 13 日，中国共产党在河北省平山县西柏坡村召开了七届二中全会。毛泽东在会上作了报告。全会着重讨论了毛泽东的报告，并通过了相应的决议。

毛泽东在报告中指出了党的工作重心必须由乡村转到城市。报告指出，在城市工作中，"必须全心全意地依靠工人阶级，团结其他劳动阶级，争取知识分子，争取尽可能多的能够同我们合作的民族资产阶级分子及其代表人物站在我们方面，或者他们保持中立"；必须把恢复和发展生产作为中心任务。毛泽东在报告中明确提出，使中国稳步地由农业国转变为工业国，把中国建设成为一个伟大的社会主义国家，实现由新民主主义社会发展到将来的社会主义社会的历史任务。

毛泽东在报告中还着重分析了中国的国情，阐述了新民主主义经济形态和党的经济政策。他指出：旧中国现代工业很不发达，这是在革命胜利以后一个相当长的时期内一切问题的基本出发点。在革命胜利后，必须没收官僚资本归人民国家所有，使它变为社会主义性质的经济，成为整个国民经济的领导成分。对于私人资本主义经济，必须采取利用和限制的政策。对于广大分散的个体农业和手工业，必须谨慎、逐步而又积极地引导它们经过合作社向现代化和集体化方向发展。毛泽东明确指出："国营经济是社会主义性质的，合作社经济是半社会主义性质的，加上私人资本主义经济，加上个体经济，加上国家和私人合作的国家资本主义经济，这些就是人民共和国的几种主要的经济成分，这些就构成新民主主义经济形态。"①

中国共产党的七届二中全会，是一次具有重大历史意义的会议。它提出

---

① 《在中国共产党第七届中央委员会第二次全体会议上的报告》(1949 年 3 月 5 日)，见《毛泽东选集》，第 4 卷，1433 页，北京，人民出版社，1991。

的重要理论思想和确定的各项方针政策，为党夺取全国胜利，以及胜利以后由新民主主义社会向社会主义社会转变，在政治上和思想上作了准备。

在中国共产党为新中国的各项建设进行认真筹划的时候，从抗日战争后期到解放战争时期，经济学界就中国经济建设的原则展开了一场讨论。

1. 关于中国经济建设的目标问题。

1944 年 7 月，陶孟和在《经济建设季刊》撰文指出："我国今后首要的，并且需要长期努力的工作就是工业建设"，"简言之，就是工业化"。"任何民族惟有踏上工业化的大路，继续前进，才可以生存"。① 施复亮认为，"迅速完成全国的工业化，使中国从落后农业国转变成进步的工业国"是中国经济建设的"一个主要目标"。② 这是因为，工业化是人类经济史上最高度的发达阶段，工业化是社会生产力的最高的表现，只有工业化才能提高人民的生活水平，只有工业化才能提供经济平等的物质基础。粟寄沧则认为，谈经济建设"必当以争取工业化的发展为第一义"。"工业化是今后中国经济的唯一出路，也是国家民族唯一的生存方式。"③以工业化为中国经济建设的主要目标是许多学者的共同主张。

2. 关于经济建设的路线问题。

1944 年 11 月 6 日，国民党政府国防最高委员会通过《战后第一期经济建设原则》。这引起了学术界的极大关注。中国经济建设采取什么路线？是资本主义的路线还是社会主义的路线，是自由经济的路线还是计划经济的路线，是英美的路线还是苏联的路线。就此问题，经济学界展开了讨论。

有的学者指出：中国经济建设要追求自由、平等的理想目标，"若循着资本主义经济制度的途径去寻找，结果是缘木求鱼，愈走愈远"，"若循着社会主义制度去探求结果，每努力一天必增加一点新的线索，愈走愈

---

① 陶孟和：《现代工业的性质》(1944 年 7 月)，载《经济建设季刊》，第 3 卷，第 1 期。

② 施复亮：《战后中国经济建设中几个根本问题》，见《中国经济建设的路线》，25 页，世界日报社，1946。

③ 粟寄沧：《战后经济建设的目标与路线》，见《中国经济建设的路线》，100 页，世界日报社，1946。

近"。① 也有学者强调："历史是有阶段的向前发展，假如我们要想跳过资本主义阶段要走上社会主义，那是不可能的"；在过渡时期要"发展自由资本主义"，"以资本主义的生产力介绍到中国来，生产力充实，才能走向社会主义"。②

但是，更多的学者主张，"中国的社会经济条件与英美苏联皆有不同，既不能追踪英美走资本主义的自由经济路线，也不能效颦苏联走社会主义的计划经济路线。我们必须于自由经济和计划经济两条路线之外，另创第三条路线。"③施复亮认为：从各国社会经济的发展经验来看，资本主义的自由经济的发展路线与社会主义的计划经济的发展路线，都可以达到工业化的目的。但对中国来说，"英美的路线是不应走也不能走，苏联的路线虽然应当走，但在最近的将来也不能走"。"我们应当创造第三条路线。""这第三条路线，应当综合英美和苏联双方的宝贵经验，接受一切先进国家的优良办法，采用自由经济和计划经济的大部分或全部优点，并使我们的经济建设很顺利地从资本主义的阶段进展到社会主义的阶段。"④这第三条路线，有的学者称之为"三民主义经济制度"。

其他学者也多有在经济建设路线上兼采苏联计划经济和英美自由经济的观点。马寅初认为："完全用英美式的建设，是不合时代的需求；完全用苏俄式的建设，是非中国所能办到的"，只有采用"一种混合经济的制度，国营企业和民营企业同时并进。"⑤张东荪则主张："今天中国非但不能照抄苏联的药方，而且亦不能照抄英国的药方。""倘使'混合经济'（mixed economy），亦不见得就是不好。"⑥赵乃抟也同意混合经济形态的提法。他

① 陈泽昆：《经济自由与经济平等》(1948年9月18日)，载《经济评论》，第3卷，第23期。

② 《如何建设国民经济——记"经联会"第十一次大会》(1946年10月10日)，载《经济周报》，第3卷，第15期。

③ 粟寄沧：《编者的话》，见《中国经济建设的路线》，1页，世界日报社，1946。

④ 施复亮：《战后中国经济建设中几个根本问题》，见《中国经济建设的路线》，29～30页，世界日报社，1946。

⑤ 《中国经济之路》(1947年4月)，见《马寅初选集》，291页，天津，天津人民出版社，1988。

⑥ 张东荪：《敬答樊弘先生》(1947年12月3～4日)，载《观察》，第3卷，第16期，5页。

说："经济建设的政策：我们是采资本主义呢？还是社会主义呢？不可讳言的，资本主义已经过时了，社会主义正在抬头。然而二者中间的界限很不容易分。今日纯资本主义国家很少，英美制度中有社会主义的成分，苏联制度中也有资本主义成分。"①此外，还有"自由主义的计划经济"、"计划的自由经济"、"自由民营，国营统制"等种种提法。

3. 关于经济建设与土地制度的关系问题。

一些学者指出，战后中国进行"有计划的自由经济"建设，实现工业化，遇到的最大的障碍是封建的土地制度。施复亮指出："中国工业化一个主要前提，却是要实行土地改革，改善租佃关系，提高农业生产力，保障一切农民的生产和生活。假使没有这一个前提，中国的工业化便无法完成。所以改革土地制度和解决农民问题，也是战后中国经济建设中的一个根本问题。"②王亚南认为，"现代性的经济建设，不可能在传统封建社会关系中，或在传统的社会经济基础上实现出来"。"讲'中国经济之路'，不论你是赞成资本主义，抑是强调新资本主义；是宣扬民生主义，抑是传播新民主主义；是鼓吹大工业主义，抑是憧憬'小康经济'主义，通有一个向前走的共同起点，那就是：改造农村社会经济关系，改善农民大众的社会经济生活。"③因此，多数学者指出，当务之急是实行"平均地权"，实现"耕者有其田"，改革封建土地制度，破除妨碍农村生产力发展和农民生活改善的障碍。

经济学界关于中国经济建设原则的讨论，多数是在认真考察了英美的自由经济与苏联的计划经济之后，依据中国的实际情况进行研究的。其出发点是探求符合中国实际的、高效的、能够促进中国工业化的经济体制模式，其中一些观点与中国共产党的主张是大体相合的。这些意见和主张对以后的中国经济建设有着很重要的参考价值。

① 赵乃抟：《中国经济问题》(1948 年 1 月 17 日)，载《观察》，第 3 卷，第 21 期。

② 施复亮：《战后中国经济建设中几个根本问题》，见《中国经济建设的路线》，43页，世界日报社，1946。

③ 王亚南：《中国经济之路》(1948 年 1 月 10 日)，载《经济评论》，第 2 卷，第 15 期。

中篇

新中国成立以来中国共产党探索
社会主义道路的几点启示

回顾新中国 60 多年的发展历程，一个众所周知的历史事实是，新中国的 60 多年是中国共产党领导全国各族人民从新民主主义过渡到社会主义，并在社会主义道路上历经坎坷、曲折前进的 60 多年；是中国共产党探索符合中国国情的社会主义道路、犯过错误但又取得伟大成就的 60 多年；是中国共产党在国际风云变幻、国际共产主义运动起伏跌宕的过程中，把握方向，勇于创新，保持社会主义的生机和活力的 60 多年。在世纪之交的历史关头，总结党在探索社会主义建设道路的进程中正反两个方面的经验教训，将给我们以深刻的启示。

一、必须重视马克思主义基本原理与本国实际相结合

在新民主主义革命时期，中国共产党人在以马列主义理论指导中国革命的具体问题上，经过长期的斗争实践，总结出了一条基本的经验，就是马克思主义的基本原理必须与中国的具体实际相结合。在社会主义革命和建设时期，同样存在一个马克思主义原理同中国具体情况相结合的问题。新中国成立后，党的领导人毛泽东、周恩来、刘少奇等，在处理国内一系列重大问题时，遵循实事求是的原则，力求从本国的具体情况出发，创造性地开展工作，取得了一系列积极的成果。例如，在农业社会主义改造方面，党创造性地提出了由低级到高级的向社会主义过渡的形式。在对资本主义工商业社会主义改造问题上，党实行了对资产阶级的和平赎买，使得马克思提出的社会主义革命有可能对资产阶级实行和平赎买的方式得以实现的设想成为现实。同时党还创造性地提出通过由初级到高级的国家资本主义形式来引导资本主义工商业向社会主义过渡。所有这些都体现出了有别于苏联的、具有中国自己特点的社会主义改造的模式。

1956年，在刚刚进入社会主义社会之初，毛泽东等领导人及时地提出走中国自己的社会主义道路的构想。这一年，毛泽东在许多场合表达了马列主义的普遍原理同中国革命和建设的具体实际相结合的思想原则。在著名的《论十大关系》讲话中，他指出："社会科学，马克思列宁主义，斯大林讲得对的那些方面，我们一定要继续努力学习。我们要学的是属于普遍真理的东西，并且学习一定要与中国实际相结合。如果每句话，包括马克思的话，都要照搬，那就不得了。"①8月24日，在同音乐工作者的谈话中，他说："马列主义的基本原理在实践中的表现形式，各国应有所不同。在中国，马列主义的基本原理要和中国的革命实际相结合。十月革命就是俄国革命的民族形式。社会主义的内容，民族的形式，在政治方面是如此，在艺术方面也是如此。"他提出："中国人还是要以自己的东西为主。"②在会见一些外国共产党的代表团时，他告诫他们："各国应根据自己国家的特点决定方针、政策，把马克思主义同本国特点结合起来。"中国的经验有好也有不好，有成功的也有失败的，"照抄是很危险的"③。毛泽东的上述思想对于党在社会主义社会建立的初期探索中国自己的社会主义建设道路，并取得一些成绩起了重要作用。但是，建设社会主义是一项前无古人的宏伟事业，其前进的道路并非坦途。在社会主义建设中坚持马克思主义基本原理与中国具体实际相结合的原则，也不是一帆风顺。例如，赫鲁晓夫在苏共"二十大"上全盘否定斯大林后，我们党提出了自己的看法，并出于维护社会主义体系，发表文章肯定了斯大林领导苏联社会主义建设的经验，而对已经发觉的失误则不再提及。这样，我们对于"斯大林模式"没有更进一步进行分析，相反把它作为社会主义的固有原则加以坚持。此后，党对社会主义的认识和对社会主义建设的指导出现偏差和失误，这是一个主要的原因。

在经历了"文化大革命"以后，邓小平在促使全党重新确立实事求是的思想路线之后，提出了一系列建设社会主义现代化强国的路线、方针、政

---

① 《毛泽东文集》，第 7 卷，42 页，北京，人民出版社，1999。
② 《毛泽东文集》，第 7 卷，77、78 页，北京，人民出版社，1999。
③ 《毛泽东文集》，第 7 卷，64 页，北京，人民出版社，1999。

北京师范大学史学探索丛书

策。他在 1982 年党的"十二大"开幕词中讲的一段话，给人们留下很深的印象，他说："我们的现代化建设，必须从中国的实际出发。无论是革命还是建设，都要注意学习和借鉴外国经验。但是，照抄照搬别国经验、别国模式，从来不能得到成功。这方面我们有过不少教训。把马克思主义的普遍真理同我国的具体实际结合起来，走自己的道路，建设有中国特色的社会主义，这就是我们总结长期历史经验得出的基本结论。"①"建设有中国特色的社会主义"可以说是把马克思主义原理同我国的具体实际紧密地结合这一思想原则的最好概括。只有建设有中国特色的社会主义，中国的社会主义事业才有希望，才有前途。在以邓小平为核心的第二代领导集体的领导下，党实现了马克思主义基本原理与中国革命和建设的具体实际相结合的第二次历史性的飞跃，产生了建设有中国特色社会主义理论，即邓小平理论。在这个理论的指导下，党充分认识到了当今中国正处在并将长期处在社会主义初级阶段的基本国情，进而对社会主义本质有了深入的理解，使党对社会主义的认识提高到新的水平。

二、继承和发展马克思主义是一个至关重要的问题

马克思主义是科学的世界观和方法论。作为马克思主义政党的中国共产党，在新民主主义革命中通过运用马克思主义理论为指导取得了革命胜利。同时，党还努力探索出了在殖民地半殖民地国家如何取得革命胜利的宝贵经验，极大地发展了马克思主义。新中国建立后，党多次号召广大干部群众认真学习马克思主义，遵循经典作家对社会主义的论述来从事社会主义革命和建设，并发展马克思主义。毛泽东曾指出："马克思主义一定要向前发展，要随着实践的发展而发展，不能停滞不前。停止了，老是那么一套，它就没有生命力了。但是，马克思主义的基本原则又是不能违背的，违背了就要犯错误。"②从 1956 年年初开始的党对社会主义建设道路的

① 《邓小平文选》，第 3 卷，2～3 页，北京，人民出版社，1993。
② 《毛泽东文集》，第 7 卷，281 页，北京，人民出版社，1999。

初步探索就较好地体现了这一个原则。像毛泽东的《论十大关系》讲话、党的"八大"的政治路线、毛泽东关于正确处理人民内部矛盾的理论等，可以说是在坚持马克思主义的基础上推进和发展马克思主义的范例。

然而，从1957年反右派斗争之后到党的十一届三中全会前的较长的时间里，党和毛泽东在继承和发展马克思主义方面出现了偏差。这可以从两方面来看：一是马克思主义的一些基本原则，我们并未始终如一地坚持下去。如马克思主义经典作家历来十分重视生产力在社会发展中的作用。马、恩在《共产党宣言》中即明确提出，无产阶级在夺取政权以后，应想尽一切办法发展社会生产，"尽可能快地增加生产力的总量"。列宁也有同样的论述。毛泽东在20世纪50年代中期也讲过类似的话。党的"八大"实现工作重点的转移就是体现了这个思想。但是，随后党未能正确处理好经济建设与阶级斗争的关系，片面强调的是以阶级斗争为纲，没有把全党的工作重点真正转移到经济建设上来。二是在强调发展马克思主义的过程中，把一些原本就不属于马克思主义的东西附加在马克思主义名下。"大跃进"和人民公社化运动中出现的超越社会主义历史阶段的带有空想色彩的社会构想便属于这种情况。这些构想强调消灭三大差别，实行平均分配，表面上看体现了社会主义的某些原则，但实质上与现实存在很大的差距。

十一届三中全会以后，邓小平多次谈及继承和发展马克思主义、毛泽东思想的问题。他一方面强调马克思主义、毛泽东思想是我们的行动指南，我们必须坚持马克思主义、毛泽东思想；另一方面他强调建设社会主义没有固定的模式，墨守成规只能导致落后甚至失败。他指出：马克思主义"要求人们根据它的基本原则和基本方法，不断结合变化着的实际，探索解决新问题的答案，从而也发展马克思主义理论本身"[①]。他根据当代世界政治经济的变化和中国社会正处于社会主义初级阶段的实际，确定了党的路线。他以一种在马克思主义发展史上前所未有的勇气，用新的观点来解决新的问题，说了许多前人没有说过的"新话"，最终形成了邓小平理论，在继承和发展马克思主义方面迈出了重要的一步。

---

① 《邓小平文选》，第3卷，146页，北京，人民出版社，1993。

北京师范大学史学探索丛书

三、必须吸收和借鉴人类社会文明的一切优秀成果

人类社会发展的客观规律告诉我们，社会主义终将取代资本主义。作为后起的社会制度，社会主义如何对待人类社会的文明成果是摆在无产阶级政党面前的重要课题。中国共产党在社会主义革命和建设的过程中曾十分注意这个问题。新中国成立之初，党在确定新民主主义社会大政方针时，把允许私人资本主义存在和发展作为一项重要的政策。社会主义改造基本完成后，毛泽东曾经提出"可以消灭了资本主义，再搞资本主义"①的思想，反映了党在探索社会主义道路的初期的理论思考。在《论十大关系》中，毛泽东进一步指出："一切民族、一切国家的长处都要学，政治、经济、科学、技术、文学、艺术的一切真正好的东西都要学。"对于资产阶级的一切腐败制度和思想作风要坚决抵制和批判，但是，"这并不妨碍我去学习资本主义国家的先进科学技术和企业管理方法中合乎科学的方面"②。这些思想对于正确处理社会主义与资本主义的关系有重要意义。遗憾的是，此后这个思想未能坚持下去。

十一届三中全会之后，邓小平领导全党进行建设有中国特色社会主义道路的探索时，提出："社会主义要赢得与资本主义相比较的优势，就必须大胆吸收和借鉴人类社会创造的一切文明成果，吸收和借鉴当今世界各国包括资本主义发达国家的一切反映现代社会化生产规律的先进经营方式、管理方法。"③同时，他也提醒全党要警惕资本主义腐朽、消极的东西的影响。邓小平科学地辩证地看待社会主义与资本主义的关系的思想意义重大。它一方面促使我们的对外开放政策更趋完善，使得社会主义现代化建设在经济、文化、科技、教育和管理等方面能够大胆借鉴西方发达国家的经验；另一方面它有利于我们深化对社会主义的认识，使我们认清哪些东西是反映人类文明的成果，而并非资本主义所独有的。

---

① 《毛泽东文集》，第 7 卷，170 页，北京，人民出版社，1999。
② 《毛泽东文集》，第 7 卷，41～43 页，北京，人民出版社，1999。
③ 《邓小平文选》，第 3 卷，373 页，北京，人民出版社，1993。

社会主义与资本主义的关系是历史性的话题。总结新中国成立以来党在这个问题上的正反两个方面的经验教训，随着时代的发展和变化，不断加深对这个问题的认识和理解将有利于进一步完善社会主义制度。

四、要善于不断地总结历史经验教训

认真总结历史上的成功经验和失败教训是党在新民主主义革命时期的一个重要经验。新中国建立初期，党和毛泽东十分重视历史经验教训的总结。在这方面，毛泽东有过许多的论述。社会主义改造基本完成后，他提出对于苏联社会主义建设的经验教训要从正反两个方面进行总结，避免走人家走过的弯路。在党的"八大"开幕词中，他告诫全党："需要把我们工作中的主要经验，包括成功的经验和错误的经验，加以总结，使那些有益的经验得到推广，而从那些错误的经验中取得教训。"[①]由此，使党在社会主义建设初期取得了一些十分宝贵的理论成果。1960年6月，在国民经济出现严重困难的时候，毛泽东写就《十年总结》一文，意在对新中国成立10年以来的经验教训进行全面的总结。文中尽管对"三面红旗"的认识有欠妥当，但提出"我们对于社会主义时期的革命和建设，还有一个很大的盲目性，还有一个很大的未被认识的必然王国"，"我们要以第二个十年时间去调查它，去研究它，从其中找出它的固有的规律，以便利用这些规律为社会主义的革命和建设服务"的观点，却颇具意义，它反映了党和毛泽东对探索社会主义建设规律的认识有了提高。而这一认识就是在总结经验教训的基础上取得的。

关于这个问题，可以说邓小平理论就是一个典范。邓小平理论的形成和发展是基于对新中国建立以来社会主义革命和建设的正反两个方面的经验教训的认真总结。江泽民在党的"十五大"政治报告中提到：一个世纪以来，中国人民在前进道路上经历了三次历史性的巨大变化，其中第三次是"改革开放，为实现社会主义现代化而奋斗"。"这是在以邓小平为核心的

---

① 《毛泽东文集》，第7卷，115页，北京，人民出版社，1999。

第二代领导集体的领导下开始的新的革命。""在建国以来革命和建设成就的基础上，我们党总结历史经验和教训，成功地走出了一条建设有中国特色社会主义的新道路。""文化大革命"结束后，百废待兴，百业待举，中国社会主义事业如何发展是人们思考的大问题。但是，"两个凡是"的"左"倾思潮却禁锢了人们的思想，它不是促使人们认真总结历史经验教训，而是继续"左"的错误。鉴于此，邓小平在十一届三中全会上作《解放思想，实事求是，团结一致向前看》的讲话，其中提出要总结"文化大革命"的经验教训，要做认真的研究，以便对其作出科学的评价。特别需要提到的是1981 年 6 月党的十一届六中全会通过的《关于建国以来党的若干历史问题的决议》。这个决议在集中了全党的集体智慧的基础上，对新中国成立以来社会主义革命和建设的历史进行了深入的、科学的总结，既肯定了成就，又毫不掩饰错误，对"文化大革命"、毛泽东的功过的评价等敏感问题，也作出了实事求是、令人信服的结论。正如 1945 年党通过《关于若干历史问题的决议》，总结了新民主主义革命的经验教训，促进革命事业蓬勃发展，最终建立新中国一样，1981 年通过的《历史决议》则在总结社会主义革命和建设的经验教训的基础上，为建设有中国特色社会主义道路的开辟，为当代中国的马克思主义——邓小平理论的形成发展创造了条件。

中共八大前后中国共产党
社会主义文化思想研究

1956 年，中共"八大"召开的这一年，社会主义改造的步伐已然加快，社会主义革命的任务即将完成。这时候第一个五年计划进展顺利。社会主义建设的历史任务摆到了全国人民面前。政治革命的进行和经济建设的展开，无疑把文化革命和文化建设的课题提到党和国家领导人的面前。如同党在新民主主义革命和社会主义改造中成功地积累了把马克思主义基本原理与中国具体实际相结合的经验一样，在面对文化革命和建设的过程中，党也在努力按照这个思路来引导社会主义文化思想建设。"八大"前后党的文化思想在总结过去的经验和教训的基础上，提出了新的东西，对于社会主义初级阶段文化思想的发展有重要意义。

一

文化是与经济、政治协调发展的。新中国成立初期的几年，我国的政治、经济发展变化很快，特别是社会主义制度迅速建立起来，人们自然会对文化如何来适应这种变化提出各种看法。对作为执政党的中国共产党来说，如何在时代变化的过程中适时地提出明确的文化方面的任务，制定相应的方针政策，显得尤为重要。

实际上，早在 1940 年毛泽东就提出："一定的文化(当作观念形态的文化)是一定社会的政治和经济的反映"，"以社会主义为内容的国民文化必须是反映社会主义的政治和经济的。我们在政治上经济上有社会主义的因素，反映到我们的国民文化也有社会主义的因素。"①只是当时党的任务是

① 《新民主主义论》(1940 年 1 月)，见《毛泽东选集》，第 2 卷，663、705 页，北京，人民出版社，1991。

进行新民主主义革命，尚不具备社会主义的政治和经济条件，自然也就不可能提出社会主义文化的任务。

新中国成立后，党和毛泽东非常重视文化问题。"文化建设"的口号在新中国建立之初就明确地提出来了。1949年9月21日，毛泽东在新政协开幕词中说："随着经济建设高潮的到来，不可避免地将要出现一个文化建设的高潮。中国人被人认为不文明的时代已经过去了，我们将以一个具有高度文化的民族出现于世界。"①在新中国即将成立的时候，毛泽东把"文化建设"摆到新中国各项重要任务之中，并且誓言使中华民族成为具有高度文化的民族，表明了他在文化问题上是怀有一番抱负和理想的。作为熟悉中国历史与文化的领导人，他知道近百年来由于中国的贫弱，中国文化被外人鄙视，中国文化面临革新和振兴的任务。中华民族不仅是要取得政治和经济上的独立，而且还要取得文化上的复兴。他在1949年9月说："伟大的胜利的中国人民解放战争和人民大革命，已经复兴了并正在复兴着伟大的中国人民的文化。"②他还认为，在无产阶级领导革命的历程中，无产阶级新的文化是不可缺少的，这个新文化就是他所言的"民族的、科学的、大众的"新民主主义文化，其核心是"无产阶级领导的人民大众的反帝反封建的文化"。③ 他要在建设新中国的过程中，把文化建设纳入其中，并作为一个非常重要的方面。这个认识对于新中国建立最初几年文化工作指导方针的确立有着重要的指导意义。

新中国建立最初几年文化建设上的各项工作，成绩是明显的。党和毛泽东领导各方面力量铲除了旧社会的毒瘤，如吸毒、娼妓、歧视妇女，进行了大规模的社会改革运动，还大力进行普及教育，扫除文盲，提倡健康文明的生活方式等方面的工作。正是在这个基础上，党和毛泽东提出了建

---

① 《中国人从此站立起来了》(1949年9月21日)，见《毛泽东文集》，第5卷，345页，北京，人民出版社，1996。

② 《唯心历史观的破产》(1949年9月16日)，见《毛泽东选集》，第4卷，1516页，北京，人民出版社，1991。

③ 《新民主主义论》(1940年1月)，见《毛泽东选集》，第2卷，698页，北京，人民出版社，1991。

立现代科学文化的社会主义国家的任务。"八大"前后中央提出了"努力创造社会主义的民族的新文化"①、"共同建设社会主义的新文化"②等提法。1957年3月，毛泽东指出："我们一定会建设一个具有现代工业、现代农业和现代科学文化的社会主义国家。"③建设社会主义文化的历史任务明白无误地摆在人们面前。

建设社会主义文化的历史任务包括哪些内容？这个时候，党是有所考虑的。时任国务院第二办公室副主任的钱俊瑞，于1956年5月9日在全国先进生产者代表会议上发表题为《积极和稳步地建设社会主义的文化》的讲话。他说：新中国成立六年来文化战线上取得了巨大的成就，马克思主义理论的学习为各项社会主义改革和社会主义建设打下了比较良好的思想基础；工农业余教育和群众文化工作的开展，在很大范围内提高了劳动人民的文化水平；文化、教育、科学、卫生事业已经有了极大的发展。但是我们的事业却还远远赶不上国家建设和人民群众的需要，我们还是一个名副其实的文化落后的国家。对此他提出：社会主义文化革命和文化建设的任务是："反对和肃清一切剥削阶级的在当前情况下特别是资产阶级的思想影响，用社会主义的精神教育广大人民和培养新生一代，普遍地提高人民群众的文化水平和科学水平，在物质生产发展的基础上最大量地满足人民群众文化生活的要求，保证劳动人民的身心健康，这样来推进我国建设社会主义的伟大事业。"④钱俊瑞的讲话反映了当时全党上下对建设社会主义文化的共同认识。

这里有一个问题值得我们注意，就是在提出社会主义"文化建设"的任

---

① 《中国共产党第八次全国代表大会关于政治报告的决议》(1956年9月27日)，见《中国共产党第八次全国代表大会文献》，815页，北京，人民出版社，1957。

② 《周扬同志的的发言》(1956年9月25日)，见《中国共产党第八次全国代表大会文献》，509页，北京，人民出版社，1957。

③ 《在中国共产党全国宣传工作会议上的讲话》(1957年3月12日)，见《毛泽东文集》，第7卷，268页，北京，人民出版社，1999。

④ 《工人日报》，1956年5月10日。

务的同时，毛泽东以及中央其他领导人还提出了"文化革命"的任务。① 在这里，"文化建设"与"文化革命"的含义是否相同？通过分析历史文献，答案应该是：大体一致，但有差别。

第一，革命导师关于"文化革命"的含义包括了"文化建设"在内，毛泽东继承了这一思想。在马克思主义经典作家中，最先提出"文化革命"概念的是列宁。1923 年，列宁在《论合作社》中明确提出："从前我们是把中心放在而且也应该放在政治斗争、革命、夺取政权等方面，而现在重心改变了，已经转到和平组织'文化'工作上面去了。""现在，只要实现了这个文化革命，我们的国家就能成为完全的社会主义国家了。但是此项文化革命，无论在纯粹文化方面（因为我们是文盲）或物质方面（因为要成为有文化的人，就要有相当发达的物质生产资料的生产，要有相当的物质基础），对于我们说来，都是异常困难的。"②从上面的论述中可以看出，列宁"文化革命"的概念是在两种文化意义上使用的：一是指狭义的文化，即"纯粹文化方面"；二是指广义的文化，即包括精神文明和物质文明两个方面。无论是狭义的还是广义的"文化革命"，均指的是建设工作，尤其是人民群众文化知识的普及和提高。而且列宁强调在经济文化落后的情况下，"文化革命"是一项极为艰巨的建设任务，对其中的困难必须有充分的认识。毛泽东在新民主主义革命时期曾提出过类似的观点。在江西中央苏区的时候，他提出："开展苏维埃领土上的文化革命，用共产主义武装工农群众的头脑，提高群众的文化水平，实施义务教育制度，增强革命战争中动员民众的力量。"③这里的文化内涵显然是狭义的。而在《新民主主义论》中，他更进一步从广义的角度提出"文化革命"的问题，他说："我们共产党人，多年以来，不但为中国的政治革命和经济革命而奋斗，而且为中国的文化

① 刘少奇在党的"八大"政治报告中说，"为了实现我国的文化革命，必须用极大的努力逐步扫除文盲……"周扬在"八大"上的发言中也用了"要建成社会主义，必须解决文化革命的任务"的提法。见《中国共产党第八次全国代表大会文献》，42、508 页，北京，人民出版社，1957。

② 《列宁选集》，第 4 卷，773～774 页，北京，人民出版社，1995。

③ 毛泽东：《中华苏维埃共和国中央执行委员会与人民委员会对第二次全国苏维埃代表大会的报告》（1934 年 1 月 24、25 日），载《红色中华》（二），苏大特刊，第 3 期。

革命而奋斗；一切这些的目的，在于建设一个中华民族的新社会和新国家。"我们"要把一个被旧文化统治因而愚昧落后的中国，变为一个被新文化统治因而文明先进的中国"①。从毛泽东上述对"文化革命"含义的阐释看，其中包含有"文化建设"的意思是清楚的。从1949年直到1958年，这种情况没有大的变化。在很多领导人讲话、中央的相关文献中，两者往往是通用的。

第二，在毛泽东的论述中对两者的认识是存有区分的。同样是在《新民主主义论》中，他提出：在文化方面，"我们要革除的，就是这种殖民地、半殖民地、半封建的旧政治、旧经济和那为这种旧政治、旧经济服务的旧文化"，"而我们要建立起来的，则是与此相反的东西，乃是中华民族的新政治、新经济和新文化"。他还进一步指出：帝国主义文化和半封建文化结成文化上的反动同盟，反对中国的新文化，"这类反动的文化是替帝国主义和封建阶级服务的，是应该被打倒的东西。不把这种东西打倒，什么新文化都是建立不起来的"②。从上述论述中可见，"文化革命"和"文化建设"这两种概念明显在内涵上是不能完全等同的。"文化革命"在先，"文化建设"在后。也就是说只有开展了"文化革命"，革掉了旧文化、反动文化，才能够进行新文化的建设。"文化革命"是"文化建设"的前提条件，"文化建设"则是"文化革命"的自然延伸。对这两者的关系，毛泽东用了"不破不立，不塞不流，不止不行"来形容更能说明这个问题。

需要指出的是，对"文化革命"和"文化建设"这两种概念的区分并未影响到新中国建立初期党的文化思想和文化政策。前文提及的钱俊瑞的讲话也指出，"我们的国家现在正经历着极为广阔和深刻的社会主义，进行着规模宏大的社会主义建设。这里面就包含着社会主义的文化革命和社会主义的文化建设，这个文化革命和文化建设应该正确和及时地反映社会主义的革命和建设，并且为社会主义的革命和建设，为社会主义的政治和经济

---

① 《新民主主义论》（1940年1月），见《毛泽东选集》，第2卷，663页，北京，人民出版社，1991。

② 《新民主主义论》（1940年1月），见《毛泽东选集》，第2卷，665、695页，北京，人民出版社，1991。

的发展和壮大很好地服务。"①总体上看，"文化革命"和"文化建设"是有区分的，但并不明显。

基于此，党在对社会主义文化革命和文化建设的历史任务进行探索的时候，对社会主义文化思想体系中所涉及的内容的认识基本上是一致的，主要有：普及教育，扫除文盲；发展科学技术，接近世界先进水平；繁荣文学艺术；吸收和借鉴传统文化和外国文化中的优秀成分，推陈出新；确立马克思主义对文化领域的发言权和主导地位，把知识分子队伍引导到党的周围，以此发挥他们的作用；进行社会主义道德建设以及确定文化发展的方针政策等。党和毛泽东从1956年开始对这些问题进行了艰辛的探索，取得了一些重要成果。

二

新中国成立以后前七年，党在由新民主主义文化向社会主义文化过渡的过程中遇到的突出问题主要表现在三个方面：一是新的文化语境如何与传统文化、外来文化相互适应；二是如何在文化思想领域确立马克思主义的领导地位；三是与社会主义建设相适应的社会主义文化到底如何构建、采取的方针政策是什么。这些问题在新中国成立后的前几年已经遇到过，也有一些实践层面的成果，但问题远没有得到解决。而这些问题不能很好解决、没有一个明确的答案的话，无疑会妨碍社会主义文化建设的探索。在提出了建设社会主义文化的历史任务以后，如何在具体的文化思想体系上总结先前的成果，并有所创新，有所发展，进而提出新的方针政策，这是毛泽东和中共中央面对的新课题。从1956年年初到1957年春天这段时间里，也就是中共"八大"前后的一年多的时间里，在这些方面进行了一些探索，初显成绩，形成了一些重要的思想成果，对此后我国社会主义文化建设具有重要意义。

---

① 《工人日报》，1956年5月10日。

(一)知识分子政策的新变化

在我国新民主主义革命和社会主义建设时期，知识分子的历史作用是不可替代的。在革命时期如此，在社会主义建设时期更是如此。新中国建立最初的几年中，尽管党对知识分子采取了"团结、教育、改造"的政策，大多数知识分子是作为资产阶级来看待的，但是，在这个时期的各项政治运动和国民经济恢复中，知识分子都在发挥着他们的作用。广大知识分子逐渐对中国共产党的路线、方针、政策，对党的治国方略、办事方法以及人民政府的运作，有了大致的了解。这有利于他们自身的变化。作为执政党也根据新的形势提出了新的知识分子政策。这一政策主要体现在1956年1月的知识分子问题会议上。

会议认为，进行社会主义建设，除了必须依靠工人阶级和农民以外，还必须依靠知识分子。周恩来在会上作《关于知识分子问题的报告》中指出：社会主义时代，比以前任何时代都更加需要充分地提高生产技术，更加需要充分地发展科学和利用科学知识，因此进行社会主义建设，除了必须依靠工人阶级和广大农民的积极劳动以外，还必须依靠知识分子的积极劳动，也就是说，必须依靠体力劳动和脑力劳动的密切合作，依靠工人、农民、知识分子的兄弟联盟。我们现在所进行的各项建设，正在愈来愈多地需要知识分子的参加。在我国各项建设中知识分子已经成为重要的因素。

会议提出，知识分子中的绝大部分已经成为国家工作人员，已经为社会主义服务，已经是工人阶级的一部分。周恩来分析了新中国成立以来知识分子的状况，认为绝大多数知识分子经过学习改造，政治觉悟和业务水平都有了提高，知识界的面貌发生了根本的变化。他在报告中指出：积极拥护共产党和人民政府、积极拥护社会主义、积极为人民服务的和能够拥护共产党和社会主义、为人民服务的两部分知识分子占整个知识分子群体的80%左右。因此，周恩来代表党中央正式宣布：知识分子中的绝大部分

"已经成为国家工作人员，已经为社会主义服务，已经是工人阶级的一部分"①。

　　会议要求全党要正确地解决知识分子问题，更充分地动员和发挥他们的力量，调动他们的积极性。周恩来在报告中提出：知识分子已经成为我们国家的各方面生活中的重要因素，正确地解决知识分子问题，更充分地动员和发挥他们的力量，为伟大的社会主义建设服务，就成为完成过渡时期总任务的一个重要条件。具体来说：第一，应该改善对于他们的使用和安排，使他们能够发挥他们对于国家有益的专长；第二，应该对于所使用的知识分子有充分的了解，给他们以应得的信任和支持，使他们能够积极地工作；第三，应该给知识分子以必要的工作条件和适当的待遇。

　　毛泽东在会议结束时发表讲话指出："现在我们是革什么命呢？现在是革技术的命，叫技术革命，叫文化革命，要搞科学，革愚昧同无知的命。"②他要求在比较短的时间内，造就大批知识分子。他号召全党努力学习科学知识，同党外知识分子团结一致，为迅速赶上世界先进科学水平而奋斗。

　　1956 年年初党对知识分子政策出现的新变化，是党根据国内外形势的发展以及党长期以来的做法而提出的。

　　1. 从国际形势来看。

　　一方面在朝鲜战争结束后，国际紧张局势趋向缓和。两大阵营的对峙趋缓，美苏两大国通过外交活动企图共同称霸世界，同时亚洲、非洲、拉丁美洲民族解放事业勃兴，一批新的国家摆脱旧的殖民体系获得独立。中国在朝鲜战争后积极参与国际事务，先后出席日内瓦会议和万隆会议，并发挥一定的积极作用，在国际舞台上初显新中国"和平共处五项原则"的外交策略，显示了新中国力求营造和平的周边环境来搞经济文化建设的思路。另一方面战后科学技术的迅猛发展促进了各国经济文化的快速发展。

　　①　《关于知识分子问题的报告》(1956 年 1 月 14 日)，见《周恩来选集》下卷，162 页，北京，人民出版社，1984。

　　②　逄先知、金冲及主编：《毛泽东(1949—1976)》上卷，469 页，北京，中央文献出版社，2003。

周恩来曾提到："现代科学技术正在一日千里地突飞猛进。"新的技术、新的材料、新的工艺不断出现，人类面临着一个新的科学技术和工业革命的前夕。在这个新的挑战面前，中国的科学文化水平与世界上先进国家相比，不仅在量上有很大差距，在质上也同样有很大差距。

2. 从国内形势来看。

社会主义改造已经取得基本上的胜利，阶级矛盾、阶级关系等政治层面的问题已经基本解决。但是，社会主义工业化的任务远未完成，经济文化发展的任务还很艰巨，建设一个具有强大国防的现代化国家更是非常紧迫的历史任务。毛泽东等领导人深入地了解了当时中国与世界发达国家的差距，由此产生了强烈的紧迫感。1955年3月，毛泽东在党的全国代表会议上指出："我们进入了这样一个时期，就是我们现在所从事的、所思考的、所钻研的，是钻社会主义工业化，钻社会主义改造，钻现代化的国防，并且开始要钻原子能这样的历史的新时期。"[1]

3. 从党长期以来对知识分子政策的经验来看。

主要侧重点在两方面：一是从阶级属性的角度去看待知识分子；二是从实际效用的角度来看待知识分子。从前者来说，党在抗战时期就非常重视知识分子问题，要求在各个抗日根据地大量吸收知识分子。作为中央组织部长的陈云提出"抢夺知识分子"的主张，强调大批接收、大胆使用知识分子。他认为，争取广大知识分子到革命阵营来，充分发挥他们的作用，对于中国革命益处很大。他说，"现在各方面都在抢知识分子，国民党在抢，我们也要抢，抢得慢就没有了"[2]。新中国成立以后，党继续坚持革命和建设需要大量知识分子的政策，对知识分子采取了"包下来"的方针，绝大多数安排了工作。在吸收和使用知识分子的同时，党始终强调对知识分子要采取"团结、教育、改造"的政策，通过新中国成立后头几年的各种政治运动，希望旧时代过来的知识分子抛弃地主阶级和资产阶级的思想，接

北京师范大学史学探索丛书

---

[1] 《在中国共产党全国代表会议上的讲话》(1956年3月31日)，见《毛泽东文集》，第6卷，395页，北京，人民出版社，1999。

[2] 《关于干部队伍建设的几个问题》(1939年12月10日)，见《陈云文选》，第1卷，181页，北京，人民出版社，1995。

受工人阶级的思想。这方面的工作取得了一定的成效。据周恩来关于知识分子问题的报告披露，一些单位对知识分子的政治状况作了统计：在高级知识分子中间，积极拥护共产党和人民政府、积极拥护社会主义、积极为人民服务的进步分子约占 40％；拥护共产党和人民政府，一般能够完成任务，但是在政治上不够积极的中间分子也约占 40％。此外缺乏政治觉悟或者在思想上反对社会主义的落后分子占百分之十几，反革命分子和其他坏分子约占百分之几。① 这种分析说明当时大多数知识分子的政治态度已经发生了转变，逐渐适应了新社会的政治气候。从后者来说，知识分子在国家经济文化建设中的突出作用已经在新中国成立最初几年中凸显出来。在国民经济恢复时期和随后的第一个五年计划期间，经济文化建设的进行需要大批知识分子从中发挥作用。正如周恩来强调的，社会主义时代比以前任何时代都更加需要充分地提高生产技术，更加需要充分地发展科学和利用科学知识。我们现在所进行的各项建设，正在愈来愈多地需要知识分子参加。

基于上述情况，知识分子问题会议形成的对知识分子问题的新政策，从实际情况看的确有新的内容出现。尤其是提出知识分子中的绝大部分"已经成为国家工作人员，已经为社会主义服务，已经是工人阶级的一部分"的观点是前所未有的，在一定程度上改变了以往认为知识分子是资产阶级或者是小资产阶级的认识，给知识分子以合乎实际的定位。这样做对于调动广大知识分子的积极性，促进社会主义经济文化建设的发展，无疑具有重要意义。著名哲学家冯友兰撰文认为："绝大多数知识分子都以接受党的领导为莫大的光荣。我完全相信，一切妨碍知识分子发挥潜力的阻碍，无论是主观的或者客观的，都会在党的领导下，逐渐地消失。"②北京大学东语系主任季羡林认为："多数的旧知识分子都是爱国的，他们渴望自己的国家强盛起来。这种希望在过去一直没能实现。然而今天，在党和毛主席的领导下，中国已经成为一个世界强国。毛主席说：'占人类总数

---

① 《关于知识分子问题的报告》(1956 年 1 月 14 日)，见《周恩来选集》下卷，163 页，北京，人民出版社，1984。

② 冯友兰：《发挥知识分子的潜在力》，载《人民日报》，1956 年 1 月 15 日。

四分之一的中国人从此站立起来了。'我对这一句话有十分具体深刻的体会。对知识分子来说，这是一件了不起的大事情。我觉得这一点是中国旧知识分子自觉自愿地进行自我改造的一个起点和基础。"①这时，许多著名专家学者纷纷发表意见，对党的知识分子新政策给以积极的赞许。他们从党的知识分子政策的变化中受到了鼓舞，得到了肯定，从而激起他们的更高的积极性。从这点上看，对知识分子的新政策起到了调动知识分子积极性的作用。

同时我们也应该注意到，长期以来党对知识分子的认识往往是从阶级属性的角度去看待这个群体，以他们的言行代表哪个阶级作为是否承认其社会作用的判定标准。这个做法在一定的历史条件下是允许的，也是客观使然。但是应该注意的另一个方面是，知识分子还是科学文化的载体，是科学文化的重要的传播者。科学文化千百年来依据其自身的发展规律，通过一代又一代的知识分子的努力而得以传承和发展。因而，认识知识分子的价值，承认他们的劳动，实质上是认同人类文明发展的一种自主的表现。从这个角度说，1956 年党在知识分子问题上的新政策也体现了这个思路。如 1956 年 2 月《中共中央关于知识分子问题的指示》中提及：建成社会主义需要现代技术和科学知识，为了掌握现代技术和科学知识，"就必须利用资产阶级和其他一切有价值的文化遗产，而旧社会所遗留下来的知识分子，正是最重要的一种遗产。"②这个观点尽管没有更进一步展开，但它表明党在此时注意到了社会主义科学文化需要有历史的传承关系，而其中知识分子的作用是不容忽视的。

对于 1956 年党提出的知识分子政策，我们有理由给予积极的评价，毕竟这个时候我国社会主义建设刚刚起步，对社会主义建设的规律性东西的认识只是初步的，尚不可能形成更完善、更系统的认识。在取得这些初步成果的同时，应看到仍然存在一些不足的方面，例如，党内对于绝大多数

北京师范大学史学探索丛书

---

① 季羡林：《我对知识分子问题的一些看法》，载《人民日报》，1956 年 1 月 13 日。

② 《中共中央关于知识分子问题的指示》(1956 年 2 月 24 日)，见《建国以来重要文献选编》，第 8 册，134 页，北京，中央文献出版社，1994。

知识分子属于工人阶级一部分的论断认识并不一致。毛泽东在这个期间的讲话中，没有提过知识分子是工人阶级一部分的提法，他仍认为知识分子的世界观仍是资产阶级的。再如，知识分子已经经过了几年的改造，发生了根本的转变，但在这期间的文件中仍把他们作为改造的对象，采取的种种关于知识分子的政策也还不是把他们与工人、农民同等看待的政策。这多少为以后知识分子政策出现逆转埋下了伏笔。

（二）"百花齐放、百家争鸣"方针的提出及其意义

党对知识分子的新政策是党的文化思想的一个重要方面，但它更多地是从外在的角度来促进和繁荣科学文化。科学文化如何依据自身的规律来发展，如何在社会主义条件下更好地繁荣和发展，这同样是一个十分紧迫又重要的问题。"百花齐放、百家争鸣"方针的酝酿、提出及阐释，反映了党在这个时期对社会主义文化问题的认识达到了一定的理论高度。

1951年毛泽东为中国戏曲研究院的题词中提出："百花齐放，推陈出新。"这个题词反映出党在文学艺术领域，尤其是戏曲界允许不同流派、不同风格并存，在认真吸收借鉴中国传统文化遗产的基础上，开创新的符合新时代要求的文化的思想倾向。1953年，陈伯达向毛泽东请示应如何处理中国古代史分期问题的争论，毛泽东答道："百家争鸣。"随后在其他场合，毛泽东也讲过类似的观点。此时，尽管"百花齐放"和"百家争鸣"的提法都已出现，但都是就具体的戏曲问题和历史研究问题而提出的，并不具有普遍的意义。将两者合在一起作为一个完整的方针提出来，是在1956年4月底。这个时候提出"双百方针"是针对当时国内科学文化发展中存在的一些具体问题，表现在：

第一，在文化领域突出阶级斗争，突出文化为政治服务，开展一轮接一轮的文化领域里的批判运动，对于确立马克思主义的主导地位，巩固人民民主专政的政权有一定的意义。但是，对于思想文化领域的各种不同观点、不同学派、不同表现方式等复杂的文化问题，均以马克思主义或非马克思主义、唯物主义或唯心主义、无产阶级或资产阶级来划分，未免失之简单化。其中受到影响最大的莫过于文艺界。由于批判资产阶级唯心主义运动、批判胡风，文艺家创作作品总是小心翼翼，许多东西不敢写。这样势必造成文学作品千篇一律，公式化倾向严重。对此，毛泽东等领导人有些察觉。1955 年 10 月，毛泽东在一次谈话中提到：印度的电影片一星期有好几百万人看，我们自己的片子则很少有人看，这就是人们以不看的法子来批判，因为没有味道，引不起兴趣。做得不好，人家总是要讲话的。文艺中的形式主义是弱点，千篇一律不好，要依情况出发，要入情入理。①1956 年 3 月，在作协第二次理事会扩大会议期间，刘少奇与周扬、刘白羽谈话时讲到："党与政府采取政治上的干涉，有的是应当的，就是干涉得对的；但是也有的干涉是粗暴的，或者干涉的错了的。""作家不能不让人家提意见，不让人家讲话。自由论争就是要让大家讲话。有的意见是负责同志讲的，这些负责同志的话，也应该看作是读者、观众的意见，尊重他们的意见，是完全应该的，但作家不一定要按他们提的意见那样修改，作家如果不同意可以不改。作家不让负责同志发表感想也不好，因为是负责人，言论就没有自由了？那不行。他们可以发表他们的感想，至于你采纳不采纳，或者是不是按他们的意见修改，必有你的自由。"②陆定一在 4 月中央政治局扩大会议期间的讲话中也提到，文艺界存在只能去写新人物，不能去写老人物的倾向。他说："写写老人物也可以。"毛泽东插话："《乌鸦与麻雀》，那是部很好的电影，那是写上海新四军还没有进城的前夜，我们电影局就是不许它演，这两天可以找出来给大家看一看，见识见识，这是中国一篇很好的历史。"③从以上言论中可见，文艺界存在的片面突出政治、忽视文艺自身规律的现象已经引起了党的领导人的注意，到了不得不解决的地步。

第二，在科学研究领域存在忽视学术自由、排斥不同学派、给某些学派贴上政治标签的倾向。这种倾向主要受到苏联的影响。新中国成立以

---

① 毛泽东 1955 年 10 月 27 日同工商界人士的谈话。转引自陈晋：《毛泽东与"百花齐放，百家争鸣"》，载《文艺理论与批评》，1996(5)。

② 《关于作家的修养等问题》(1956 年 3 月 5 日)，见《刘少奇选集》下卷，186～187 页，北京，人民出版社，1985。

③ 《对于学术性质、艺术性质、技术性质的问题要让它自由》(1956 年 4 月 27 日)，见《陆定一文集》，497 页，北京，人民出版社，1992。

后，我们在科学文化方面学习苏联，取得了一定成绩。但同时苏联科学界的一些错误做法也影响到了我国。如苏联生物学界采取树立米丘林——李森科学派、排斥打击孟德尔—摩尔根学派的做法。我国有的科学家要搞多枝小麦，说这是米丘林的，反对米丘林就是资产阶级。还有的人认为巴甫洛夫是社会主义医学，魏尔啸是资本主义医学，中医是封建医学。这些问题本身是学术问题，但很明显它同政治问题混为一谈了。1956 年 4 月，陆定一在中央政治局扩大会议上谈及这个问题时提出："自然科学的发展有它自己的规律，社会进化只能帮助他发展，在高度发达的社会，它发展得更快一些，在低级社会，它发展得更慢一些，但它自己的发展阶段不一定同社会的发展阶段一样。因此，把那些资本主义和社会主义的帽子套到自然科学上去是错误的。"①在陆定一的发言中毛泽东作了多次插话，谈到我国生物学家胡先骕批评李森科的问题时，他说：胡先骕是中国生物学界的老祖宗，年纪七八十了。他赞成文言文，反对白话文，恐怕还是要给他学部委员。从这些议论中反映出此时党对于科学研究中的错误倾向已有初步认识。

正是在对文化发展、科学研究中的问题有了一定认识，党在 1956 年 4 月正式提出了"百花齐放，百家争鸣"方针。

1956 年 4 月 28 日，毛泽东在中央政治局扩大会议总结讲话中明确提出："艺术问题上的百花齐放，学术问题上的百家争鸣，我看应该成为我们的方针。'百花齐放'是群众中间提出来的，不晓得是谁提出来的。人们要我题词，我就写了'百花齐放，推陈出新'。'百家争鸣'，这是两千年以前就有的事，春秋战国时代，百家争鸣。讲学术，这种学术也可以讲，那种学术也可以讲，不要拿一种学术压倒一切。你讲的如果是真理，信的人势必就会越来越多。"②这次讲话之后，毛泽东又在 5 月 2 日最高国务会议上正式宣布了"双百方针"。次年 2 月在他著名的《关于正确处理人民内部矛

---

① 《对于学术性质、艺术性质、技术性质的问题要让它自由》(1956 年 4 月 27 日)，见《陆定一文集》，496 页，北京，人民出版社，1992。

② 《在中共中央政治局扩大会议上的总结讲话》(1956 年 4 月 28 日)，见《毛泽东文集》，第 7 卷，54～55 页，北京，人民出版社，1999。

盾的问题》一文中再次阐发了这一方针。为了更好地向社会尤其是广大科技界、文化界人士宣传"双百方针"，1956 年 5 月 26 日，中宣部长陆定一做了《百花齐放，百家争鸣》的报告，着重从三个方面阐述这一方针：第一，为什么提出这样的政策？为什么现在才着重提出这样的政策？第二，加强团结；第三，批评问题和学习问题。陆定一的报告随后正式发表，在知识分子中间引起很大反响，成为 1956 年文化领域中的一件大事。

"双百方针"提出以后，在社会上特别是文化科学界引起极大反响，赞成之声不绝于耳。许多知识分子发表文章、谈话，谈他们对"双百方针"的认识和理解。清华大学钱伟长教授说："我们科学界之所以衷心地欢迎'百家争鸣'这个方针，是因为'百家争鸣'是科学发展的客观规律，是科学发展的必然的道路。""科学是在不断变动、发展的，是在不断修正过去的意见或看法，不断肯定对的否定不对的道路上前进的。没有不同意见的争论，没有斗争，科学就不能发展。"①中国科学院数学研究所所长华罗庚认为：在学术上展开自由讨论，展开批评和自我批评，是学术工作者都应当做的事，也是科学发展的必要条件。但是，"做到'自由讨论'，还不等于说已经达到'百家争鸣'。'百家争鸣'需要有'家'，'家'是什么呢，把要求提高些，既是学派，低些，也应该有他独创的见解。"②一些文学艺术工作者在讨论如何贯彻"百花齐放，百家争鸣"方针时认为，近几年来大部分文艺作品题材范围狭窄、单调，创作风格不够多样化，文艺评论方面缺少自由讨论的风气。他们认为"在艺术创造和学术探讨上，应该提倡独立思考，鼓励不同流派、不同风格的发展"。有人认为，应该打倒偶像崇拜，使创作和生活都更加活泼一些。③ 1957 年 3 月，费孝通在《人民日报》发表《知识分子的早春天气》一文，在谈及"百家争鸣"问题时，他说："百家争鸣实实在在地打动了许多知识分子的心，太好了。知识分子的思想改造是从立

---

① 钱伟长：《'百家争鸣'必须有共同的基础》，载《光明日报》，1956 年 5 月 25 日。

② 华罗庚：《独立研究，努力成'家'》，载《光明日报》，1956 年 5 月 28 日。

③ 《在文学领域内贯彻"百花齐放，百家争鸣"的方针》，载《新华半月刊》，1956 年第 16 号。

场这一关改起的。划清敌我似乎还比较容易些，一到观点、方法，就发生唯心和唯物的问题，似乎就不简单了。比如说，拥护党、政府，爱国家、人民，对知识分子来说是容易搞得通的，但是要批判资产阶级唯心主义思想体系，就有不少人弄不大清楚什么是唯物的，什么是唯心的那一套。"

"百家争鸣恰好解决当前知识分子思想发展上发生出来的这些问题。据我的了解，百家争鸣就是通过自由讨论来明确是非，即是知识分子进一步的思想改造，在观点、方法上更进一步的接受辩证唯物主义。"① 不难看出，知识分子是在努力理解党的这一新的方针，并结合自己的专业阐述科学文化发展的具体措施。

但是，在讨论中许多学者、专家不可避免地提出一些疑问。如百家争鸣与以马克思主义为指导的关系问题；让唯心主义出来是否会造成思想混乱；在高等学校的教学中是否可以百家争鸣；文学作品中应如何反映人民内部矛盾；对党的政策的怀疑的意见是否可以争论等。就是在党内也出现了不同意见。1957 年 1 月 7 日，《人民日报》发表陈其通、陈亚丁、马寒冰、鲁勒四人的文章《我们对目前文艺工作的几点意见》，认为过去的一年里，"为工农兵服务的文艺方向和社会主义现实主义的创造方法，越来越很少有人提倡了。有些人认为，国家已进入社会主义建设的新时期，只需要强调'百花齐放，百家争鸣'，为工农兵服务的方向可以不强调了"。"自从提出'百花齐放'以后，有许多人只热衷于翻老箱底，热衷于走捷径去改变旧的，甚至有个别人把老祖宗留下的宝贵遗产稍加整理就冠上自己的名字去图名求利。"② 这篇文章的观点代表了党内一部分人对"双百方针"的看法，其意在于"鸣"、"放"的程度已经够了。这种倾向引起了毛泽东的注意。1 月 18 日，他在省市自治区党委书记会议上明确提出："百花齐放，我看还是要放。""田里长着两种东西，一种叫粮食，一种叫杂草。杂草年年要锄，一年要锄几次。你说只要放香花，不要放毒草，那就等于要田里

① 费孝通：《知识分子的早春天气》，载《人民日报》，1957 年 3 月 24 日。
② 陈其通、陈亚丁、马寒冰、鲁勒：《我们对目前文艺工作的几点意见》，载《人民日报》，1957 年 1 月 7 日。

只能长粮食，不能长一根草。"①毛泽东此时感到对"双百方针"有进一步阐释的必要，所以在 1957 年 2～3 月间，他系统阐释了"双百方针"的精神，回答了社会上包括党内人士的种种疑虑。

1. 从毛泽东等人关于"双百方针"的一系列论述看，其基本内容包含以下几方面。

第一，"双百方针""是促进艺术发展和科学进步的方针，是促进我国的社会主义文化繁荣的方针。"②毛泽东等人在提出这一方针的时候，是从发展社会主义科学文化的角度来考虑问题的，其着眼点在于国家的巩固和科学文化的繁荣，强调这个方针"是一个基本性的同时也是长期的方针，不是一个暂时性的方针"③。而且毛泽东还进一步扩大了这一方针的外延，认为它是我们一切工作的好方法。

第二，在艺术和科学问题上允许有不同意见存在，提倡自由讨论，有批评的自由也有反批评的自由。按照毛泽东的说法，"艺术上不同的形式和风格可以自由发展，科学上不同的学派可以自由争论。利用行政力量，强制推行一种风格，一种学派，禁止另一种风格，另一种学派，我们认为会有害于艺术和科学的发展。"④陆定一进一步提出文化和科学工作应遵循的四个"自由"，即："在文学艺术工作和科学研究工作中有独立思考的自由，有辩论的自由，有创作和批评的自由，有发表自己意见、坚持自己意见和保留自己意见的自由。"⑤对于文化和科学领域存在的种种不同意见、是非问题，只有通过自由的讨论去解决，通过各自的实践去解决，而不应该采取简单的方法去解决，甚至轻率地作出结论。1956 年 2 月，毛泽东在

---

① 《在省市自治区党委书记会议上的讲话》(1957 年 1 月 18 日)，见《毛泽东选集》，第 5 卷，338～339 页，北京，人民出版社，1977。

② 《关于正确处理人民内部矛盾的问题》(1957 年 2 月 27 日)，见《毛泽东文集》，第 7 卷，229 页，北京，人民出版社，1999。

③ 《在中国共产党全国宣传工作会议上的讲话》(1956 年 3 月 12 日)，见《毛泽东文集》，第 7 卷，278 页，北京，人民出版社，1999。

④ 《关于正确处理人民内部矛盾的问题》(1957 年 2 月 27 日)，见《毛泽东文集》，第 7 卷，229 页，北京，人民出版社，1999。

⑤ 《百花齐放，百家争鸣》(1956 年 5 月 26 日)，见《陆定一文集》，501～502 页，北京，人民出版社，1992。

了解到一位在中国讲学的苏联学者对《新民主主义论》中关于孙中山世界观的论点有不同看法时，指出：这种自由谈论，不应当去禁止。这是对学术思想的不同意见，什么人都可以谈论，无所谓损害威信。① 在《关于正确处理人民内部矛盾的问题》中，毛泽东也指出："对于科学上、艺术上的是非，应当保持慎重的态度，提倡自由讨论，不要轻率地作结论。"②对于这个"自由"，按照陆定一的解释，它是"人民内部的自由"，是同资产阶级民主主义所主张的自由不同的。人民内部有一致的地方，但也有不一致的地方，如在思想上有唯物主义和唯心主义的区别。在人民内部，不但有宣传唯物主义的自由，也有宣传唯心主义的自由，两者之间的辩论也是自由的。

第三，实行"双百方针"不会削弱马克思主义在思想文化领域的领导地位，相反会加强它的地位。新中国成立以后，我国的革命和建设事业，包括科学和文化在内都是以马克思主义作为指导思想的。那么，对马克思主义能不能加以批评呢？毛泽东持肯定的态度。他在《关于正确处理人民内部矛盾的问题》一文中认为："马克思主义是一种科学真理，它是不怕批评的。如果马克思主义害怕批评，如果可以批评倒，那末马克思主义就没有用了。"③马克思主义者不应该害怕任何人批评，相反，马克思主义者就是要在人们的批评中间，锻炼自己，发展自己。毛泽东进一步指出，对非马克思主义思想应剥夺他们的言论自由，而对于人民内部的错误思想，对待精神世界的问题，用简单的方法去处理，不但不会收效，而且非常有害，只有采取讨论、批评、说理的方法，才能真正发展正确的意见，克服错误的意见，才能真正解决问题。他认为，对于资产阶级、小资产阶级的思想意识应进行适当的批评，但要避免教条主义的批评，力求用辩证方法，要

---

① 《对学术问题的不同意见不应禁止谈论》(1956 年 2 月 19 日)，见《毛泽东文集》，第 7 卷，9 页，北京，人民出版社，1999。

② 《关于正确处理人民内部矛盾的问题》(1957 年 2 月 27 日)，见《毛泽东文集》，第 7 卷，229～230 页，北京，人民出版社，1999。

③ 《关于正确处理人民内部矛盾的问题》(1957 年 2 月 27 日)，见《毛泽东文集》，第 7 卷，231 页，北京，人民出版社，1999。

有科学的分析，要有充分的说服力。他提出辨别香花和毒草的六条政治标准，它们是：有利于团结全国各族人民，而不是分裂人民；有利于社会主义改造和社会主义建设，而不是不利于社会主义改造和社会主义建设；有利于巩固人民民主专政，而不是破坏或者削弱这个专政；有利于巩固民主集中制，而不是破坏或者削弱这个制度；有利于巩固共产党的领导，而不是摆脱或者削弱这种领导；有利于社会主义的国际团结和全世界爱好和平人民的国际团结，而不是有损于这些团结。

第四，通过实行"双百方针"加强知识分子的团结，尤其是更好地团结非党知识分子。在毛泽东等人看来，提出"双百方针"的目的之一是调动一切积极因素来建设社会主义，其中团结一切可以团结的力量，在科学文化领域团结知识分子成为贯彻"双百方针"的重要内容之一。陆定一在《百花齐放，百家争鸣》报告中提出："个人主义，门户之见，在文艺界科学界中也是存在的。新老科学工作者之间的隔膜，也是存在的。这些不好的东西都应该去掉。"这就要求共产党员、党员知识分子积极努力去做好团结工作，克服宗派主义，也要求非党知识分子注意做好团结工作。

2. 从"双百方针"的提出以及毛泽东等人对其阐释来看，党在社会主义社会建立初期对文化发展问题进行了认真的思考，其中包含有许多新的见解、新的论点，它是党的文化思想发展的一个显著标志。具体来看，其意义体现在如下几个方面。

第一，"双百方针"的提出是总结新中国成立后前几年科学文化领域的实践并吸取苏联教条主义教训的结果，是建立在现实基础上的理论思考。

历史唯物主义认为，理论来源于实践，任何理论成果都应是实践的产物。党的新民主主义革命的发展历史表明，党的理论凡是取得一定的成绩都是与实践密切相关。正如毛泽东所指出的，马克思主义基本原理只有与中国的具体国情相结合，才能取得中国革命的成功。进入社会主义社会以后，党采取什么样的方针政策更切合社会主义实际是需要党的领导人紧密把握现实状况，依据新的情况提出新的理论。新中国建立以后的最初七年，党在领导文化工作的过程中，有成功的经验，也有失误的教训。这时期，党始终关注马克思主义与非马克思主义的思想斗争。宣传马克思主义、宣传唯物主义具有历史的必然性，但在批判资产阶级唯心主义的过程中，不可避免存在简单化、片面化的倾向，存在教条主义的倾向，妨碍了文化事业的繁荣。同时，在学习和借鉴苏联的经验的同时也存在着在文化思想建设上全盘照搬和教条主义的失误。"双百方针"的提出是毛泽东等领导人总结借鉴了这些经验教训的直接结果，是在新的历史条件下对文化建设问题的新思考。

第二，"双百方针"的本质是要求尊重科学文化发展的内在规律，并以此作为指导科学文化事业发展的指导原则。

1957年4月，中宣部副部长周扬提出："领导者要学会掌握科学和艺术工作的规律"，"要向科学家、艺术家学，因为在业务上，他们总是比我们懂得多。"①应该明确，科学文化发展是有其内在规律的。不论是自然科学或者社会科学，其目的是探索自然界和人类社会发展的规律，这种探索的过程是一种渐进的过程，一种从无知到有知、从知之不多到知之甚多的过程，是肯定、否定、再肯定、再否定的过程。科学的发展不是一帆风顺的，不是贴上某种政治标签就能判定其正确与否的，它的发展必须依据其自身的内在规律，违背规律只能是失败。历史上的经验教训已经证明了这一点。文化则是一种历史的过程，是通过不断地传承、鉴别、批判、反思而得以发展的。中国文化源远流长，几千年的历史文化沉淀是我们民族的财富，同时也是我们民族的包袱。对待传统文化应该按照其自身的规律发展，既尊重其历史传承，也重视现实的需要。"双百方针"的提出正是在尊重规律的前提下提出的对科学文化的具体政策。

第三，"双百方针"的提出，体现了自信力，具有明显的包容性，从一定意义上讲，是一次思想解放。

从历史上看，文化的发展需要一个宽松的环境。中国春秋战国时代是一个思想勃发的时代，各种思想流派先后涌现，形成了百家争鸣的局面，极大促进了中国文化和思想的发展。"五四"运动提倡"科学和民主"，开启

---

① 《周扬同志就"百花齐放，百家争鸣"问题答〈文汇报〉记者问》，载《文汇报》，1957年4月9日。

了近代中国思想解放的闸门。欧洲文艺复兴以后同样去除掉封建专制主义的束缚，文化发展空前活跃，出现众多思想家、学派、学说，促进了西方文明的繁荣。历史的经验说明，文化的发展确实需要一个环境，它要求领导者拥有一种文化的宽容性和包容性，对各种文化兼容并包，对主流文化具有自信心。"双百方针"从提出时的主观意图来看，是希望不同的思想能够相互争鸣，相互辩论，在批评和讨论中促进认识的一致。这种鼓励争鸣的做法从历史上来看实际上也是一种思想解放。"双百方针"提出后不久在哲学界、文学界、经济学界、历史学界、法学界和生物学界等，出现了一系列热烈的自由论争，使得人们的思想活跃起来，眼界开阔起来。学术、文艺刊物增多，争鸣的文章增多。1956年一年内出版的学术著作比1950年至1955年6年内出版的全部加起来还要多。1956年8月，中国科学院和高等教育部共同在青岛召开遗传学座谈会，贯彻"百家争鸣"方针，针对遗传学界存在的不同学术观点，展开自由讨论，消除先前强加在不同学派头上的政治标签，使持孟德尔—摩尔根学说的学者同持米丘林—李森科学术观点的学者一样，享有教学、研究和出版学术著作的权利。这次会议经过报刊的宣传在学术界产生良好的反响。这表明"双百方针"的提出促进了科学文化的发展，体现出了思想解放的端倪。

第四，"双百方针"起到了团结知识分子的作用，有利于调动他们的积极性和创造性，促进社会主义科学文化的繁荣。

"双百方针"的提出很大程度上是与知识分子问题联系在一起的。知识分子是科学文化的重要传播者。繁荣科学文化离不开知识分子的主观努力。"双百方针"作为调动一切积极因素来繁荣社会主义科学文化的方针，同时也是一个团结知识分子的方针。从"双百方针"提出后在知识分子中产生的反响看，知识分子感到"春天来了"。知识分子积极性的发挥促进了科学文化的兴盛。1957年1月，中国科学院第一次科学奖金（自然科学部分）评选揭晓。华罗庚的"典型域上的多元复变函数论"，吴文俊的"示性类及示嵌类的研究"和钱学森的"工程控制论"获得一等奖。另有5项成果获二等奖，26项成果获三等奖。这次评奖是在各科研单位推荐的基础上，由中国科学院各有关学部组织专家对上报的400多项成果进行严肃认真的评审，并经中国科学院院务委员会讨论通过而产生的。它反映了新中国成立后的几年里我国科学技术的成绩。在文学艺术领域，1956年前后话剧创作形成一个高潮，出现了《万水千山》、《战斗里成长》、《冲破黎明前的黑暗》等大批优秀剧目。随着对杨履方的话剧《布谷鸟又叫了》的评论，出现了"第四种剧本"①。1957年老舍的话剧《茶馆》首次搬上舞台，受到广大观众的欢迎。这个时期，电影创作中革命战争题材作品大量涌现，如《董存瑞》、《平原游击队》、《上甘岭》、《铁道游击队》和《柳堡的故事》等。其他题材的影片有《祝福》、《新局长到来之前》、《李时珍》、《女篮五号》、《情长谊深》、《青春的脚步》、《边寨烽火》和《不夜城》等。这当中有反映现实生活的影片，也有历史题材的影片和由名著改编的影片。反映现实生活的影片既表现了工农兵的生活，也表现了知识分子的生活，甚至表现了资本家的生活。其中还有揭露和批判官僚主义的讽刺喜剧片。在这个时期，文艺工作的积极性得到极大地发挥，优秀作品大量涌现，促进了文艺事业的繁荣，极大地丰富了人民群众的文化生活。

通过上述分析，应该看到，在我国进入社会主义社会的初期，党的领导人能够从历史的、现实的角度对文化发展问题作出这样重要的判断和指导，表明此时党的文化思想正处在一个渐趋成熟的时期。从实践的层面看，不管是正面的指导意义还是负面的错误教训都证明"双百方针"本身是正确的，其制定与实施对于发展社会主义文化意义重大。

当然，由于认识的局限，"双百方针"还存在一些不足之处，如这一方针被认为是一种手段，而不是目的。这样容易使人们把这一方针看作是一种临时措施，而不是长期坚持的带有战略意义的策略。由此在实践中就存在这一方针可以被领导者所运用，也可以不运用的状况。这也是"双百方针"在提出后不久就在实践中遭遇挫折的一个原因。但总起来看，在1956年到1957年上半年这短短的一年半时间里，党和毛泽东的确在努力摸索在

① 剧作家刘川以黎弘的笔名在1957年6月11日的《南京日报》上发表《第四种剧本——评〈布谷鸟又叫了〉》一文，批评戏剧创作中的公式化、概念化问题，认为在写工农兵三种剧本之外，还要写第四种剧本。除了《布谷鸟又叫了》以外，岳野的《同甘共苦》、海默的《洞箫横吹》等也被认为属于这类剧目。

社会主义条件下如何繁荣和发展科学文化的问题，其探索的成果对此后中国特色社会主义文化理论的形成和完善有重要的启示作用。

(三)"古今中西"文化思想的阐释

如何看待传统文化和外来文化？传统文化和外来文化分别与现代文化和中国文化的关系是什么？这是近代以来中国文化思想界长期争论的大问题。在中国共产党领导革命和建设的过程中，这一重大文化问题同样也是不可回避的。新中国成立以后，毛泽东等领导人曾就这一问题提出过像"百花齐放，推陈出新"这样的方针，但是由于在文化思想领域进行过多次批判运动，以及全盘照搬苏联经验，实质上这一问题并未很好地解决。"八大"前后的一年半时间里，在提出知识分子新政策和"双百方针"的同时，党的领导人对文化的"古今中西"问题也做了重要的阐释，取得了一定的理论成果。

1956年4月，在党的领导人酝酿提出"双百方针"之际，昆曲《十五贯》的上演引起了人们的关注，并进而使党的领导人对文化的"古今中西"问题进行了认真地思考。

《十五贯》是根据清初戏剧家朱素臣的传奇剧本《十五贯》(又称《双熊梦》)改编的昆曲剧目，主要情节是：赌徒娄阿鼠图财杀死屠户尤葫芦，窃去铜钱十五贯，反嫁祸于尤之养女苏戌娟及身带十五贯钱的路人熊友兰；无锡知县过于执主观地断定熊、苏二人通奸杀人，将熊、苏判处死刑。苏州知府况钟奉命监斩时发现疑点，连夜去见巡抚周忱，请求缓刑复查。况钟亲赴现场，并通过民间查访，终于查明了真凶，平反了冤狱。《十五贯》是由浙江昆苏剧团排练演出的。1956年4月在北京公演，盛况空前。周恩来观看演出后，赞扬该剧的演出是："一出戏救活了一个剧种"，"《十五贯》有丰富的人民性和相当高的艺术性"。①

应该说，浙江省昆苏剧团根据昆剧传统戏《双熊梦》改编的昆剧《十五贯》，是贯彻执行"百花齐放，推陈出新"方针的一个榜样，是批判、继承

① 《关于昆曲〈十五贯〉的两次谈话》(1956年4月、5月)，见《周恩来选集》下卷，192页，北京，人民出版社，1984。

和发展戏曲遗产的一个范例，是改编古典剧本的一个成功典型，是使昆剧转向复兴的一个重要里程碑。《十五贯》的审美价值表现在它的思想内容和艺术表现符合广大观众的审美要求。周恩来对昆曲《十五贯》的成功，总结了五点意见：第一，昆曲的改革可以推动全国其他剧种的改革。你们的奋斗可以转变社会的风气。《十五贯》的演出复活了昆曲，为"百花齐放，推陈出新"奠定了基础。全国戏曲观摩演出有收获，但这次演出更有典型性，应该庆贺和传播，在报纸上多加宣传，予以表扬。第二，《十五贯》是从传统剧目的基础上改编的，改得切合历史主义的要求。它改得恰当，没有把不符合历史的思想和现代词句硬加进去。《十五贯》有着丰富的人民性，相当高的思想性和艺术性，它不仅使古典的昆曲艺术放出新的光彩，而且说明了历史剧同样可以很好地起现实的教育作用。有人认为，历史题材教育意义小，现代题材教育意义大。我看不见得，要看剧本如何。现代戏如果写得不好，教育意义也不会大。第三，《十五贯》具有强烈的民族风格，使人们更加重视民族艺术的优良传统。这个戏的表演、音乐等，既值得戏曲界学习，也值得话剧界学习。第四，《十五贯》为进一步贯彻执行"百花齐放，推陈出新"的方针树立了良好榜样。这个剧本是改编古典剧本的成功典型。它不只在昆苏剧团可以采用，在有条件的时候，其他剧种也可以采用，但不要勉强。第五，《十五贯》的思想性很强，反对主观主义，也反对官僚主义。① 周恩来的两次谈话使昆曲《十五贯》的编演轰动了全国。

《十五贯》可以说是"推陈出新"的典范。周恩来对《十五贯》的扶持，当然不是对一个戏的个人爱好，而是着眼于党的方针的贯彻执行。由于周恩来的提倡、宣传，毛泽东、刘少奇等党和国家领导人都先后观看了《十五贯》。1956 年 4 月 17 日，毛泽东观看了《十五贯》后，从政治上给了充分的肯定，说：这是个反官僚主义的好戏，戏里边那些形象我们这里很多，那些人现在还活着，……在中国可以找出几百个来。他同时建议选一些类似题材的作品给办案的人学习。18 日，毛泽东派人到昆剧团传达三条指示：

---

① 《关于昆曲〈十五贯〉的两次谈话》（1956 年 4 月、5 月），见《周恩来选集》下卷，195～198 页，北京，人民出版社，1984。

一、祝贺《十五贯》的改编和演出，都非常成功；二、要推广，凡适合演出的，都可以根据各剧种的特点演出；三、对戏剧团要奖励。这几项指示，中央文化部当即执行了。①《人民日报》用周恩来"一出戏救活了一个剧种"这句话为题发表了社论。② 一时间，全国争谈《十五贯》。老舍带头将它改为京剧，有不少剧种移植。文艺界不少人写文章，从不同角度论述这个戏的成就及其实际意义。况钟走进人们的生活，成为人们讨论的人物。巴人著名的杂文《况钟的笔》就是由此而写的。后来，文化部部长沈雁冰在全国文化工作会议上指出，《十五贯》在执行党的推陈出新的方针上，树立了成功的典范。

同样是在这个时候，毛泽东、刘少奇、陆定一等人就文艺问题、向外国学习问题、贯彻"双百方针"问题等发表许多讲话，如毛泽东的《论十大关系》(1956 年 4 月 25 日)、《同音乐工作者的谈话》(1956 年 8 月 24 日)等；刘少奇的《对于文艺工作的几点意见》(1956 年 3 月 8 日)、《在中国共产党第八次全国代表大会上的政治报告》(1956 年 9 月 15 日)；陆定一的《百花齐放，百家争鸣》(1956 年 5 月 26 日)、《关于学习苏联和今后宣传工作中应注意的问题》(1956 年 5 月 28 日)等，其中重点涉及如何看待我国历史文化遗产、如何学习外国好的东西，避免照搬外国的经验、如何发展中国现实的文化等方面问题。概括起来其重要思想体现在如下几个方面：

1. 中国有自己民族风格的文化，要继承中国文化中优秀的部分，去除落后的部分。

一个民族和国家之所以能够存在，总是有它的一些长处。中国的文化经过几千年的传承和发展，有共性的东西，也有个性的东西。"说中国民族的东西没有规律，这是否定中国的东西，是不对的。中国的语言、音乐、绘画，都有它自己的规律。"③文学艺术有民族形式问题，它离不了人民的习惯、感情以至语言，离不了民族的历史发展。"很多民族的财富要

---

① 黄源：《昆曲〈十五贯〉编演始末》，载《新文化史料》，1995 年第 1 期，13 页。

② 《一出戏救活一个剧种》，载《人民日报》，1956 年 4 月 18 日。

③ 《同音乐工作者的谈话》(1956 年 8 月 24 日)，见《毛泽东文集》，第 7 卷，76 页，北京，人民出版社，1999。

好好发掘、继承，不能埋没。"①但是，随着时代的发展，一些民族的东西落后了，要进行改造。毛泽东认为：提倡民族音乐，军乐队总不能用唢呐、胡琴。穿军装还是要现代的形式，总不能把那种胸前背后写着"勇"字的褂子穿起。总之，我国的历史文化遗产很多，应该认真学习，批判地加以接受。"对我国的文化遗产，我们提议采取这样的方针：要细心地选择、保护和发展它的一切有益成分，同时要老老实实地批判它的错误和缺点。""如果无批判地接受文化遗产，这便成了'国粹主义'了。"②

2. 一切民族、一切国家的一切真正好的东西都要学，但必须有分析有批判地学，不能盲目地学，一切照抄。

毛泽东等人认为：古今中外好的东西都要学，不要排斥。每个民族都有它的长处。"向外国学习的口号，我想是提得对的。"具体的方针是："一切民族、一切国家的长处都要学，政治、经济、科学、技术、文学、艺术的一切真正好的东西都要学。但是，必须有分析有批判地学，不能盲目地学，不能一切照抄，机械搬用。他们的短处、缺点，当然不要学。"③毛泽东认为，"近代文化，外国比我们高，要承认这一点"④，但不能全盘西化。全盘西化，有人提倡过，但是行不通。毛泽东等人都认为：我国还是一个很落后的国家，要花很大的努力向外国学习许多东西，我国才能富强。要把外国的好东西都学到，然后把学到的东西中国化，使我们自己的东西有一个跃进。毛泽东还打了个比喻：学外国织帽子的方法，要织中国的帽子。他说：这不是什么"中学为体，西学为用"。"学"是指基本理论，这是中外一致的，不应该分中西。⑤ 在学习外国的同时，要批判地学，避免机

① 《关于昆曲〈十五贯〉的两次谈话》(1956 年 4 月、5 月)，见《周恩来选集》下卷，196～197 页，北京，人民出版社，1984。

② 《百花齐放，百家争鸣》(1956 年 5 月 26 日)，见《陆定一文集》，518 页，北京，人民出版社，1992。

③ 《论十大关系》(1956 年 4 月 25 日)，见《毛泽东文集》，第 7 卷，41 页，北京，人民出版社，1999。

④ 《同音乐工作者的谈话》(1956 年 8 月 24 日)，见《毛泽东文集》，第 7 卷，81 页，北京，人民出版社，1999。

⑤ 《同音乐工作者的谈话》(1956 年 8 月 24 日)，见《毛泽东文集》，第 7 卷，82 页，北京，人民出版社，1999。

械地搬用。外国的东西也不是什么都好，苏联的做法也不是什么都好。我们应该在中国自己的基础上，批判地吸收外国有用的东西。

3. 重视民族的东西，学习外国的长处，创造出中国自己的、独特的民族风格的新文化。

在毛泽东等人看来，继承我国优秀的传统文化和学习外国优秀的文化的立足点在于"现在的活人"，在于"今天的中国人"。1956 年 9 月 25 日，周扬在党的"八大"上的发言中提出了"建设社会主义的新文化"的任务，他还认为"社会主义的文学艺术必须具有自己民族的形式"，"必须继承我国的文学艺术的优良传统"；同时"我们将更好地更大胆地吸收世界各国一切优秀的文化成果"。① 这篇发言经过了毛泽东事先审阅。其基本精神与此前不久毛泽东在与音乐工作者的谈话中所阐述的观点是一致的。在谈话中毛泽东认为："中国的面貌，无论是政治、经济、文化，都不应该是旧的，都应该改变，但中国的特点要保存。应该是在中国的基础上面，吸取外国的东西。应该交配起来，有机地结合"，"创造出中国自己的、独特的民族风格的东西"。② 这里所谓的中国独特的新东西，实际上指的是建立工人阶级的或社会主义的文化。毛泽东在分析中国近代文化时认为，资产阶级在文化、技术方面比工人、农民要高。资产阶级掌握的文化有些是旧的、用不到的，但许多东西用得到。因此团结资产阶级有利于工人阶级的事业。周恩来在谈论《十五贯》时也强调了"人民性"问题，认为要歌颂劳动人民，揭露反动的统治阶级，也需要表现历史上统治阶级中一些比较进步的人物。

总之，党在社会主义建立初期对于建设社会主义新文化的思考中，以历史唯物主义的立场、观点、方法来观察文化现象，以科学的态度来对待传统文化和外来文化，在理论上发展了党的文化思想，基本上解答了"古今中西"这一重大文化课题。这一思想以后被毛泽东概括为"古为今用，洋

北京师范大学史学探索丛书

---

① 《周扬同志的发言》(1956 年 9 月 25 日)，见《中国共产党第八次全国代表大会文献》，509、513、516 页，北京，人民出版社，1957。

② 《同音乐工作者的谈话》(1956 年 8 月 24 日)，见《毛泽东文集》，第 7 卷，82～83 页，北京，人民出版社，1999。

为中用",它和"百花齐放,百家争鸣"方针一同成为党在文化建设上的理论指导。

在这一思想指导下,20世纪50年代中期,新中国在对我国传统文化进行挖掘、整理、继承和创新方面取得了很大成绩,尤其是在民族传统戏曲艺术方面。仅1956年6月至1957年4月,全国就发掘、记录了上万个剧目,整理了4223个剧目,上演了1052个剧目。经过对戏曲传统剧目和传统表演艺术的整理和改革,使许多在新中国成立前濒临灭亡的剧种获得了新生,建立了自己的剧团;大批传统剧目经过去芜存菁,剧本、唱腔和表演艺术都放出了新的光彩,产生了《将相和》、《白蛇传》、《十五贯》、《杨门女将》、《天仙配》、《罗汉钱》、《刘巧儿》、《三打白骨精》、《搜书院》等一批享誉中外的优秀剧目,极大地繁荣了社会主义文化舞台。同时,一大批国外优秀文化作品被介绍进来,其中有苏联等社会主义国家的,也有民族主义国家的,还有西方国家的。这些文化作品同样对繁荣社会主义文化舞台起到了促进作用,推动了中外文化的相互交流。

关于"文化大革命"性质、起因
及其教训的研究概述

一、关于"文化大革命"的性质

"文化大革命"发生的 1966—1976 年间是中国现当代史上一段特殊的时期。"文化大革命"的性质是什么？在"文化大革命"期间存在着"'文化大革命'是一个阶级推翻一个阶级的政治大革命"；"'文化大革命'是触及人们灵魂的大革命"；"文化大革命"是"乱了敌人，锻炼了群众"的大革命等说法。但是"文化大革命"以后，人们经过反思否定了这些说法。《关于建国以来党的若干历史问题的决议》（以下简称《历史决议》）明确提出："历史已经判明，'文化大革命'是一场由领导者错误发动，被反革命集团利用，给党、国家和各族人民带来严重灾难的内乱。"决议还说："实践证明，'文化大革命'不是也不可能是任何意义上的革命或社会进步。"[①]由中共中央文献研究室编写的《关于建国以来党的若干历史问题的决议注释本》进一步指出：从整体上看，"文化大革命"既不是任何意义上的"革命"，也不能简单地说是反革命，而是党的全局性的严重错误，和由此而引起的政治斗争，它没有也绝不可能带来任何社会进步。

《历史决议》对"文化大革命"的定性是正确的。但是近年来随着对"文化大革命"史研究的深入，一些学者认为，像"文化大革命"这样一场在国内有几亿人参加，影响深入政治、经济、思想、文化、外交、军事、科技以及各级组织、各个角落、各个家庭和个人，而且有一套理论来指导，持续时间长达 10 年之久，在国外也产生巨大影响的历史事件，仅仅用"内乱"二字来定性，恐怕说明不了什么问题，或者说不能从根本上说明问题。

① 《三中全会以来重要文献选编》（下），811 页，北京，人民出版社，1982。

北京师范大学史学探索丛书

"文化大革命"确有它自身的一些特点，这也是与历史上的"内乱"所不同的地方。金春明在其所著《"文化大革命"史稿》中概括了"文化大革命"的一些特点，主要有：一是领导特殊。不是像通常那样由党中央到地方的各级组织领导，而是由党的最有威望的头号领袖毛泽东亲自出面发动和领导的；二是理论特殊。其理论是当时被赞誉为马克思列宁主义"顶峰"、"第三个伟大里程碑"、马克思主义同修正主义的"分水岭和试金石"的极左理论，即所谓"无产阶级专政下继续革命理论"；三是对象特殊。其对象不是历来的地（主）富（农）反（革命）坏（分子）等专政对象，而是党的各级领导干部和有贡献的知识分子，即所谓"党内走资本主义道路的当权派"和"反动学术权威"；四是方法特殊。其采取的方法即所谓"四大"：大鸣大放、大字报、大辩论、大串连的方法。在所谓群众自己教育自己、群众自己解放自己的名义下，形形色色、五花八门的各种红卫兵和战斗队组织如雨后春笋，难以胜数；五是目标特殊。即所谓"反帝反修"、"保证红色江山千秋万代不改变颜色"、"跟着伟大领袖毛主席革命到底"等，这样的目标确实给运动戴上了闪烁着迷人的夺目光芒的神圣光环；六是矛盾特殊。党内矛盾和党外矛盾交织在一起，人民内部矛盾和敌我矛盾交织在一起，国内矛盾和国际矛盾交织在一起，形成一种错综复杂、互相渗透的特殊局面，一时很难辨别清楚。

这样一种异常复杂的社会历史现象，确是"史无前例"的，所以只讲内乱，显得并未从根本上说明问题。金春明因此有一种说法："文化大革命"是由党的最高领袖亲自发动和领导的，以无产阶级专政下继续革命理论为指导思想的，以所谓"走资派"和反动学术权威为对象的，采取所谓"四大"方法动员亿万群众参加的，以反修防修巩固红色江山为神圣目标的，一场矛盾错综复杂的，大规模长时间的特殊政治运动，或简称为特殊的政治运动。①

1999 年，由当代中国研究所等单位主持编纂的《中华人民共和国国史百科全书》把"文化大革命"界定为："1966 年 5 月至 1976 年 10 月间，中国

---

① 　金春明：《"文化大革命"史稿》，2～3 页，成都，四川人民出版社，1995。

进行的一场由领导者错误发动、广大群众参与和卷入其中，被林彪、江青集团利用，给中国共产党、国家和各族人民带来巨大灾难的政治运动。"

二、关于"文化大革命"的起因

持续十年之久的"文化大革命"为什么会在中国发生？它是由哪些因素促成的？这个问题是人们普遍关注的，也是学术界的重大课题。

对"文化大革命"起因的探索，当首推《历史决议》。概括起来说，《历史决议》认为"文化大革命"的起因有以下几个方面：

1. 毛泽东关于社会主义社会阶级斗争的"左"的理论和实践的错误发展。毛泽东发动"文化大革命"的主要论点是：一大批资产阶级的代表人物、反革命的修正主义分子，已经混进党里、政府里、军队里和文化领域的各界里，多数的单位的领导权已经不在马克思主义者和人民群众手里。党内走资本主义道路的当权派在中央形成了一个资产阶级司令部，它有一条修正主义的政治路线和组织路线，在各省、市、自治区和中央各部门都有代理人。过去的各种斗争都不能解决问题，只有实行文化大革命，公开地、全面地、自下而上地发动广大群众来揭发上述的黑暗面才能把被走资派篡夺的权力重新夺回来。这些论点主要出现在作为"文化大革命"纲领性文件的《五·一六通知》和党的"九大"的政治报告中，并曾被概括成为所谓"无产阶级专政下继续革命的理论"，从而使"无产阶级专政下继续革命"一语有了特定的含义。毛泽东发动"文化大革命"的这些"左"倾错误论点，明显地脱离了作为马克思列宁主义普遍原理和中国革命具体实践相结合的毛泽东思想的轨道。

2. 个人专断和个人崇拜现象的逐步发展。党在面临着工作重心转向社会主义建设这一新任务因而需要特别谨慎的时候，毛泽东的威望也达到高峰。他逐渐骄傲起来，逐渐脱离实际和脱离群众，主观主义和个人专断作风日益严重，日益凌驾于党中央之上，使党和国家政治生活中的集体领导原则和民主集中制不断受到削弱以致破坏。党的权力过分集中于个人，党内个人专断和个人崇拜现象滋长，使党和国家难于防止和制止"文化大革命"的发动和发展。

3. 林彪、江青、康生等野心家别有用心地利用和助长了毛泽东的错误，背着他进行了大量祸国殃民的罪恶活动，使"文化大革命"持续而不能停止下来。

4. 此外还有复杂的社会历史原因，主要有：

（1）社会主义的历史不长，社会主义国家的历史更短，社会主义社会的发展规律有些已经比较清楚，更多的还有待于继续探索。党过去长期处于战争和激烈阶级斗争的环境中，对于迅速到来的新生的社会主义社会和全国规模的社会主义建设事业缺乏充分的思想准备和科学研究。

（2）苏联领导人挑起中苏论战，并把两党之间的原则争论变为国家争端，对中国施加政治上、经济上和军事上的巨大压力，迫使我们不得不进行斗争。在这种情况的影响下，我们在国内进行了反修防修运动，使阶级斗争扩大化的迷误日益深入党内，以致党内同志间不同意见的正常争论也被当作是所谓修正主义路线的表现或所谓路线斗争的表现，使党内关系日益紧张化。这样，党就很难抵制毛泽东等同志提出的一些"左"倾观点，而这些"左"倾观点的发展就导致"文化大革命"的发生和持续。

（3）中国是一个封建历史很长的国家，我们党对封建主义特别是对封建土地制度和豪绅恶霸进行了最坚决最彻底的斗争，在反封建斗争中养成了优良的民主传统，但是长期封建专制主义在思想政治方面的遗毒仍然不是很容易肃清的，种种历史原因又使我们没有能把党内民主和国家政治社会生活的民主加以制度化、法律化，或者虽然制定了法律，却没有应有的权威。

在《历史决议》之后，一些学者从各方面来研究"文化大革命"的原因。有的从政治体制方面找原因，认为"文化大革命"发动的一个重要原因是，我国的政治体制特别是党和国家的领导体制及其运行机制存在着严重的弊端，具体表现有：在党和国家相互关系方面，存在着严重的党政不分、以党代政、政企不分、职责不清的现象；各种权力机构之间缺乏监督、制衡机制；缺乏法制观念和依法治国的相应措施；民主生活的薄弱；干部的等级任命制和领导职务终身制等。有的从经济体制上找原因，认为旧的经济体制模式虽不无社会主义因素，但却保留了中国古代排斥商品经济的农村公社和官工官商的许多痕迹，这就是家长制、"长官意志"、专制主义、个人专断、个人崇拜、绝对平均主义等腐朽社会现象赖以残留并滋生的条件，而这就是"文化大革命"发生的经济根源。还有的人认为，中国有长期的小农经济的历史，商品经济一直未得到充分地发展。毛泽东看到了我国经济体制的弊端，却无法摆脱小农经济传统模式的束缚，他构思了最"纯洁"、最"完美"的社会主义，并选择了发动"文化大革命"这种方式，以政治方式来解决经济问题。

国内学者王年一在他的《大动乱的年代》一书中提出了他的看法，认为"文化大革命"的发生"不是历史发展的必然，却是党的八大后'左'倾错误和其他错误长期积累并急剧发展的必然"。这些错误主要有：①关于阶级斗争方面的"左"倾错误；②在建设社会主义（"三面红旗"）上的以顽强的主观意志追求脱离实际的高速度的空想错误。"三面红旗"是表，空想是里。空想是"三面红旗"的灵魂；③个人专断。王年一还认为，三个错误互有关联，症结是第二条。

席宣、金春明在其合著的《"文化大革命"简史》一书中认为，"文化大革命"是在中国特殊历史条件下发生的，这种特殊的历史条件有三个方面：①"左"倾理论和"左"倾实践的交互作用。这是"文化大革命"发生的根本性的原因；②个人专断和个人崇拜的交互作用。这是重要的原因，也就是指制度方面的原因；③国际反修和国内反修的交互作用。反修防修是一副强烈的催化剂，成为有力地推动中共党内"左"倾思潮急剧膨胀的重要因素，并为"文化大革命"发动做了直接的思想理论准备。作者还认为，三个交互作用是紧密联系、互为条件、互为促进的，形成一股难以抗拒的巨大潮流，并不断地走向极端。

总之，"文化大革命"是非常复杂的历史现象。它的发动绝不是某一个单一因素所促成的（如海外一些人认为的领导层的权力斗争），而是由多种因素、多种力量相互作用的结果。对此，我们应该有一个正确的认识。

北京师范大学史学探索丛书

三、关于"文化大革命"的评价及其教训

如何评价"文化大革命"？这也是一个非常重要的问题。从前面介绍的《历史决议》的精神可以看出，《历史决议》对"文化大革命"持彻底否定的态度。"文化大革命"给党、国家和各族人民带来了严重灾难，主要表现在：

第一，思想上造成了很大混乱。新中国成立后17年间形成的大量正确的方针、政策和成就被否定，很多马克思主义原理被当作修正主义批判，造成了是非混淆。生产活动对于人类历史发展具有决定意义的历史唯物主义的基本观点，被当作"唯生产力论"加以批判。发展生产、繁荣经济、改善群众物质文化生活的政策和措施被作为"修正主义"或"资本主义"批判。

第二，党、政府和群众团体等组织机构被搞乱了。"文化大革命"中，各级党组织和政府部门普遍被冲击、改组，各级党和政权机构陷入瘫痪和半瘫痪状态。党员一度停止了组织生活，各种群众团体也停止了活动。干部队伍和群众队伍被分成各种派别，互相对立。

第三，社会生活和正常的秩序被搞乱。宪法、法律、党章成了一纸空文。上至国家主席，下至基层干部、劳动模范、各界群众，可以任意被批、被斗、被抓、被整；党纪、政纪、军纪废弛，规章制度被抛到一边，武斗不止，派仗不停，打、砸、抢成风；正常的生产秩序、工作秩序、学习秩序遭到了很大破坏，国家政治生活和社会生活陷入极不正常的状态。

第四，国民经济遭受重大损失。"文化大革命"对社会生产是一个极大的破坏。10年中仅国民收入就损失了5000亿元，这相当于新中国成立后30年全部基本建设投资的80%。人民生活水平不但没有提高，反而有所下降。我国与世界上经济发达国家的差距进一步拉大。

第五，科学文化教育事业受到极大破坏。"文化大革命"搞大革文化命，使中华民族优秀的文化遗产遭受浩劫。大批专家、教授、科学家、文学艺术家受到迫害。教育、科技事业处于混乱和停滞状态，使我国与世界科技先进水平的差距加大。

以上情况表明，"文化大革命"确实是一场灾难。彻底否定"文化大革

命"是有充分事实依据的。

　　然而，近些年来社会上和学术界有人认为对"文化大革命"不应彻底否定。这种观点值得商榷。这是因为，彻底否定"文化大革命"指的是否定"文化大革命"的理论、路线、方法及其实践，而不是说要否定这10年间发生的一切。要把"文化大革命"和"文化大革命"10年区分开来。这10年中，党、政府和人民群众除了进行"文化大革命"外，还进行了维持人类生存最基本需要的生产活动和其他活动。这些活动虽然受到"文化大革命"的影响，但它毕竟按照自身的规律发展。况且在"文化大革命"中，从领导人到基层群众自始至终存在对"文化大革命"的抵制和怀疑的倾向。这使得在"文化大革命"期间我国的经济建设和一些科技领域取得了一定的成绩。例如，10年间，工农业总产值按可比价格计算平均每年增长7.1%，虽大大低于1952年至1966年平均每年增长10%的速度，但总是在向上增长。科技方面，1967年6月爆炸了我国第一颗氢弹，1970年4月发射了第一颗人造地球卫星，1971年9月核潜艇建成并试航成功，1975年11月我国成为继美国、苏联之后第三个具备回收卫星能力的国家。此外，我国科技工作者还在世界上首次人工合成一种具有生物活力的蛋白质——结晶胰岛素；首次在世界上培育成功强优势的杂交水稻——籼型杂交水稻等。

　　此外，如何认识毛泽东晚年的错误也是一个重要的问题。对于"文化大革命"这一全局性、长时间的"左"倾严重错误，毛泽东作为发动和领导者应负主要责任。但是，毛泽东的错误终究是一个伟大的无产阶级革命家所犯的错误。他追求一种理想的完美的社会主义，认为是在开辟一条建设社会主义的新道路。但他却严重地脱离了实际，对马克思主义的一些论断做出错误的理解。他虽在全局上一直坚持"文化大革命"的错误，但也制止和纠正过一些具体错误，保护过一些党的领导干部和党外著名人士，使一些负责干部重新回到重要的领导岗位。他领导了粉碎林彪集团的斗争，对江青、张春桥等人也进行过重要的批评和揭露，不让他们夺取最高领导权的野心得逞。这些对后来顺利粉碎"四人帮"起了重要作用。在他的晚年仍然十分警觉地维护我国的安全，顶住了霸权主义和强权政治的压力。在他的领导下，开始了中美关系正常化的进程，实现了中日关系正常化，坚决支持各国人民的正义斗争，这为以后我国实行对外开放奠定了基础。

我们今天研究"文化大革命"重要的目的在于从中总结教训。"文化大革命"的一切告诉我们，传统模式的社会主义已经走到了尽头。"文化大革命"的实践实际上是把传统社会主义和"左"的错误的各个方面一览无余地暴露出来，并"史无前例"地使其走到了极端，这样，才促使我们必须反省自己，在社会主义建设的道路上另辟新路。邓小平曾说过一段精辟的话："'文化大革命'看起来是坏事，但归根结底也是好事，促使人们思考，促使人们认识我们的弊端在哪里。毛主席经常讲坏事转化为好事。善于总结'文化大革命'的经验，提出一些改革措施，从政治上、经济上改变我们的面貌，这样坏事就变成了好事。为什么我们能在七十年代末和八十年代提出了现行的一系列政策，就是总结了'文化大革命'的经验和教训。"①他还说："我们根本否定'文化大革命'，但应该说'文化大革命'也有一'功'，他提供了反面教训。没有'文化大革命'的教训，就不可能制定十一届三中全会以来的思想、政治、组织路线和一系列政策。"②

总结"文化大革命"的教训，我们可以有以下几点认识：

第一，正确认识和处理社会主义社会的阶级和阶级斗争问题。"文化大革命"被说成是"一个阶级推翻一个阶级的革命"，这种说法在当时既没有经济基础，也没有政治基础。在人民民主专政的国家政权建立以后，尤其是社会主义改造完成、剥削阶级作为阶级已经消灭以后，国家所要解决的主要矛盾，已经不是阶级斗争，而是人民日益增长的物质文化需要同落后的社会生产之间的矛盾。国家工作的重点必须转移到以经济建设为中心的社会主义现代化建设上来，大力发展社会生产力，并在这个基础上逐步改善人民的物质文化生活。对于党和国家机体中确实存在的某些阴暗面，以及在一定范围内存在的阶级斗争，也应该采取和运用符合宪法、法律和党章的正确措施，通过社会主义制度本身，有领导、有步骤、有秩序地去解决，而绝不应该采取"文化大革命"的理论和方法。

---

① 《邓小平文选》，第 3 卷，172 页，北京，人民出版社，1994。
② 《邓小平文选》，第 3 卷，272 页，北京，人民出版社，1994。

第二，坚持集体领导原则，反对任何形式的个人崇拜。"文化大革命"之所以能够发生并持续 10 年之久的一个重要原因，就是执政的共产党内个人崇拜盛行，以致破坏了党的民主集中制和集体领导的原则，使党失去了纠正自己领袖错误的能力。个人崇拜之所以能够在我们国家和党内滋长，是有一定社会历史条件的。中国是一个封建历史很长的国家，封建专制主义的遗毒在我们的社会中还有很深的基础，反封建的任务远未完成。封建专制主义在思想政治方面的遗毒不是很容易肃清的。因此，根据"文化大革命"的教训和党的现状，必须树立由社会实践中产生的领袖们实行集体领导的原则，少宣传个人，禁止任何形式的个人崇拜，决不容许任何人凌驾于党组织之上。这样，才能保证党少犯错误，正确地领导国家的建设事业健康而又较快地发展。

第三，发扬社会主义民主，健全社会主义法制。社会主义民主和社会主义法制是不可分的。社会主义国家的宪法和法律是保障人民的民主权利的。破坏了宪法和法律，也就不可能有真正的社会主义民主。"文化大革命"是对社会主义民主和社会主义法制的空前大破坏。国家的根本大法——宪法，成了不起作用的空文，各项法律荡然无存，执行机关被砸烂，国家主席和各级领导干部被随意揪斗关押，打、砸、抢成风，公民的基本权利和人身自由都失去了保障，造成了"无法无天"的混乱局面。因此，必须加强各级国家机关的建设，必须完善国家的宪法和法律，使社会主义法制成为维护人民权利，保障生产秩序、工作秩序、生活秩序，制裁犯罪行为，打击敌人破坏活动的强大武器。通过民主和法制来杜绝各种社会矛盾的激化，防患于未然，防止类似"文化大革命"事件的重演。

第四，重视知识、文化，重视知识分子。社会主义必须有高度的精神文明。要坚决扫除长期存在而在"文化大革命"期间登峰造极的那种轻视教育科学文化和歧视知识分子的错误观念，努力提高教育科学文化在现代化建设中的地位和作用，明确肯定知识分子是工人阶级的一部分，是社会主义建设事业的依靠力量，明确没有文化和知识分子是不可能建设社会主义现代化的。

北京师范大学史学探索丛书

论邓小平对社会主义的重新认识

江泽民总书记在邓小平逝世一周年时发表的《深入学习邓小平理论》一文中，明确指出："邓小平同志依据马克思主义基本原理，针对中国国情，结合时代特征，围绕着'什么是社会主义、怎样建设社会主义'这个首要的根本问题，得出了一系列新的结论，形成了建设有中国特色社会主义理论，指导全党和全国各族人民把社会主义事业推进到一个新阶段。"事实的确如此。邓小平关于"什么是社会主义、怎样建设社会主义"的命题的提出以及进行的深入的阐释，是对科学社会主义的发展，是中国共产党长期以来对社会主义认识的深化，从而使这一根本问题成为邓小平理论整个体系的重要的组成部分。

一、"什么是社会主义、怎样建设社会主义"命题的历史背景

什么是社会主义？我们这里说的社会主义，很明显是指科学社会主义。从广义上说它就是马克思主义；而从狭义上说，它是马克思主义的三个组成部分之一，涉及社会主义革命和建设的基本理论。中国共产党成立之初便以马克思主义作为党的指导思想，并把实现社会主义制度作为奋斗目标。什么是社会主义的问题，自然成为中国共产党人提出并努力探究的问题。在新中国成立之后的社会主义革命和建设的过程中，这个问题仍然是摆在领导者面前的不可逾越的重大理论问题，而且由此衍生出怎样建设社会主义的问题。从党的历史来看，提出"什么是社会主义、怎样建设社会主义"的问题是比较早的，但解答这个问题并非一帆风顺，而是历经曲折。

中国共产党建立初期，一些早期的马克思主义者如李大钊、陈独秀、李达等人在宣传马克思主义方面做了许多工作，力求解答人们对社会主义的种种疑惑。1923 年 9 月，李大钊在上海大学所作《社会主义释疑》的演讲

中指出："社会主义就是应运而生的起来改造这样社会，而实现一个社会主义的社会。社会主义是使生产品为有计划的增殖，为极公平的分配，要整理生产的方法。这样一来，能够使我们人人都能安逸享福，过那一种很好的精神和物质的生活。"他断言："社会主义是要富的，不要穷的，是整理生产的，不是破坏生产的。"①早期马克思主义者阐述的这些观点，很大程度上是通过宣传和介绍马克思恩格斯的科学社会主义理论，来区别那些形形色色的社会主义思潮，同时为党的奋斗目标的最终实现构筑理论的基础。当时中国社会面临的首要问题不是实现社会主义，而是采取什么样的途径、走什么样的道路来摆脱帝国主义和封建主义的压迫，完成民主革命的任务的问题。因此，在解答什么是社会主义这个问题上，显得不够系统和全面。此后，由于长期投身于武装斗争，党缺少时间和精力系统地进行社会主义理论的建设，所以这方面的成果并不是很多。但是，作为努力把马克思主义基本原理同中国革命具体实际相结合的中国共产党，在探索中国革命道路的过程中，于20世纪40年代提出了新民主主义理论。这一理论解决了在像中国这样的殖民地半殖民地国家如何才能实现向社会主义转变的问题。到新中国成立前夕和成立初期，新民主主义理论已经成熟和完善起来。其中涉及什么是社会主义的基本认识，主要有以下几个方面：

第一，社会主义社会是建立在经济充分发展的基础上的，实现工业化是走向社会主义的基本条件。没有强大的现代工业作基础，没有工业在国民经济中占据很大的比重，社会主义无从谈起。毛泽东提出：必须"努力发展国家经济"②，使我国"由落后农业国变成了先进的工业国"③。

第二，社会主义社会应消除在中国存在了几千年的剥削制度，使劳动人民获得解放。刘少奇在1950年"五一"节前夕指出："在中国社会上存在了几千年的尊敬那些无所事事不劳而食的社会寄生虫、贱视劳动和劳动者的观点和习惯"，"必须坚决地加以肃清"。他说：这是人类历史上最伟大

北京师范大学史学探索丛书

---

① 《李大钊选集》，461页，北京，人民出版社，1959。

② 毛泽东：《在中央政治局会议上的报告和结论》，见《共和国走过的路——建国以来重要文献专题选集(1949—1952)》，17页，北京，中央文献出版社，1991。

③ 《毛泽东选集》，第4卷，1433页，北京，人民出版社，1991。

的变革，"中国人民将和苏联人民一样，逐步地完成这种变革"①。

第三，社会主义社会中公有制经济应成为最主要的经济成分。刘少奇在1951年提出：中国社会的经济成分在采取了社会主义改造的重大步骤之后，"由五个变成三个，这就是国营经济、合作社经济和个体经济。前两者很大，后者逐步缩小"②。

第四，社会主义社会的农业应是摆脱分散、落后的生产方法，走向集体化、机械化和社会化的农业。

第五，社会主义经济应实行计划经济。新中国建立前夕，中国共产党即认为新民主主义经济应通过统一计划经营的国营经济对其他经济成分加以领导，使之"成为有计划的经济"③。"今后应在国家统一的领导与计划之下来发展经济"，"初步走上计划经济"。④

以上这些对社会主义的认识是初步的，很不成熟的。但这些认识是在探究中国如何走向社会主义的过程中形成的，对以后党领导社会主义革命和建设的具体思路产生了重大影响。

1956年社会主义改造基本完成以后，中国进入了社会主义社会。摆在中国共产党面前的最大的理论问题是怎样建设社会主义，建成一个什么样的社会主义。从1956年社会主义建设事业逐步展开到1978年党的十一届三中全会的20余年间，党对社会主义的一系列根本性问题进行了艰苦的探索，这期间曾有过许多十分宝贵的认识。如：

1956年中共"八大"提出我国社会的主要矛盾是"人民对于经济文化迅速发展的需要同当前经济文化不能满足人民需要的状况之间的矛盾"。党和国家的根本任务由解放生产力变为保护和发展社会生产力。

提出"既反保守，又反冒进，在综合平衡中稳步发展"的经济建设基本

---

① 《刘少奇选集》下卷，11页，北京，人民出版社，1985。

② 刘少奇：《中国共产党今后的历史任务》（春耦斋讲话），见《刘少奇论新中国经济建设》，215页，北京，中央文献出版社，1993。

③ 《张闻天选集》，399页，北京，人民出版社，1985。

④ 刘少奇：《中国共产党今后的历史任务》（春耦斋讲话），见《刘少奇论新中国经济建设》，203页，北京，中央文献出版社，1993。

方针。在经济活动中注重国民经济内部比例关系的协调。

1957 年提出社会主义社会矛盾问题以及正确处理人民内部矛盾问题的重要理论。

20 世纪 60 年代初提出对建设社会主义的规律的认识有一个"必须从实践出发,从没有经验到有经验,从有较少的经验,到有较多的经验,从建设社会主义这个未被认识的必然王国,到逐步地克服盲目性、认识客观规律,从而获得自由,在认识上出现一个飞跃,到达自由王国"①的过程。

提出社会主义可能分为不发达的社会主义和比较发达的社会主义两个阶段,后一个阶段要比前一个阶段更长。

认为在中国建设强大的社会主义必须经过长期的发展过程。毛泽东说,要建设强大的社会主义经济"在中国,五十年不行,会要一百年,或者更多的时间"②。

以上这些论断有些是党在进入社会主义社会初期进行理论探索的成果,有些是在经历了挫折之后的冷静反思。它们的提出表明党在努力地认识社会主义,努力地把科学社会主义原理和本国实际相结合。但是,由于主客观的一系列原因,党在进入社会主义历史阶段后的较长时期里,在社会主义认识和怎样建设社会主义的问题上出现了严重的扭曲,主要表现在两个方面:

第一,对社会主义社会的阶级斗争问题作了扩大化和绝对化的论述,把在一定范围内存在的阶级斗争当作整个社会主义历史阶段的主要矛盾,并进而提高到社会主义社会发展规律的高度来认识。在这一认识指导下,党的"八大"确立的以经济建设为工作重点的方针被改变,党和国家的工作重点长期放在阶级斗争上,从而忽视了经济建设的发展,严重妨碍了社会主义制度优越性的发挥,特别是 10 年"文化大革命"造成"全面内战"的极度混乱局面,使得中国社会主义事业遭受巨大的挫折。

第二,提出超越社会主义历史阶段的带有空想色彩的社会构想。1958

北京师范大学史学探索丛书

---

① 《毛泽东文集》,第 8 卷,300 页,北京,人民出版社,1999。
② 《毛泽东文集》,第 8 卷,301 页,北京,人民出版社,1999。

年开始出现的人民公社被视作"建成社会主义和逐步向共产主义过渡的最好的组织形式"①。人民公社搞"一大二公","一平二调",办公共食堂,吃饭不要钱。这样一种组织形式及其运作完全脱离了中国农村的生产力发展水平,实际上是中国农村自给自足的自然经济的一种扩充和扩大。到了"文化大革命"期间,全国上下都在落实毛泽东在"五·七"指示中描绘的未来理想社会的构想。在这样的社会中,将逐步地消灭社会分工,做到工人以工为主,同时兼学军事、政治、文化,从事农副业生产;农民以农为主,兼学军事、政治、文化,有条件的开办小工厂;其他各行各业也都要如此,从而办成一个亦工亦农、亦文亦武的"大学校"。这里似乎消灭了商品交换,消灭了三大差别,实现了平均分配。这种脱离实际的理想化社会成为一个时期内我们追求的目标。

上述两种认识是1957年以来中共党内"左"的思想的主要表现形式。它构成了从1957年夏到1978年党的十一届三中全会这20余年党对社会主义认识的基本思路。在"文化大革命"期间,社会主义在极左思潮影响下被极大地歪曲了。"四人帮"散布"宁要社会主义的草,不要资本主义的苗",大批所谓"唯生产力论",甚至大批"四个现代化"。这样许多原本不是属于马克思主义的东西被强加于马克思的名下。更为严重的是,任何对这种错误认识产生疑虑或否定都被看作是背离马克思主义,背离社会主义道路。

所有这一切在1978年中共十一届三中全会后发生了变化。在解放思想、实事求是的思想路线指导下,邓小平同志在党内率先明确地提出了重新审视我们走过的社会主义道路、重新审视社会主义理论的重大问题。1980年4月12日,邓小平同志在会见外宾时指出:"不解放思想不行,甚至于包括什么叫社会主义这个问题也要解放思想。"②同年5月5日,他又说:"社会主义是一个很好的名词,但是如果搞不好,不能正确理解,不能采取正确的政策,那就体现不出社会主义的本质。"③1984年6月,他更

① 《中共中央关于在农村建立人民公社问题的决议》(1958年8月29日),见《建国以来重要文献选编》,第11册,450页,北京,中央文献出版社,1995。

② 《邓小平文选》,第2卷,312页,北京,人民出版社,1994。

③ 《邓小平文选》,第2卷,313页,北京,人民出版社,1994。

明确指出："什么叫社会主义，什么叫马克思主义？我们过去对这个问题的认识不是完全清醒的。"①他 1985 年又说："问题是什么是社会主义，如何建设社会主义。我们的经验教训有许多条，最重要的一条，就是要搞清楚这个问题。"②邓小平同志的这一论断对经历了长期"左"的思想束缚的人们来说起到了振聋发聩的重要作用。此后，他在许多场合多次阐述这个论断，促进了对社会主义的重新认识，形成了关于"什么是社会主义，怎样建设社会主义"的重要命题。

二、把对社会主义的重新认识集中体现在社会主义本质问题上

邓小平在以极大的政治勇气和理论勇气提出重新认识社会主义的问题后，敏锐地把握时代发展的脉搏，把马克思主义的基本原理同当代中国的具体实际相结合，在总结我国社会主义建设正反两方面的历史经验的基础上，开创了建设有中国特色社会主义的伟大事业，回答了"什么是社会主义、怎样建设社会主义"这一根本问题，而其中关键是阐述了社会主义本质这个重大问题，提出"社会主义的本质，是解放生产力，发展生产力，消灭剥削，消除两极分化，最终达到共同富裕"的新认识。

1. 邓小平突出了"解放生产力，发展生产力"这一内容。

他纠正了过去在"左"的思想影响下忽视生产力发展的错误观念，明确了作为社会主义社会不仅应该把大力发展生产力作为主要任务，还要把解放生产力同样作为主要任务，即通过改革存在严重弊端的各种体制以建立充满生机和活力的新的体制来促进生产力的发展。他于 1980 年指出："根据我们自己的经验，讲社会主义，首先就要使生产力发展，这是主要的。只有这样，才能表明社会主义的优越性。社会主义经济政策对不对，归根到底要看生产力是否发展，人民收入是否增加。这是压倒一切的标准。空讲社会主义不行，人民不相信。"③1982 年他说："社会主义必须大力发展

---

① 《邓小平文选》，第 3 卷，63 页，北京，人民出版社，1993。
② 《邓小平文选》，第 3 卷，116 页，北京，人民出版社，1993。
③ 《邓小平文选》，第 2 卷，314 页，北京，人民出版社，1994。

生产力，逐步消灭贫穷，不断提高人民的生活水平。否则，社会主义怎么能战胜资本主义？"①邓小平的这一论断与马克思和恩格斯所揭示的未来社会是在生产力高度发展的基础上实现社会一切成员的富足和全面自由的发展的构想是相吻合的。没有生产力的高度发展，人类进入共产主义以实现美好理想的目标是无法成为现实的。从1917年十月革命后国际共产主义运动的历史进程中可以明显看出，社会主义一旦忽视社会基本矛盾运动中发挥主导作用的生产力因素而片面强调生产关系的变革，那么，所带来的是社会主义实践的巨大挫折。历史的经验教训已经证明了这一点。

2. 邓小平也强调了以社会主义生产关系为基础的社会关系的根本目标，这就是"消灭剥削，消除两极分化，最终达到共同富裕"。

1985年3月，邓小平指出："社会主义的目的就是要全国人民共同富裕，不是两极分化。""一个公有制占主体，一个共同富裕，这是我们所必须坚持的社会主义的根本原则。"②1990年他更是明确地说："社会主义最大的优越性就是共同富裕，这是体现社会主义本质的一个东西。"③从这一方面来说，它确定了社会主义对于人类和历史的根本价值，把社会主义与一切剥削阶级统治的社会区分开来，向世人展示了社会主义乃至共产主义作为人类美好理想的最终目标。如果不坚持这一点的话，社会主义仅仅强调解放和发展生产力，那它和资本主义就没有了本质区别，社会主义发展生产力的根本目的就容易混同于资本主义发展生产力。资本主义社会造成的难以解决的贫富差距悬殊和两极分化的社会弊端就无法克服。

邓小平强调社会主义本质包括"解放生产力和发展生产力"、"消灭剥削，消除两极分化，最终达到共同富裕"两个方面的观点是全面深刻的。他在阐述社会主义本质问题时总是讲问题的两个方面。1986年12月，他指出："我们要发展社会生产力，发展社会主义公有制，增加全民所得。我们允许一些地区、一些人先富起来，是为了最终达到共同富裕，所以要

---

① 《邓小平文选》，第3卷，10页，北京，人民出版社，1993。

② 《邓小平文选》，第3卷，110～111页，北京，人民出版社，1993。

③ 《邓小平文选》，第3卷，364页，北京，人民出版社，1993。

防止两极分化。这就叫社会主义。"①由此可见，社会主义本质的两方面是完整统一的，缺少任何一个方面都是不完善的。解放和发展生产力这个方面是从社会主义社会基本矛盾运行规律的角度来揭示社会主义本质的，人类追求理想社会的目标是受生产力发展水平制约的，提高生产力是实现社会主义所追求的理想目标的物质基础；消灭剥削、消除两极分化、最终达到共同富裕这个方面则是从社会主义社会的最终目的和价值目标的角度来揭示社会主义本质的，生产力的提高并不能自然而然地实现共同富裕这个人类社会所追求的目标。但是，两方面之间又存在着矛盾：①解放生产力、发展生产力作为社会主义发展的本质要求，它必须体现于社会主义发展的整个历史进程中，必须在社会主义发展的各个历史阶段都充分体现出来；②消灭剥削、实现共同富裕作为最终达到的目标列入社会主义的本质，它的实现需要一个逐步的、长期的过程，并不是一开始就能实现。如果为了达到消灭剥削和实现共同富裕，超越社会主义历史发展的阶段，把社会主义的最终目标当成了现实要求而忽视生产力的发展，则必然导致社会主义的挫折。如果为了强调发展生产力而放弃社会主义的最终目标，则无异于宣布社会主义的失败。

把握社会主义本质是理解"什么是社会主义"这个问题的核心。邓小平关于社会主义本质的论述把握了其两个方面的矛盾和统一，这对于明确社会主义的方向，以及社会主义的发展进程、动力和途径，都有非常重要的意义。党的十一届三中全会以来的20年，在邓小平关于"什么是社会主义"的理论思考的基础上，党就如何在我国这样一个经济文化发展比较落后的国家建设社会主义的问题进行了探索，形成了邓小平理论，开辟了建设有中国特色社会主义的道路，回答了"怎样建设社会主义"的问题，其基本经验集中于一点就是党在社会主义初级阶段的基本路线和基本纲领。它的主要内容有：我国正处在社会主义初级阶段，即从我国进入社会主义到基本实现社会主义现代化的整个历史阶段；社会主义的根本任务是发展生产力，必须坚持以经济建设为中心不动摇；改革是社会主义社会发展的动

北京师范大学史学探索丛书

---

① 《邓小平文选》，第3卷，195页，北京，人民出版社，1993。

力，也是我国实现现代化的必由之路，必须坚持改革，建立社会主义市场经济体制，同时相应地改革政治体制和其他方面的体制；对外开放是实现我国现代化的必要条件，必须坚持对外开放，大胆借鉴和吸收世界文明的一切优秀成果，特别是现代资本主义的优秀文明成果；四项基本原则是立国之本，必须坚持四项基本原则，为改革开放和现代化建设提供强有力的思想政治保证；社会主义是协调发展、全面进步的社会，必须坚持党在社会主义初级阶段的基本纲领，全面、协调地建设有中国特色的社会主义经济、政治、文化等。

三、对社会主义的重新认识具有鲜明的特点

邓小平在中共十一届三中全会以后开创对社会主义认识的新的理论境界，有其非常鲜明的特点，主要有：

1. 注重总结历史经验教训。

我国进行社会主义建设的历史并不长，从 1956 年算起到 1978 年只不过 20 余年。在这短短的时间里，我国的社会主义事业经历过挫折，正如前文所述的长期强调阶级斗争，忽视发展生产力；超越历史发展阶段，搞穷过渡，"一大二公"等。从国际共产主义运动的角度看，苏联搞了几十年的社会主义，也有类似的问题。邓小平曾指出："社会主义究竟是个什么样子，苏联搞了许多年，也并没有完全搞清楚。""苏联的模式僵化了。"[1]这方面的教训很深刻。邓小平正是由于对这段历史有亲身的感受，才能够更深切感到我们过去对社会主义认识的偏差，才能够一针见血地指出我们的问题所在，才能够有针对性地指出并纠正那些原本不属于马克思主义而又附加在马克思主义名下的对社会主义的认识。

2. 注重把握我国的基本国情。

理论联系实际是党的思想路线的重要原则。我国新民主主义革命之所以能够取得胜利，建立中华人民共和国，重要的一条是以毛泽东为代表的

---

① 《邓小平文选》，第 3 卷，139 页，北京，人民出版社，1993。

老一代革命家努力把马克思主义基本原理与中国革命的实际相结合，摸索出一条符合中国国情的革命道路。我们在进入社会主义社会之初，作为党的主要领导人的毛泽东也仍然希望按照这样的思路探索社会主义建设的道路。1956年他在著名的《论十大关系》的讲话中指出："社会科学，马克思列宁主义，斯大林讲得对的那些方面，我们一定要继续努力学习。我们要学的是属于普遍真理的东西，并且学习一定要与中国实际相结合。"①遗憾的是，此后不久在指导社会主义建设的过程中，毛泽东并未认真把握我国的实际，出现了"左"的错误，妨碍了对社会主义的认识。鉴于此，邓小平在重新认识社会主义时，把国情放到突出的位置。他提出的一系列观点，如把解放生产力、发展生产力概括在社会主义本质之中；我国现在正处在社会主义初级阶段；改革是中国发展生产力的必由之路；贫穷不是社会主义，社会主义要消灭贫穷等，都充分反映了当代中国的基本国情。也正是由于此，邓小平理论才具有强大的生命力。

3. 注重时代的发展变化。

当今世界新的技术革命迅速发展，科学技术在社会发展中的作用日益增强。当代世界各国之间的竞争，已经是科技力量的竞争、经济实力的竞争和综合国力的竞争。邓小平敏锐地觉察到这一时代变化，强调解放生产力和发展生产力是社会主义本质的主要组成部分，进而又多次讲"科学技术是第一生产力"的论断。这一富有前瞻性的论断不仅使我们及时认识到时代的发展变化从而采取措施迎接这个挑战，而且也发展了马克思主义，丰富了科学社会主义的理论宝库，使社会主义具有更鲜明的时代特点。

总而言之，中共十一届三中全会以后，邓小平的确很好地解答了我们党乃至国际共产主义运动中长期没有很好解决的"什么是社会主义、怎样建设社会主义"这个根本问题，深刻揭示了社会主义本质，使得中国共产党对社会主义的认识极大地深入了一步。这一思想不仅丰富和发展了马克思主义，为社会主义注入了生机和活力，为中国社会主义现代化建设指明了方向，而且也为正处于低潮的国际共产主义运动带来了新的希望。

北京师范大学史学探索丛书

---

① 《毛泽东文集》，第7卷，42页，北京，人民出版社，1999。

邓小平的忧患意识及其启示

中华民族自古以来具有强烈的忧患意识。古人云"生于忧患，死于安乐"、"先天下之忧而忧，后天下之乐而乐"。历代不断延续的忧患意识已经成为中华民族精神宝库中的重要支柱。特别是到了近代，随着国家、民族面临危亡，一批又一批救国图强之士的忧患意识勃发。"近之辱国丧师，翦藩压境，堂堂华夏不齿于邻邦，文物冠裳被轻于异族。有志之士，能无抚膺!""有心人不禁大声疾呼，亟拯斯民于水火，切扶大厦之将倾。"①中国共产党人同样具有强烈的忧患意识，他们以马克思主义为指导，以救国救民为己任，率领中国人民取得了革命、建设和改革开放事业的伟大胜利。

一

邓小平自幼受中国传统文化的熏陶，先哲的忧患意识对他产生了深远影响；"文革"以后，他成为党的第二代领导核心，站在这样一个制高点上，他的忧患意识得以充分地展现。兹择其要者述之：

1. 改革开放之初，对于国内出现的离开社会主义道路、离开无产阶级专政、离开党的领导和离开马克思主义的倾向，邓小平明确地提出坚持四项基本原则的问题。他指出，"如果动摇了这四项基本原则中的任何一项，那就动摇了整个社会主义事业，整个现代化建设事业"②。他敏锐地注意到党和国家的领导制度、干部制度中存在弊端，主要是官僚主义现象、权力过分集中的现象、家长制现象、干部领导职务终身制现象和形形色色的特权现象。他告诫全党，如果不实行改革，"我们的现代化事业和社会主义事业就会被葬送"③。对于党内出现的种种问题，如党风问题、腐败现象

---

① 《孙中山选集》，14页，北京，人民出版社，1956。
② 《邓小平文选》，第2卷，173页，北京，人民出版社，1994。
③ 《邓小平文选》，第2卷，150页，北京，人民出版社，1994。

等，他忧心忡忡地说："中国要出问题，还是出在共产党内部。"①

2. 对于我国经济体制改革、经济发展速度以及人民生活水平提高缓慢等问题表示忧虑。改革开放之初，邓小平指出，我国"同发达国家相比较，经济上的差距不只是十年了，可能是二十年、三十年，有的方面甚至可能是五十年"，"过去十多年来，我们一直没有摆脱经济比例的严重失调，而没有按比例发展就不可能有稳定的、确实可靠的高速度。"②他热切地期待着人民生活能得以迅速提高。

3. "文革"结束后不久，邓小平敏锐地意识到我国的科技水平落后的状况，强调实现现代化关键是科学技术要上去。他对于人才问题极为关注，认为发展科技，不抓教育不行。科技人才的培养，基础在教育。由于"文革"的影响，我国科技队伍出现了青黄不接的现象。他提出，这就使加速培养年轻一代科技人才的任务更加迫切。

4. 邓小平对于"左"的错误带来的思想僵化、外来文化中消极方面的不良影响、思想教育工作的削弱以及社会主义道德观念的淡薄等现象，深表忧虑。改革开放初期，针对不少人思想还不解放，处于僵化和半僵化状态的情况，他坚定地提出"解放思想是当前的一个重大政治问题"③。对于思想界出现离开马克思主义，盲目崇拜西方国家，思想政治工作被削弱的现象，他提醒领导干部"要密切注视和深入研究思想战线的形势和问题"，"加强党的思想工作，防止埋头经济工作、忽视思想工作的倾向。"④。

5. 邓小平对于20世纪80年代以来国家的主权、统一和安全受到来自国际上霸权主义和强权政治的威胁深感担忧。他指出：国家的主权、国家的安全要始终放在第一位；西方的一些国家拿什么人权、什么社会主义制度不合理不合法等做幌子，实际上是要损害我们的国权。对祖国统一问题，他多次指出："只要台湾不同大陆统一，台湾作为中国领土的地位是没有保障的，不知道哪一天又被别人拿去了。"台湾问题"万万不可让外国

北京师范大学史学探索丛书

---

① 《邓小平文选》，第3卷，380页，北京，人民出版社，1993。

② 《邓小平文选》，第2卷，132、161页，北京，人民出版社，1994。

③ 《邓小平文选》，第2卷，141页，北京，人民出版社，1994。

④ 《邓小平文选》，第3卷，48页，北京，人民出版社，1993。

插手，那样只能意味着中国还未独立，后患无穷"①。

由上可见，邓小平的忧患意识是多方面的、多层次的，几乎涉及当代中国政治、经济、教育、科技、思想文化、国家安全与祖国统一的方方面面。更重要的是，他的忧患意识是同科学地总结历史经验、探索与开创国家和民族健康发展道路紧密联系在一起的。

二

忧患意识是人的一种认识活动，是人们对客观世界的一种能动的反映。这种认识有感性和理性两个阶段。在感性阶段，忧患意识是初步的、表象的，只反映一些一般的社会现象。在理性阶段，忧患意识则是在前一个阶段的基础上反映事物的深层次的、本质的、带有规律性的问题，即对于各种社会现象在经历了初步的忧患认识以后，进一步对其产生背景、社会条件，按照事物发展的客观规律来认识和处理各种忧患问题。

在领导中国社会主义现代化建设的进程中，邓小平从历史的角度出发，紧紧把握时代发展的脉搏，把人民群众的利益放到第一位，密切联系我国改革开放的实践，对当代中国社会发展中面临的许多问题进行了科学地总结，科学揭示了解决这些问题的基本思路。

1. 站在历史的高度对历史经验进行认真的总结。

忧患意识的产生往往离不开历史的记忆。邓小平深谙中国近现代历史，对中华民族饱经屈辱、发愤图强的艰难历程有直接的感受。1982 年9 月，在与当时的英国首相撒切尔夫人讨论香港问题时，他指出："如果中国在一九九七年，也就是中华人民共和国成立四十八年后还不把香港收回，任何一个中国领导人和政府都不能向中国人民交代，甚至也不能向世界人民交代。如果不收回，就意味着中国政府是晚清政府，中国领导人是李鸿章！"②1989 年当听到西方国家要制裁中国时，邓小平首先想到的就是八国

---

① 《邓小平文选》，第 3 卷，31、170 页，北京，人民出版社，1993。
② 《邓小平文选》，第 3 卷，12 页，北京，人民出版社，1993。

联军侵略中国的历史。

新中国成立后，在中国共产党的领导下开展了社会主义革命和建设，有成绩，也有失误。对这段历史，邓小平的感受更加深刻，他总是直接联系这段历史，从中找寻经验教训。1984年，在谈到中国近代落后的一个重要原因就是闭关自守时，他指出："建国以后，人家封锁我们，在某种程度上我们也还是闭关自守，这给我们带来了一些困难。"他得出结论："关起门来搞建设是不行的，发展不起来。"①

2. 把握时代发展的脉搏，体现时代变化的趋势。

20世纪70年代后期以来，国际局势正在发生着深刻的变化：一方面，科学技术突飞猛进地发展，已经深刻地影响了整个世界。另一方面，世界格局也正在发生重要变化。邓小平深刻把握了这一时代特点，直面在这种变化中中国将何以自立这个重大问题。他特别重视科学技术的作用。他在1978年全国科学大会上提出："对于我们无产阶级革命者来说，实事求是地说明情况，认真地去分析造成这种情况的历史的和现实的原因，才能够正确制定我们的战略规划，部署我们的力量；才能够更加激励我们奋发图强，尽快改变这种情况；也才能动员人们虚心学习，迅速掌握世界最新的科学技术。"此后他又提出了"科学技术是第一生产力"的著名论断，强调要把握现在和平的机遇加快发展，增强我们的综合国力。对于西方敌对势力的渗透，他明确指出，我们要坚持社会主义道路不动摇，要防止西方的和平演变。尊重事实是尊重客观规律的基本前提。邓小平对时代发展脉搏的把握是建立在客观事实的基础上的。正因为如此，他提出的防患于未然的种种政策策略才具有合理性，才是科学的。

3. 反映人民群众的愿望，代表人民群众的利益，以人民群众满意不满意作为判断正误的准绳。

中国共产党是代表人民根本利益的党，是以为人民服务为宗旨的党。这不仅是一个党的政治准则问题，也是一个深刻的认识论问题。也就是说，是否站在人民群众的角度看问题，决定着能否采取科学的态度。邓小

---

① 《邓小平文选》，第3卷，64页，北京，人民出版社，1993。

平高度关注人民群众的作用和利益。改革开放以后，他多次谈到，正确的政治领导的成果，归根结底要表现在社会生产力的发展和人民物质文化水平的改善上。他说："如果在一个很长的历史时期内，社会主义国家生产力发展的速度比资本主义国家慢，还谈什么优越性？我们要想一想，我们给人民究竟做了多少事情呢？"[①]以后，他又归纳总结了"三个有利于"，作为衡量一切工作成败得失的标准。

4. 从国情入手，紧密联系改革开放的实践，及时发现新情况，解决新问题。

在改革开放的进程中，邓小平非常重视对我国基本国情的掌握，对改革开放实践中出现的各种新情况、新问题始终保持清醒的认识。1979 年 3 月，他在理论务虚会上指出：我国的国情"一个是底子薄"，"现在中国仍然是世界上很贫穷的国家之一"；"第二条是人口多，耕地少"，全国人口有 9 亿多，其中 80% 是农民，人多有好的一面，也有不利的一面，在生产还不够发展的条件下，吃饭、教育和就业都成为严重的问题；我国土地面积广大，但是耕地很少。他提醒大家：这是中国现代化建设必须考虑的特点。1987 年 8 月，他提出：我国处在社会主义的初级阶段，就是不发达的阶段。"一切都要从这个实际出发，根据这个实际来制订规划。"[②]在他主导下，我国制定了三步走的发展战略。他非常关注我国经济能否保持适度的发展速度、避免滑坡的问题。他认为，"经济能不能避免滑坡，翻两番能不能实现，是个大问题。使我们真正睡不着觉的，恐怕长期是这个问题"[③]。此外，他对于加强党风廉政建设、打击经济领域严重犯罪、实现干部年轻化、加强社会主义精神文明建设等关系改革开放大局的现实问题，都精辟阐述了他的见解。

5. 从宏观的、战略的高度来看待我们在前进道路上出现的各种问题。

20 世纪的后 20 年，我国面临着一个非常重要的战略机遇期，抓住这个机遇期，我们就可以为振兴中华奠定一个良好的基础。这当中存在一些

---

① 《邓小平文选》，第 2 卷，128 页，北京，人民出版社，1994。
② 《邓小平文选》，第 3 卷，355～356 页，北京，人民出版社，1993。
③ 《邓小平文选》，第 3 卷，252 页，北京，人民出版社，1993。

带有根本性的、全局性的问题，邓小平敏锐地意识到这些问题。例如，1990年他提出，我们要利用机遇把中国发展起来，少管别人的事，但也不怕制裁。中国永远站在第三世界一边，永远不称霸，也永远不当头。邓小平非常珍惜来之不易的国内安定团结的政治局面，多次强调一定要维护安定团结的大好局势，指出："中国的问题，压倒一切的是需要稳定。"①他非常重视发展问题，多次阐述"发展才是硬道理"的思想。对于西方国家搞和平演变，他提出："要把我们的军队教育好，把我们的专政机关教育好，把共产党员教育好，把人民和青年教育好。"②客观准确地把握我们前进道路上存在的内忧外患，这本身就是探寻有中国特色社会主义道路内在发展规律必不可少的条件，是科学态度的一种体现。

总起来看，"文革"结束以后，邓小平以科学的态度看待国家、民族、党和社会主义所面临的各种忧患，这对邓小平理论的形成发挥了至关重要的作用。

北京师范大学史学探索丛书

三

邓小平忧患意识的内容是丰富的，这是他留给我们的一笔宝贵的精神财富。认真地对这笔财富加以总结，对于我们深入学习领会邓小平理论和"三个代表"重要思想，坚持科学发展观，努力构建和谐社会，有着重要的意义。

1. 要科学地对待忧患意识，实事求是地应对我们所面对的各种忧患。

现实社会中人们遇到的忧患是多种多样的，上至国家民族的兴衰荣辱，下至黎民百姓的生活起居。但是对于忧患，存在两种态度：一是疏于具体地分析，对事物的认识浮于表象，匆忙应对；二是进行冷静地分析，逐步认识事物的本质和内在联系，采取积极的、全面的、稳妥的态度来应对。不同的态度产生的结果大不一样。邓小平面对各种忧患时冷静观察，

① 《邓小平文选》，第3卷，284页，北京，人民出版社，1993。
② 《邓小平文选》，第3卷，380页，北京，人民出版社，1993。

不惊慌，不盲动，趋利避害。对于 20 世纪 80 年代后期我国所处的国际环境，邓小平认为，世界上希望我们好起来的人很多，想整我们的人也有的是。他分析国际局势，提出"和平与发展是当代世界的主题"，同时指出这两个问题一个也没有解决。对此，他并未主张闭关自守，而是强调改革开放还要讲，大胆吸收和借鉴人类社会创造的一切优秀文明成果，吸收和借鉴当今世界各国包括资本主义发达国家在内的一切反映社会化生产规律的先进经营方式、管理方式。邓小平这种以科学精神对待忧患的态度是值得我们学习的。

2. 要科学地引导忧患意识，把人民群众中蕴藏的各种忧患意识引导到符合事物发展规律的轨道上来。

我们的民族具有很强的忧患意识，社会上各种忧患意识以不同的方式存在并产生一定的社会影响。它的存在有利于我们加强爱国主义教育，增强对走有中国特色社会主义道路的认同感。但是，这些忧患意识中也存在着主观和随意的倾向，如果不加以科学的引导，也会产生负面的社会舆论氛围。改革开放以后，党风问题，尤其是党内存在的腐败现象，引起广大党员和人民群众的不满和担忧。如何认识这个问题并从根本上杜绝这种现象，不仅关系到党的生死存亡，关系到社会主义现代化建设的成败，也关系到对人民群众忧患意识的正确引导。邓小平高度重视这个问题。20 世纪 80 年代初期，他提出要用坚决、严肃、认真的态度来进行整党，切实解决党风问题，绝不使全党同志和全国人民失望。此后他还指出，端正党风是一项长期的工作，要靠加强法制，通过政治体制改革的办法，而不是通过搞运动的方式来解决问题。邓小平的上述认识对于引导人们正确看待党风问题起了关键的作用。

3. 要力求通过激发人们的忧患意识，科学地调动人们的精神力量，以达到克服困难的目的。

一个国家、一个民族，任何时候都需要忧患意识。增强忧患意识对于国家的长治久安和社会主义现代化建设事业的发展是非常必要的。然而，应对各种忧患，发挥好忧患意识的能动作用，根本在于坚持科学的态度，也就是以辩证唯物主义和历史唯物主义为指导，历史地、全面地、宏观地分析我们眼前的问题和困难，积极找寻化解的办法，这样才能增强人们的勇气和信心。应该说，在这方面邓小平为我们树立了榜样。他针对改革开放前20年"左"的错误造成我国经济发展缓慢的情况，明确提出以经济建设为中心、集中精力搞建设、发展是硬道理等观点，提出了"三步走"的发展战略，勾画了到21世纪中叶基本实现现代化，建成富强、民主、文明的社会主义国家的蓝图。这非常有利于凝聚全国人民的力量，齐心协力，实现中华民族伟大复兴的伟业。

进入21世纪以后，国际国内的局势都在发生着新的变化。我们在全面建设小康社会的过程中，各种忧患还会不断出现。正如胡锦涛同志强调的那样："我们既要坚定信心、抓住机遇、加快发展，又要保持清醒头脑、增强忧患意识、积极应对各种困难和风险，继续推进中国特色社会主义伟大事业。"①我们相信，只要坚持邓小平理论和"三个代表"重要思想，坚持科学发展观，像邓小平那样以科学的态度对待忧患问题，我们就能够做到居安思危，防患于未然，构建社会主义和谐社会。

北京师范大学史学探索丛书

---

① 《光明日报》，2004年1月18日。

"三个代表"与"三大规律"

江泽民同志在 2001 年"七一"重要讲话中提出了"不断深化对共产党执政的规律、对社会主义建设的规律、对人类社会发展的规律的认识"的要求。"三个代表"重要思想是现阶段中国共产党对"三大规律"认识的新发展、新成果。它对于丰富和发展马克思主义、开创建设有中国特色社会主义事业的新局面，意义重大。

江泽民同志在领导我国社会主义现代化建设的过程中，把尊重规律、认识规律的问题摆到十分重要的位置。深化对"三大规律"的认识，就是江泽民同志运用马克思主义基本理论，总结国内外发展社会主义事业正反两方面的历史经验，站在时代前列提出的。"三大规律"是处于不同层面的，其中共产党的执政规律和社会主义建设规律属于特殊规律，而人类社会发展规律则属于普遍规律和一般规律。三者之间存在着密切的联系，是一个有机的整体。深化对共产党执政规律的认识有利于对社会主义建设规律的认识，从而进一步加深对人类社会发展规律的认识。对人类社会发展规律的认识和把握能够有力地促进对共产党执政规律和社会主义建设规律的认识。而"三个代表"重要思想则以一种创新的、与时俱进的精神对"三大规律"进行了科学阐述，使党在现阶段对"三大规律"的认识向前迈进了一大步。

1."三个代表"重要思想深刻总结了共产党执政的规律。

江泽民同志指出："三个代表，是我们党的立党之本、执政之基、力量之源。"党作为工人阶级的先锋队，建立之始就是以中国先进生产力的代表走上历史舞台的。新民主主义革命的目的就是破除阻碍生产力发展的旧的生产关系，从根本上解放生产力。在社会主义建设时期，党作为中国先进生产力的代表仍然肩负着解放和发展生产力的历史重任。不断促进先进生产力的发展，这是共产党执政的根本。在世界社会主义运动处于低潮的时候，我们党能够继续执政和发展，社会主义在中国能够充满生机和活力，就是由于我们大胆地进行了改革开放，开创了建设有中国特色社会主义的新局面。关于党代表中国先进文化的前进方向，江泽民同志指出："坚持什么样的文化，推动建设什么样的文化，是一个政党在思想上精神上的一面旗帜。"只有坚持马列主义、毛泽东思想、邓小平理论为指导，着眼于世界科学文化发展的前沿，不断发展具有中国风格、中国特色的社会主义文化，满足人民群众日益增长的精神文化需求，党才能始终保持先进性。关于党始终代表中国最广大人民的利益，江泽民同志指出，党的理论、路线、纲领、方针、政策和各项工作，必须坚持把人民的根本利益作为出发点和归宿，必须首先考虑并满足最大多数人的利益要求。全心全意为人民服务，立党为公，执政为民，是无产阶级政党同一切剥削阶级政党的根本区别，是始终关系党的执政的全局性的大问题。党的作风，关系党的形象，关系人心向背，关系党的生命。加强和改进党的建设，从严治党，坚决克服党内存在的消极腐败现象，对于完成党肩负的历史重任，经受住国际国内各种复杂因素的影响和各种风浪的考验，至关重要。

2. "三个代表"重要思想高度概括了社会主义建设的规律。

邓小平指出："社会主义的本质，是解放生产力，发展生产力，消灭剥削，消除两极分化，最终达到共同富裕。"江泽民同志在继承这一思想的基础上指出，"社会主义的根本任务是发展生产力，增强社会主义国家的综合国力，使人民的生活日益改善，不断体现社会主义优于资本主义的特点"[1]。社会主义现代化必须建立在发达生产力的基础之上。党的十一届三中全会以后进行的改革开放，其目的也是解放和发展生产力。为实现社会主义现代化而奋斗的过程，最根本的就是要通过改革和发展，形成发达的生产力的过程。社会主义是共产主义的初级阶段，而我国现在处于并将长期处于社会主义的初级阶段。随着经济发展和社会全面进步，将来条件具备时，我国社会主义建设会进入更高的发展阶段。江泽民同志指出："社会主义社会是全面发展、全面进步的社会。社会主义现代化事业是物质文明和精神文明相辅相成、协调发展的事业。"我们倡导的先进文化就是面向

---

[1]　江泽民：《论"三个代表"》，155 页，北京，中央文献出版社，2001。

现代化、面向世界、面向未来的，民族的科学的大众的社会主义文化。发展社会主义文化，促进全民族思想道德素质和科学文化素质的不断提高，就是为社会主义经济发展和社会进步提供精神动力和智力支持。发展社会主义文化，必须继承和发扬一切优秀的文化，必须充分体现时代精神和创造精神，必须具有世界眼光，增强感召力。江泽民同志还指出："八十年来我们党进行的一切奋斗，归根到底都是为了最广大人民的利益。"进行社会主义建设的根本目的是使人民群众不断获取经济、政治、文化利益。同时，人民群众在社会主义建设中具有主体的地位，充分发挥他们的积极性、主动性、创造性，集中他们的聪明才智，有利于社会主义建设事业的发展。

3. "三个代表"重要思想科学阐释了人类社会发展的规律。

马克思主义揭示了人类社会发展的普遍规律，强调生产力与生产关系、经济基础与上层建筑的矛盾运动推动人类社会由低级向高级发展。"三个代表"重要思想强调，生产力是最活跃最革命的因素，是社会发展的最终决定力量；人类社会的发展，就是先进生产力不断取代落后生产力的历史过程；科学技术是第一生产力，而且是先进生产力的集中体现和主要标志。这从人类社会发展的本质和动力方面深化了马克思主义基本原理。关于人类社会未来的发展，江泽民同志指出："客观规律指向的历史结局，从总体上来说在其整个演化过程终结之前是不可能提前出现的，任何客观规律都是在历史的具体演进中逐渐地和愈来愈深刻地发生作用的。"①他分析了当代社会主义的历史进程，肯定了社会主义的理论和实践，并认为社会主义的历史还是短暂的，还处于实践和发展的初期。现阶段我们要把最低纲领与最高纲领统一起来，在实现革命、建设和改革各个历史阶段最低纲领的基础上，最终实现最高纲领。当代资本主义社会在具体演进中产生的一些繁荣现象，并没有改变资本主义制度所固有的基本矛盾，没有改变马克思主义关于资本主义的基本原理的真理性。他提出："我们坚信马克

---

① 江泽民：《论"三个代表"》，58～59 页，北京，中央文献出版社，2001。

思主义关于人类社会必然走向共产主义这一基本原理。"①但同时必须看到，实现共产主义是一个非常漫长的历史过程。我们要避免以往比较肤浅、简单的认识，避免陷入不切实际的空想。在人和自然的关系上，他强调，要促进人和自然的协调与和谐，使人们在优美的生态环境中工作和生活，实施可持续发展战略，正确处理经济发展同人口、资源、环境的关系。努力开创生产发展、生活富裕和生态良好的文明发展道路。在人和社会的关系上，他指出，推进人的全面发展，同推进经济、文化的发展和改善人民物质文化生活，是互为前提和基础的。人的全面发展程度与社会生产力和经济文化的发展水平一样都是逐步提高、永无止境的历史过程。这两个历史过程应相互结合、相互促进地向前发展。

江泽民同志强调深化对"三大规律"的认识，并以"三个代表"重要思想加以科学概括，充分体现了现阶段中国共产党人对客观世界和主观世界认识的主动性和自觉性，表明了只有坚持实践第一的观点，以科学的态度大胆地进行探索，才可以从建设社会主义这个未被完全认识的必然王国逐步到达自由王国。

北京师范大学史学探索丛书

---

① 江泽民：《论"三个代表"》，177 页，北京，中央文献出版社，2001。

新中国成立后前30年和后20年关系的几个问题①

中华人民共和国建立到 2000 年已逾 50 年。以 1978 年 12 月党的十一届三中全会为界，学界把这 50 年的历史划分为前后两个大的阶段。从新中国成立到十一届三中全会以前的 29 年，是党领导的建设社会主义的前期，亦被简称为前 30 年。十一届三中全会以来的 22 年，是党领导的建设社会主义的新时期，亦被简称为后 20 年。这里就有一个如何全面认识前 30 年和后 20 年关系的问题。这个问题的提出源于在学术界出现这样一种倾向，就是有意无意地对前 30 年的历史予以否定，大讲改革开放 20 年来的成就。因此，如何正确认识和科学评价前 30 年和后 20 年之间的关系，不仅是中华人民共和国史研究的一个重大课题，也是我们应该认真对待的一个问题。两者之间的关系究竟如何，本文粗略地归纳为四个问题。

一、前30年和后20年的历史是一个整体

中华人民共和国史是中国共产党领导全国各族人民从新民主主义过渡到社会主义，并在社会主义道路上历经坎坷、曲折前进的历史；是中国共产党探索符合中国国情，犯过严重错误但又取得伟大成就的历史；是中国共产党在国际风云变幻、国际共产主义运动起伏跌宕的过程中，把握方向，勇于创新，保持社会主义生机和活力的历史。总起来说，中华人民共和国的历史就是中国共产党领导人民进行社会主义革命和社会主义建设的历史。这个历史是一个不可分割的整体。前 30 年和后 20 年的历史之所以是一个整体，主要表现在三个方面：

1. 新中国 50 多年的历史准确地说是一部探索中国自己的社会主义革

---

① 本文完成于 2000 年 10 月。合作者为夏贵根。

命和建设道路的探索史，前 30 年和后 20 年在探索的指导思想和根本原则上是一致的。

在指导思想上，中国共产党始终如一地坚持以马克思列宁主义、毛泽东思想作为社会主义革命和建设的理论指针，坚持把马克思主义普遍真理同我国的具体实际相结合，探索一条中国自己的社会主义革命和建设的道路。在新民主主义革命时期，党就是根据这样的指导思想领导全国人民摸索到了一条以农村包围城市、最后夺取全国政权的有中国特色的革命道路。新中国成立后，我们党在探索中国社会主义改造道路的过程中，依据马克思主义关于革命转变的理论，分析了中国政治经济状况及阶级关系，并把两者结合起来，提出了过渡时期总路线，从而开辟了一条适合中国国情的社会主义改造道路，这就是：用国家资本主义的形式与和平赎买的政策改造资本主义工商业，用逐步过渡的形式改造个体农业和个体手工业。这些改造措施，不同于苏联曾采用过的剥夺政策的社会主义改造措施，带有明显的中国特色。通过社会主义改造，社会主义制度在我国确立起来了，从此以毛泽东为代表的中央第一代领导集体，为寻找一条适合中国自己的社会主义建设道路进行了长期的艰辛探索。在党内，毛泽东最早发现了苏联模式的弊端和缺陷，提出"以苏为戒"，走自己的路。1956—1957 年，他发表了《论十大关系》和《关于正确处理人民内部矛盾的问题》等论著，在探索中国自己的建设社会主义的道路上迈出了可喜的一步。遗憾的是，这种正确的探索趋势没能一直延续下去。从 1957 年下半年开始，党在探索过程中主观上一直坚持把马克思主义普遍真理和中国的具体实际相结合的指导思想，独立地寻求中国自己的社会主义建设道路，只是在具体地运用上对马克思主义关于社会主义社会原理的理解教条化，对中国的实际情况的估计和判断发生了严重偏差，从而造成了"大跃进"和"文化大革命"这两次大失误、大挫折。这样，以毛泽东为代表的第一代中央领导集体最终没有找到一条在中国建设、巩固和发展社会主义的正确道路。十一届三中全会以后，以邓小平为核心的第二代中央领导集体，重新恢复和确立了实事求是的思想路线，继续坚持把马克思主义普遍真理和中国的具体实际相结合的指导思想，在全面总结前 30 年正反两方面经验的基础上，在改革开放和社会主义现代化建设的崭新实践中，终于找到了一条建设有中国特色的社会主义建设道路，形成了邓小平理论。以江泽民为核心的第三代中央领导集体，在同样的指导思想下，对社会主义建设进行了艰辛的探索。

在根本原则问题上，前 30 年和后 20 年我们始终坚持社会主义基本制度。新中国成立后，党领导全国人民逐渐建立起了以社会主义公有制为主体的社会主义经济制度，巩固和发展了人民民主专政，确立了马列主义在意识形态领域的主导地位，并一以贯之地坚持这些社会主义的基本制度。1954 年，毛泽东在第一届全国人大第一次会议的开幕词中强调指出："我们的总任务是：团结全国人民，争取一切国际朋友的支援，为了建设一个伟大的社会主义国家而奋斗"，"领导我们事业的核心是中国共产党。指导我们思想的理论基础是马克思列宁主义。"[1]后来，他在《关于正确处理人民内部矛盾的问题》一文中，指出了判断我们言论和行动是非的六条政治标准，并指出六条标准中，"最重要的是社会主义道路和党的领导两条"[2]。即使是在"文化大革命"那样长达 10 年的全局性错误中，我国也保持了"四个不变"[3]。十一届三中全会以后，针对刚刚露头的资产阶级自由化思潮，邓小平代表党中央提出在新的历史条件下必须坚持四项基本原则，并指出："四项基本原则并不是新的东西，是我们党长期以来所一贯坚持的。"[4]随着改革开放的逐步深入，邓小平反复强调要坚持四项基本原则这个立国之本，其实质是强调在探索有中国特色的社会主义建设道路的过程中要坚持社会主义基本制度，即坚持以公有制为基础的社会主义经济制度；坚持共产党领导、实行人民民主专政的社会主义根本政治制度；坚持以马克思列宁主义、毛泽东思想为指导的社会主义意识形态。

2. 前 30 年和后 20 年在奋斗目标上是一致的，都是为实现国家的独立、统一、民主和富强而奋斗，为把我国建设成为一个强大的社会主义现

---

① 《毛泽东著作选读》下册，715 页，北京，人民出版社，1986。

② 《毛泽东著作选读》下册，789 页，北京，人民出版社，1986。

③ 指共产党、人民政权、人民军队和整个社会的性质没有改变。见《关于建国以来党的若干历史问题的决议》(1981 年 6 月 27 日通过)。

④ 《邓小平文选》，第 2 卷，165 页，北京，人民出版社，1994。

代化国家而奋斗。

近代以来，中国贫弱，被他人欺侮。实现民族独立、国家富强、人民生活幸福，是中国几代人的梦想和追求的目标。在新民主主义革命时期，中国共产党向全体人民提出了为建立一个独立、统一、民主、富强的新中国而奋斗的口号。新中国建立后的50年，党领导全国人民就是继续为实现这一奋斗目标而努力。同时，现代化是近现代中国社会面临的重大历史课题，是中国人民长期追求的目标。建设一个现代化的强国，使中国走向现代化，也是时代的要求。如果不这样，中国就不能自立于世界民族之林。为此，以毛泽东为代表的第一代中央领导集体，为把我国建设成为一个强大的社会主义现代化国家奋斗不已。前30年中，党提出了使我国由落后的农业国向先进的工业国转变的历史任务，还提出了实现农业、工业、国防和科学技术四个现代化的伟大号召，并且为我国的现代化事业奠定了一个坚实的基础。十一届三中全会以后，党把工作重心转移到了社会主义现代化建设上来，并把党在社会主义初级阶段的奋斗目标确定为"把我国建设成为一个富强、民主、文明的社会主义现代化强国"。

3. 历史不能割断，后20年与前30年分不开，它是前30年的继承和发展。

那种有意无意地对前30年的历史予以否定的态度是对新中国50年历史整体性的一种人为的割裂。这样做的后果是不能正确解释新中国50年的发展，更不能说明后20年的成绩从何而来。因为如果没有前30年的成就为基础，就不可能有后20年的更高的成就。更为重要的是，如果没有前30年关于中国社会主义建设道路的艰辛探索，没有探索实践中所积累的正反两方面的经验教训，就不可能在十一届三中全会以后短短十余年的时间里形成中国特色社会主义理论，也不可能迅速找到有中国特色社会主义现代化建设道路。十一届三中全会以后的路线、方针、政策就是在总结了前30年正反两方面经验教训的基础上才制定的。关于这一点，将在下文中进行充分论述。

二、前30年探索和建设的成就为后20年的探索 和全面发展打下了一个坚实的基础

谈前30年，我们不容回避的是其中曾出现曲折和失误，尤其是1957年以后"左"的思想逐渐占据了主导地位。它严重地妨碍了我国的社会主义建设，使我国社会主义建设道路的探索走了弯路，更为严重的是出现了像"文化大革命"那样长达10年的全局性的错误，造成了很大的损失。这是我们必须面对的。不这样就不是历史唯物主义的态度。但我们不能因为党犯过错误就把前30年说得一无是处，一团漆黑。事实是，前30年的探索和建设取得了很大的成就，这不仅表现在政治、经济领域，还表现在其他很多领域。

1. 在政治领域。

确立了以生产资料公有制为基础的社会主义经济制度、人民民主专政的社会主义政治制度和马克思主义在意识形态领域中的指导地位，消灭了剥削制度和剥削阶级，建立了社会主义制度，这为后20年社会主义事业的发展提供了历史前提。

2. 在经济领域。

经过前30年的建设，我们在旧中国遗留下来的"一穷二白"的基础上，建立了独立的、比较完整的工业体系和国民经济体系，工农业生产水平在稳步提高，国家经济实力有了巨大增长，与建国初期相比有了很大的进步。据统计，从1949年到1978年，社会总产值从557亿元增长到6848亿元，其中农业总产值从326亿元增长到1567亿元，工业总产值从140亿元增长到4067亿元(以上数字按当年价格计算)；轻工业总产值从103亿元增长到1806亿元，重工业总产值从37亿元增长到2425亿元(以上数字按可比价格计算)；国民收入从358亿元增长到3010亿元(按当年价格计算)。在主要农产品中，粮食产量从11 318万吨增长到30 477万吨；棉花产量从44.4万吨增长到216.7万吨；油料产量从256.4万吨增长到521.8万吨。在主要工业品中，原煤产量从0.3亿吨增长到6.18亿吨；原油产量从

12 万吨增长到 10 405 万吨；发电量从 43 亿度增长到 2566 亿度；生铁产量从 25 万吨增长到 3479 万吨；钢产量从 15.8 万吨增长到 3178 万吨；农用化肥产量从 0.6 万吨增长到 869.3 万吨。在交通运输业中，铁路长度从 2.18 万公里增长到 4.86 万公里；公路长度从 8.07 万公里增长到 89.02 万公里，改变了我国许多地方交通闭塞的落后状况。从 1952 年到 1978 年，固定资产投资额从 43.56 亿元增长到 668.72 亿元；社会商品零售额从 276.8 亿元增长到 1558 亿元；社会消费品零售额从 262.7 亿元增长到 1264.9 亿元；对外贸易额也在不断扩大，从 64.6 亿元增长到 355.1 亿元。随着农工商业的发展，我国人民的生活水平也有了较大的提高。从 1949 年到 1978 年，尽管我国人口总数有了很大的增长，但人均国民收入从 66 元增长到 315 元；人均粮食从 418 斤增长到 637 斤；人均棉花从 1.6 斤增长到 4.5 斤；人均油料从 9.5 斤增长到 10.9 斤。不扣除物价上涨因素（若 1950 年的物价总指数为 100，1978 年则为 135.9），从 1952 年到 1978 年，全国居民平均消费水平从 76 元增长到 175 元，其中农民从 62 元增长到 132 元，非农业居民从 148 元增长到 383 元；全民所有制职工平均工资从 446 元增长到 644 元。[①] 从上述统计数字可以看出，前 30 年我国经济建设所取得的成就是令人瞩目的，甚至一些西方学者也承认："毛泽东的经济记录无论在许多方面有多大的缺点，仍然是中国奠定现代工业化基础时代的记录。"[②]总之，可以肯定地说，前 30 年经济建设的伟大成就为改革开放 20 年经济腾飞奠定了一定的物质基础。

3. 在科技领域。

前 30 年我国从无到有地初步建立了一系列新兴科学技术部门，并取得了许多震惊世界的成就，如原子弹、氢弹的爆炸，人造卫星的上天，远程运载火箭的发射等。同时，中国的科技队伍逐渐壮大，科技人员的数目从 1949 年少得可怜的 5 万人增加到 1978 年的 434.5 万人。科技领域的这些

---

① 以上数据来源于国家统计局编：《中国统计年鉴（1984 年）》，北京，中国统计出版社，1984。

② ［美］莫里斯·梅斯纳：《毛泽东的中国及其发展——中华人民共和国史》，486 页，北京，社会科学文献出版社，1992。

成就为后 20 年的发展奠定了一定的科技基础。在文化、体育、卫生等领域，前 30 年也有了相当大的发展。邓小平指出：30 年来，不管我们做了多少蠢事，我们毕竟在工农业和科学技术方面打下了一个初步的基础，也就是说，有了一个向四个现代化前进的阵地。总之，我们还是建立了实现四个现代化的物质基础。

4. 在外交领域。

前 30 年我国坚持独立自主的和平外交政策，积极反对霸权主义，维护世界和平，取得了许多重大成就，包括抗美援朝的伟大胜利，倡导和平共处五项原则作为处理国家关系的新准则，恢复在联合国的合法席位，提出"三个世界"的伟大构想，同第三世界合作的加强，中美关系开始正常化，中日邦交正常化等。这些外交成就使中国在国际上确立了大国的地位，中国成为国际舞台上一支不容忽视的代表正义和进步的力量。这为后 20 年的经济建设提供了一个和平的外部环境，同时也为实行对外开放政策铺平了道路。

5. 在思想理论方面。

前 30 年中国共产党在中国社会主义社会、社会主义建设等许多重大问题上提出了许多至今仍闪耀着光辉的正确思想，为十一届三中全会后党形成建设有中国特色社会主义理论提供了思想渊源。例如，关于社会主义社会的基本矛盾学说为后来的改革提供了理论依据；关于向外国学习的思想演化成了后来的对外开放政策；关于社会主义社会的根本任务是发展生产力的思想为后来完成对社会主义社会本质论的认识打下了基础；关于社会主义社会分为两个阶段的思想为党的"十三大"提出社会主义初级阶段理论提供了思想资料；关于发展国民经济"两步走"战略，为后来的"三步走"战略提供了重要参考；关于社会主义的商品生产和商品交换的思想为后来提出社会主义市场经济理论提供了思想源头。此外，前 30 年党还在政治制度、经济管理体制、思想文化建设等方面提出了许多可贵的思想。所有这些都在十一届三中全会以后被党所继承，并在新的历史条件下加以发展，成为邓小平理论的重要内容。

毋庸置疑，前 30 年尽管取得了这么多的成就，但"同全国人民作出的艰苦努力相比，同社会主义制度应当发挥的优越性相比，我们的成就很不够"①。当然，片面夸大前 30 年我国社会主义建设的失误，低估甚至否认前 30 年我国在社会主义建设中的历史功绩也是不对的。美国学者莫里斯·梅斯纳在承认毛泽东犯了"大跃进"和"文化大革命"错误的同时也指出：未来的历史学家将在不忽略这些错误的情况下，"把中华人民共和国历史上的毛泽东时代(无论他们可能对这一时代作出其他什么判断)，作为世界历史上伟大的现代化时代之一，作为带来了巨大社会利益和人类利益的时代载入史册。"②西方学者尚且如此，我们历史唯物主义主义者更应该客观地、真实地、辩证地看待新中国成立后的历史。

三、后 20 年正确的路线、方针、政策是在总结
前 30 年经验教训的基础上取得的

认真总结历史上的成功经验和失败教训是党在新民主主义革命时期的一个重要经验。新中国成立以后，党和毛泽东十分重视历史经验教训的总结。社会主义改造基本完成后，毛泽东提出对于苏联社会主义建设的经验教训要从正反两个方面进行总结，避免走人家走过的弯路。在党的"八大"开幕词中，他告诫全党："需要把我们工作中的主要经验，包括成功的经验和错误的经验，加以总结，使那些有益的经验得到推广，而从那些错误的经验中取得教训。"③谈及这个问题时，可以说十一届三中全会以来中国特色社会主义的道路就是在认真总结前 30 年社会主义革命和建设的正反两个方面的经验教训的基础上形成和发展起来的。

我们前面讲过，前 30 年我党在中国社会主义社会、社会主义建设等许多重大问题上提出了许多重要的、至今仍闪耀着光辉的正确思想，但由于从 1957 年下半年开始，"左"的错误思想逐渐占据了主导地位，使得这些正

① 《叶剑英选集》，522 页，北京，人民出版社，1996。

② [美]莫里斯·梅斯纳：《毛泽东的中国及其发展——中华人民共和国史》，489 页，北京，社会科学文献出版社，1992。

③ 《毛泽东文集》，第 7 卷，115 页，北京，人民出版社，1999。

确思想没能一以贯之地坚持下去，有的甚至还走向了反面。在长期"左"的错误思想影响下，人们的思想僵化，对"什么是社会主义，怎样建设社会主义"这个基本的理论问题"不是完全清醒的"，"并没有完全搞清楚"。在具体的路线、方针、政策上，对内实行以阶级斗争为纲，忽视发展生产力，制定政策超越了我国社会主义所处的历史阶段，对外搞封闭。在总结前30年的经验教训时，邓小平指出：前30年，特别是"文化大革命"10年，"最根本的一条经验教训，就是要弄清什么叫社会主义和共产主义，怎样搞社会主义"①。为了使人们从思想僵化的迷误中摆脱出来，党在十一届三中全会以后重新恢复和确立了解放思想、实事求是的思想路线。

十一届三中全会以后，世界主题由战争与革命向和平与发展转换。以邓小平为核心的第二代中央领导集体及时抓住了世界主题的变化，在解放思想、实事求是的思想路线的指引下，在全面总结前30年经验教训的基础上，围绕"什么是社会主义，怎样建设社会主义"这个首要的基本理论问题，把马克思主义普遍真理和中国的实际情况与当代时代特征相结合，在新的历史条件下，形成了中国特色社会主义理论。这个理论的形成，是在拨乱反正思想的指引下，对前30年社会主义革命和建设经验的继承、改正和发展。具体表现在：

在"什么是社会主义"这个问题上，针对"四人帮"提出的"宁要贫穷的社会主义，不要富裕的资本主义"的谬论，邓小平指出："社会主义要消灭贫穷。贫穷不是社会主义，更不是共产主义。"②因此，十一届三中全会以后，党果断地停止"以阶级斗争为纲"的口号，以经济建设为中心，把发展生产力作为社会主义的根本任务。针对过去搞"供给制"和平均主义企图实现同步富裕，实际导致共同贫穷的做法，邓小平提出在防止两极分化的情况下，允许一部分地区、一部分人先富起来，最终达到共同富裕。通过对过去教训的总结，邓小平提出了社会主义社会的本质论，即是"解放生产力，发展生产力，消灭剥削，消除两极分化，最终达到共同富裕"。

① 《邓小平文选》，第3卷，223页，北京，人民出版社，1993。
② 《邓小平文选》，第3卷，63～64页，北京，人民出版社，1993。

在探索"怎样建设社会主义"这个问题上，我党的指导思想一直是把马克思主义普遍真理和中国的具体实际相结合。社会主义制度在我国建立以后，要实现二者的结合，急需解决的一个关键问题是正确认识我国的社会主义处在哪个发展阶段上。过去，由于对我国社会主义的所处阶段估计过高，导致制定出了"大跃进"这样盲目冒进、急于向共产主义过渡的方针，造成了很大损失。十一届三中全会以后，党总结了过去的经验教训，对我国社会主义所处的发展阶段的认识日益深入，并在党的"十三大"上提出了社会主义初级阶段理论。我国仍处于社会主义的初级阶段，这是我国最大的国情，是我国制定正确的路线、方针、政策的出发点和基本依据。

社会主义制度在我国确立以后，生产关系和上层建筑与生产力的发展还存在一些不相适应的环节和方面。对于这些环节和方面，过去强调用"群众运动"的方式来强制改变，盲目地追求生产关系的先进，以为生产关系越先进，生产力就越能高速发展，结果导致了社会主义建设中的大挫折、大失误。十一届三中全会以后，党否定了过去大搞"群众运动"的做法，提出了对于社会主义条件下生产关系和上层建筑中不适应生产力发展的一些环节和方面应通过在党和政府的领导下有计划、有步骤、有秩序地进行改革来消除。新时期的改革是一项系统工程，包括经济、政治诸方面。在经济体制方面，改变过去高度集中的计划经济体制，逐步建立和完善社会主义市场经济体制。在政治体制方面，改变过去权力过分集中的弊端，逐步实行政治民主化。同时，对教育体制、科技体制等也进行了相应地改革，以充分调动全国人民建设社会主义的积极性。

新中国成立后，以美国为首的帝国主义对我国进行孤立、封锁、包围。在当时的历史条件下，我国只能向以苏联为首的东欧社会主义集团开放。在"文化大革命"中，"四人帮"把实行开放攻击为"卖国主义"、"崇洋媚外"，在这种思想的指引下，我国把自己置于封闭状态和孤立地位，使我国的社会主义事业蒙受了巨大损失。十一届三中全会以后，党根据新的历史形势，做出了对外开放的战略决策，使之成为我国社会主义现代化建设的强国之路。

总之，正是在深刻地总结了前30年社会主义建设中正反两方面经验教

北京师范大学史学探索丛书

训的基础上，我们党才在十一届三中全会以后提出了"一个中心、两个基本点"的社会主义初级阶段的基本路线以及一系列的方针政策。对于这一点，党的"十四大"作了科学结论，即建设有中国特色社会主义理论是"在总结我国社会主义胜利和挫折的历史经验"的基础上，逐步形成和发展起来的。邓小平也说过："从许多方面来说，我们现在还是把毛泽东同志已经提出，但是没有做的事情做起来，把他做错了的改正过来，把他没有做好的事情做好。今后相当长的时间，还是做这件事。当然我们也有发展，而且还要继续发展。"①需要强调的是，后20年并不是前30年正确趋向的翻版，它与前30年相比具有转折性和前进性。因此，我们不能将后20年与前30年等量齐观。

四、无论是前30年还是后20年，人民群众始终是历史的主体

历史唯物主义认为，自有人类的历史以来，人民群众始终是历史活动的主体。新中国成立后，人民群众摆脱了几千年受压迫、受剥削的地位，第一次翻身了做了国家的主人，其主体地位也达到了历史上前所未有的高度。新中国成立后，中国共产党作为执政党，在社会主义革命和建设中始终以人民群众的利益作为最高利益，而且在社会主义革命和建设的实践中，也始终把自己看作是人民群众利益的忠实代表，切切实实地为广大群众谋利益。江泽民在关于"三个代表"的讲话中就强调党是人民利益的忠实代表。不论是前30年还是后20年，维护人民群众的历史主体地位始终是党的全部活动的出发点和归宿。

为了切实维护人民群众的主体地位，党在新中国成立后主要做了两件事情：一是保证人民群众当家做主的权利；二是根据人民群众的意愿和要求来制定各个时期的路线、方针、政策。就前者而言，新中国成立后，人民群众开始当家做主，自己管理自己的国家。为了维护人民当家做主的权利，党领导人民采取了一系列措施来巩固新生的人民民主政权。随后，制

---

① 《邓小平文选》，第3卷，264页，北京，人民出版社，1993。

定了新中国的第一部宪法，以国家根本大法的形式确立了人民当家做主的主人翁地位，确立了人民管理国家的根本制度就是人民代表大会制度。而在现实政治生活中，官僚主义和特权现象妨碍了人民群众当家做主权利的行使。正因为如此，党和毛泽东始终在严正地关注这一问题。因此，反对官僚主义在前30年的政治生活中占有重要的位置。这期间党内多次开展的整风都把反对官僚主义作为一个主题。十一届三中全会以后，党也始终关注着反对官僚主义的问题，并且在新形势下把反对官僚主义上升到反腐败的高度来认识，以维护人民群众的民主权利。同时，政治经济体制改革的总方向，也是为了发扬社会主义民主，健全社会主义法制，保证广大人民群众行使参政议政的权利。

就后者而言，人民群众作为历史的主体，他们的意愿和要求体现着历史的发展方向。党所能做的只有把人民群众的意愿和要求上升到路线、方针、政策的高度，以顺应历史发展的潮流。因此，党在社会主义革命和社会主义建设时期的政治路线，应是群众路线这一根本的政治路线的体现和反映。新中国成立后，迅速医治战争创伤，恢复国民经济，巩固人民政权，确立社会主义制度是全国的迫切意愿和要求。为了实现人民的这些意愿和要求，党发动了土改运动、镇压反革命运动、抗美援朝运动、"三反""五反"运动、农业合作化运动以及社会主义的三大改造，制定了过渡时期总路线。由于党制定的路线反映了人民群众的意愿和要求，并运用了群众运动这一斗争形式，使广大人民群众的积极性和历史主动性得到了充分发挥，取得了社会主义革命和建设的成就。十一届三中全会以后，党总结了过去的经验教训，把"人民拥护不拥护"、"人民赞成不赞成"、"人民高兴不高兴"、"人民答应不答应"作为制定各项方针政策的出发点和归宿。同时，党尊重群众的首创精神，不断地概括人民群众在实践中创造的新经验，据以丰富和发展建设有中国特色的社会主义理论和政策，取得了改革开放和社会主义建设的伟大成就。

新中国成立后，刚从旧社会解放出来的人民群众以前所未有的姿态投入到社会主义革命和国家建设之中。他们积极发挥自己的主动作用和创造精神，取得了社会主义革命和建设的伟大成绩。就是在"文化大革命"的十

北京师范大学史学探索丛书

年，人民群众也积极发挥自己的主体作用。他们以这样那样的形式反对林彪、"四人帮"的倒行逆施，为党结束"文化大革命"准备了深厚的群众基础。经过十一届三中全会以后的拨乱反正，人民群众的主动作用和创造精神表现得更为充分。尽管改革开放政策是由中国共产党提出的，但人民群众从来不是改革开放政策的被动接受者。他们创造的许多经验，如实行家庭联产承包责任制、兴办乡镇企业等，极大地推动了改革开放的深入发展。

诚然，前30年和后20年的关系非常复杂，上述的四个问题只是粗略地概括了两者关系的四个方面而已。因此，对于这个问题的研究，还有待学界的进一步努力。最后需要强调的是，对于新中国成立后的历史，我们应该本着历史唯物主义的立场、观点、方法来研究，尽可能地杜绝片面和偏见。只有这样，才有利于中华人民共和国史研究的健康发展。

从历史发展规律的角度认识改革
开放前后两个历史时期的关系

习近平总书记 2013 年 1 月 5 日在新进中央委员会的委员、候补委员学习贯彻党的"十八大"精神研讨班上的讲话中指出："我们党领导人民进行社会主义建设，有改革开放前和改革开放后两个历史时期，这是两个相互联系又有重大区别的时期，但本质上都是我们党领导人民进行社会主义建设的实践探索。""虽然这两个历史时期在进行社会主义建设的思想指导、方针政策、实际工作上有很大区别，但两者绝不是彼此割裂的，更不是根本对立的。不能用改革开放后的历史时期否定改革开放前的历史时期，也不能用改革开放前的历史时期否定改革开放后的历史时期。"[①]习近平总书记的这个讲话以马克思主义的立场、观点、方法，精辟地阐述了评价新中国成立后 60 多年历史的基本观点，辩证地强调了对改革开放前后两个历史时期关系的基本认识。讲话是对党的有关新中国成立后历史问题的科学认识和对党的"十八大"关于党的历史的科学论断的继承和发扬。

提出改革开放前后两个历史时期关系问题实质上是涉及历史评价问题和历史认识问题。中华人民共和国成立至今的 60 多年的历史是一个整体，在这个历史进程中体现的时代特点和时代主题是：中国共产党领导人民进行科学社会主义的实践，从而为实现中华民族伟大复兴和全面的现代化而不懈奋斗。在这个历史进程中，改革开放前后两个历史时期的关系是一个过程的两个阶段。这两个历史时期具有一致性，同时又有特殊性。认识这两个历史时期的关系，应该站在历史发展规律的高度去认识。可以有以下几个视角：

1. 近代以来中国追求民族独立、国家富强、人民幸福，实现人民当家做主和全面现代化的历史主题主导着这新中国 60 多年的历史发展。

北京师范大学史学探索丛书

---

① 《人民日报》，2013 年 1 月 6 日。

新中国自成立以来始终在为实现这一目标而奋斗着，两个历史时期一以贯之地在做着同样的事情。1954 年 9 月，毛泽东在一届全国人大一次会议开幕词中提出，要把我国建设成为"一个工业化的具有高度现代文化程度的伟大的国家"，"一个伟大的社会主义国家"。① 周恩来也提出把我国建设成为"一个强大的社会主义的现代化的工业国家"，"一个繁荣幸福的社会主义的工业国家"②的目标。当然，在前一个历史时期中，党和国家曾一度把工作重心放在阶级斗争上，对实现这一基本目标有所妨碍。改革开放以后，党的"十二大"更加明确地提出把我国建设成为"现代化的、高度文明、高度民主的社会主义国家"③的目标。这一目标到"十七大"时发展为把我国建设成为"富强、民主、文明、和谐的社会主义现代化国家"。党向全国人民提出的奋斗目标，尽管也在不断发展变化，但是，实现现代化，建立富强、民主、文明、和谐的社会主义国家的目标，其精神基本未变。

2. 坚持马克思主义中国化，探索社会主义建设的内在规律是 60 多年来始终坚持的一个方向。

新中国的历史是中国共产党以马克思主义为指导思想，带领人民在中国进行科学社会主义的实践的历史。在中国搞社会主义，是历史发展的必然。但是如何建设社会主义，社会主义建设的规律是什么？改革开放前后两个历史时期都在进行着这一探索，也取得了一些成果。后一个时期对前一个时期的探索和实践既有承继，也有发展，主体都离不开马克思主义中国化，如我们从新中国建立初期就确立的新中国的基本政治制度——人民代表大会制度、民族区域自治制度、多党派政治协商制度，一直在坚持和完善之中，由此确立了新中国的政治基础。从发展的角度说，改革开放时期提出社会主义市场经济理论对社会主义建设来讲就是一个发展。从国际

---

① 毛泽东：《为建设一个伟大的社会主义国家而奋斗》(1954 年 9 月 15 日)，见《建国以来重要文献选编》，第 5 册，461 页，北京，中央文献出版社，1993。

② 周恩来：《政府工作报告》(1954 年 9 月 23 日)，见《建国以来重要文献选编》，第 5 册，607、613 页，北京，中央文献出版社，1993。

③ 邓小平：《中国共产党第十二次全国代表大会开幕词》(1982 年 9 月 1 日)，见《邓小平文选》，第 3 卷，4 页，北京，人民出版社，1993。

共产主义运动的角度看，中国的社会主义建设特别是中国特色社会主义建设在探索社会主义建设规律方面提供了新鲜的、现实的实践经验。

3. 中国的发展变化与世界紧密相连，新中国 60 多年的历史发展与国际环境的演变有着紧密的联系。

新中国 60 多年的发展中所处的国际环境是复杂多变的，也是严峻的。帝国主义强权政治和霸权主义行径无时不在干扰、阻挠中国的发展和复兴，为此在两个历史时期中都曾有过奋争的历程，正是在奋争过程中，新中国确立了在国际上的大国地位。前一个时期发展"两弹一星"，以及历次捍卫领土主权的斗争，都为新中国大国地位的奠定打下坚实基础。后一个时期我国综合国力迅速提升，进一步为我国在世界上树立大国形象做出巨大贡献。同时世界发展变化也很快，中国的发展能否跟上这个步伐甚至引领这个趋势，是国际现实也是历史对新中国提出的问题，也是任务。60 多年中的两个时期都曾面对这样的问题。

4. 中国历史文化传统对当今社会产生重要影响，从历史上总结出来的一些带有规律性的问题仍然摆在我们面前。

当年毛泽东同志对民主党派提出的"历史周期律"问题作了回答。但此后这个问题仍是毛泽东同志长期思考的问题，他在寻找最有效的解决办法和途径，这当中当然有教训。后一个时期这个问题并没有完全解决，我们仍在探索之中。解决这个历史之问，走出这个周期律，从现实来讲仍然是非常必要的。与此相联系，有一个共产党执政的规律问题。两个时期都进行过探索，同样有成果，也有教训。

5. 生产力与生产关系、经济基础与上层建筑之间的矛盾运动，是主导 60 多年历史发展的基本规律，也是认识这段历史最为重要的一个视角。

对生产力与生产关系、经济基础与上层建筑之间的矛盾运动的认识和把握在这 60 多年中都有充分地体现，有成功，也有失误。新中国成立初期，生产力极端落后，党并未匆忙推行社会主义政策，而是实行新民主主义的政策，通过这种过渡走向社会主义。当旧的生产关系阻碍着生产力的发展时，如封建土地制度束缚农村生产力，党和政府则通过土地改革，打破了地主土地所有制，促进了农村生产力的快速提升。社会主义改造之后，形成了社会主义的经济模式。之后出现了超越生产力水平的"大跃进"和人民公社化运动，造成了损失。十一届三中全会以后，大胆突破了原有的模式，进行了改革开放，促进了生产力的又一次大的提升。

唯物史观强调，人类社会历史的发展是有规律可循的。在新中国60多年的历史上，毛泽东、邓小平、江泽民、胡锦涛以及习近平等几代领导人，在不同时期都强调过要把握客观规律、探究规律、遵循规律的问题。上述几个方面并不一定很全面。但是，从中可以看出新中国60多年的历史都在围绕着这些主要问题展开，都在找寻历史的规律。甚至可以说，新中国60多年的历史是对历史发展规律的探究、摸索的过程。我们认识历史现象、评判历史事件以及历史人物，脱离不了对历史规律的把握。在认识两个历史时期的关系时要把这两个时期放到对历史发展规律的角度去看待、去总结，注重从历史发展规律的角度去看问题，尤其注意考察两个历史时期分别对人类社会发展基本规律、社会主义建设规律、共产党执政规律、中国近代历史的发展演变规律以及世界历史发展演变规律等，是如何认识、如何探究、如何把握的，以其作为重要的观察点，避免做片面的、割裂的解读。同时还要坚持以唯物史观为指导去进行历史的宣传和教育。这样才能够对历史有一个实事求是的、客观公正的评价。

20世纪下半叶中国民众生活
的社会环境与基础

这里所说的 20 世纪下半叶，确切地说是 1949 年中华人民共和国成立以后的 50 年。这 50 年中国社会经历了社会制度的巨大变迁，处在由传统的社会向现代的社会、封闭的社会向开放式的社会转变的历史进程中。这期间整个社会的经济、政治、思想文化等诸多领域出现了新的情况，同时自然环境和物质技术条件也有改变。所有这些与 20 世纪下半叶中国民众的社会生活有着密切的关联，对民众生活的变化产生很大的影响。

一、自然地理环境

人是生活在自然之中的。人与自然的关系几千年来都是人们议论的话题。近代以来随着工业革命的开展，科学技术发展迅速，人类大肆向自然界索取，"人定胜天"的思想广为散播，结果造成生态环境恶化、自然资源渐趋枯竭，以致到了 20 世纪的后二三十年，人与自然的和谐发展成为国际社会讨论的紧迫问题。其实，中国古代哲人很早就提出了"天人合一"思想。何为"天"？中国古代哲学家对"天"的解释是多元的，既有抽象的解释，认为是"上帝"，又有具体的解释，就是自然的"天"。季羡林概括古代思想家的认识，提出"天"可以简化为"大自然"。[①] 人和自然之间如何相互适应？在 20 世纪下半叶的中国，这一问题依然是影响社会发展和民众生活的重大问题。

(一)自然资源

中国疆域广阔，资源丰富，有比较优越的光热资源，丰富的水资源和

---

① 季羡林：《人文地理学与天人合一思想》，见《自然·文化·人地关系》，2 页，北京，科学出版社，1999。

多样的矿产资源等。但是旧中国连年战乱，政局动荡，加之资源被掠夺和随意利用，以及几千年来人为因素的影响，我国森林资源匮乏，水土流失严重，旱涝灾害频繁。新中国成立以后，总体来说，丰富的自然资源为我国的经济文化建设提供了坚实的基础，然而，也出现了一些问题。

1. 土地资源。

我国国土幅员辽阔，陆地面积达 960 多万平方公里，在世界上居第三位，还有 300 万平方公里的海洋国土。我国土地资源十分丰富，绝对数量大。全国除了约 19％的沙漠、戈壁、雪山冰川无法开发利用，以及 7％左右的城市、工矿、交通用地外，其余的 74％的土地已被开发或可作为持续开发所用。我国的土地类型多样，主要有耕地、林地、草场、荒漠、滩涂等。受气候的影响，我国东南部地区雨水充沛，为主要农业和林业区；北方地区雨水偏少，为旱作农业区；西北部地区为大陆性气候，全年雨水稀少，为半干旱和干旱地区；西南青藏高原地区为高寒牧业地区。据统计，1949 年我国有耕地 14.7 亿亩。[①] 这之后，在国民经济恢复时期和第一个五年计划实施时期，国家加大了农垦力度，建立了一批商品粮生产基地，如太湖、洞庭湖、鄱阳湖流域、江汉平原、松花江流域等。还在江汉平原、河南南阳盆地、江苏盐城等地区建立棉花生产基地，在东北和内蒙古建立甜菜基地。到 1957 年，我国耕地面积约为 16.7 亿亩。此后的 20 年，尽管在经济建设中开垦荒地的数量在增长，如开发北大荒，但是由于工业交通建设、城市建设、国防工程、水利基础设施建设等方面的原因，耕地面积反而在缩小。1977 年，全国耕地面积为 14.9 亿亩，比 1957 年减少了 1.8 亿亩。改革开放以后，我国城乡经济文化等各项建设事业以前所未有的速度发展，对土地尤其是耕地的利用不断扩大，造成耕地面积呈递减的态势。据《国际统计年鉴》披露，1987 年，我国耕地面积为 95 888 千公顷，1990 年为 95 720 千公顷，1995 年为 95 100 千公顷，1997 年为 94 970 千公顷。

我国土地资源绝对数量大，但是由于新中国成立后的 50 年间人口增长

---

① 新中国成立后，我国长期未能建立科学的土地档案制度，所以耕地面积数字并不十分准确。这里的数字是根据新中国成立初期的土地改革和查田定户得出的数字。见《我国的自然资源及其合理利用》，6 页，北京，科学出版社，1985。

速度过快，使得我国人均土地资源的拥有量相对不足，大大低于世界平均水平。据 20 世纪 80 年代初的统计，全国人均土地面积不足 14 亩，而世界人均为 50 亩左右；全国人均耕地 1.5 亩，世界人均为 5.5 亩；全国人均林地 1.8 亩，世界人均 15.5 亩；全国人均草地 4.3 亩，世界人均 11.4 亩。我国多年来存在的一个基本国情是，在占世界陆地面积 7％的土地上要养活超过世界近四分之一的人口。这种情况还将会持续一个相当长的历史时期。所以说，我国长期存在着人地矛盾的严峻现实，这对于社会经济文化事业的发展，对于人们生活水平的提高都产生了一定的制约。

2. 气候资源。

光、热和水是气象的三大要素，是地球上万物生存的基本条件。像光照、热量、水分以及风等气候条件是大自然取之不尽、用之不竭的自然资源。它对农业、工业、交通运输和建筑业等都有着广泛的影响，尤其是农业。气候因素对农业生产起着关键性的作用。我国的气候类型复杂多样，由此形成的气候资源有以下特点：

第一，热量资源丰富。我国北起寒温带，南止赤道带，跨越 6 个热量带，跨越纬度达 50°。其中大部分地区位于冷暖适宜的中纬度地区。全部国土中寒温带占国土面积的 1.2％，青藏高原高寒气候区占 26.7％，其余 72.1％的地区处于温带和热带之间，温带占 25.9％，暖温带占 18.5％，亚热带占 26.1％，热带占 1.6％，赤道带占不足 0.1％。这种地理环境使我国的热量条件相对比较优越。夏季全国普遍高温，高于同纬度其他地区。夏季高温使我国喜温作物种植的北界远远超过世界上任何国家。如水稻的种植可以达到北纬 50°以北的黑龙江，棉花的种植可到东北南部地区。

第二，光能资源丰富。我国大部分地区的年辐射总量在 100～200 千卡/平方厘米，其分布趋势是西部高于东部，高原多于平原。我国境内日照时数大部分地区在 2000～3000 小时，分布趋势是由南向北递减。青藏高原是我国光能源最丰富的地区。

第三，降水量南北差异很大。我国东南部背依大陆，面临海洋，属于典型的季风气候，雨量充沛，年降水量在 400～2000 毫米，属于湿润、半湿润地区。西北部伸向亚欧大陆内部，属于温带大陆性气候，年降水量在

400 毫米以下，为干旱、半干旱地区。我国北方是夏雨冬旱，南方是夏多雨冬少雨。淮河以北地区雨季短而集中，是夏湿冬干的夏雨区，像华北、东北地区等地，7、8 两月雨量占全年的 60%～70%。长江中下游地区雨季长，但主要为春季梅雨区，7 月初至 8 月有一相对干旱期，入秋后又有秋雨。华南沿海地区雨季从 4 月底至 10 月中旬，前期 4、5 月为东南季风大雨期，6、7 月有一相对干旱期，8、9 月为台风期。西部高原地区干湿明显，雨季约从 5 月下旬到 10 月下旬。西北干旱地区则是全年少雨。

3. 水资源。

水资源主要分地表水和地下水资源。我国河流的总长度达 42 万公里以上，流域面积在 100 平方公里以上的河流大约有 5 万多条，其中流域面积在 1000 平方公里以上的有 1580 条，超过 10 000 平方公里的大江大河有 79 条，如长江、黄河、珠江、淮河、海河、黑龙江等。我国天然湖泊众多，面积在 1 平方公里以上的有 2800 多个，其中面积达 1000 平方公里以上的有 13 个。大型淡水湖主要有鄱阳湖、洞庭湖、太湖、洪泽湖、巢湖等；大型咸水湖主要有青海湖、纳木错湖、奇林湖等。由于我国降水量年内分配不均，造成河流径流的年内分配不均。夏秋多雨季节水量充足，甚至造成水灾，而冬春枯水季水量不足。同样由于降水量地区分布不均，水资源的分布不平衡，东南地区多，西北地区少。我国地下水资源总量约为 8288 亿立方米/年，相当于河川径流总量的 30% 左右①，但分布不均。北方 15 个省、市、自治区和苏北、皖北的地下水资源为 3000 多亿立方米/年，南方各省、市、自治区为 5000 亿立方米/年。

4. 森林和草场资源。

森林资源是以乔木为主体的植物群落。我国是世界上树种最多的国家之一，有木本植物约 7000 多种，其中乔木 2800 多种，经济林木 1000 多种。但是，我国森林面积小，分布不均。我国森林面积 1.28 亿公顷，人均 0.107 公顷，而世界森林面积约 40.49 亿公顷，人均约 0.8 公顷；我国森林覆盖率为 13.4%，而世界森林覆盖率为 31%；我国森林蓄积量为 108.68 亿

① 《中国地理概览》，311 页，北京，东方出版中心，1996。

立方米，人均约 9 立方米，而世界森林蓄积量约 3100 亿立方米，人均约 72 立方米。我国森林分布主要集中在东南部，少数零星分布在西北山地。

草场资源主要是指由禾草和类似禾草的植物构成的植被资源。草原和草甸是草场资源的两大组成部分。我国草地资源面积广大，约为 53 亿亩，居世界第三位。草原主要指温带半干旱气候条件下有旱生或半旱生草本植物组成的植被。我国草原的分布主要在东北西部、内蒙古、黄土高原北部，以及西北荒漠山地和青藏高原中部。由于我国草原大都分布在干旱和半干旱地区，优质牧草比重小，利用水平较低，且沙化、碱化、退化严重，是畜牧业发展的不利因素。

5. 能源资源。

能源是社会发展的原动力，它直接影响国民经济的增长。我国能源储量丰富。统计资料显示，1982 年经探明的煤炭储量达 7421 亿吨，1989 年达 9014.53 亿吨，1998 年达 10 070.7 亿吨，居世界第二位。我国煤炭资源分布广泛，煤质较好，品种较全，从烟煤到无烟煤以及石煤俱全。煤炭资源是我国的主要能源。1949 年，原煤年产量占能源生产总量的 96.3%。此后，这一比重随着国家能源建设的全面开展而有所下降（"大跃进"期间除外），1956 年为 95.3%，1962 年为 91.4%，1966 年为 86.4%，1978 年为 70.3%。1993 年我国原煤产量达 11.51 亿吨，居世界第一位。

我国石油资源的勘探和开发在 1949 年以前就已开始进行，但真正大规模的工作是在 20 世纪 50 年代以后。我国先后在塔里木盆地、准噶尔盆地、柴达木盆地、松辽盆地、渤海湾盆地等地，进行了大规模的地质勘探，探明一些具有巨大开发价值的油、气田，主要有：大庆油田、胜利油田、大港油田、任丘油田、辽河油田、克拉玛依油田、玉门油田等。其中大庆油田自 1959 年开始开发以来，改变了我国原油依赖进口的历史。此外在近海大陆架还发现了大型含油盆地。1978 年以来，我国原油年产量均超过 1 亿吨，1994 年达到 1.44 亿吨，居当年世界第 4 位。

水能资源在我国能源建设中占有重要的位置。新中国成立时，全国水利基础设施建设非常薄弱，全国只有水库 20 多座，小水电站 39 座，对水能资源的利用非常有限。随后，各级政府都设置了水行政管理部门，重视对水能资源的利用。新中国成立后，国家在许多河川上建设各种类型的水电站。截至 1998 年年底，全国的水电装机容量达到 6 506.5 万千瓦，占全国电力总装机容量的 23%。其中大型的水利设施有：新安江、三门峡、刘家峡、龙羊峡、青铜峡、葛洲坝、小浪底、三峡等。全国 2400 多个县（市）中，有 800 个县（市）建立以中小水电供电为主的水利系统，近 3 亿人口靠小水电供电，供电范围覆盖了我国 40% 的国土面积。①

此外，我国许多地区还具有丰富的地热能资源。据不完全统计，我国天然温泉和人工发掘的地下水资源有 2700 多处，遍布全国 32 个省、市、自治区。温泉主要集中分布在东部沿海诸省和西藏、滇西、川西等地，形成了胶辽—东南沿海地热带和藏滇地热带。胶辽—东南沿海地热带共有温泉 800 多处，温泉水温超过 90℃ 的有几十处，有的超过 100℃，如福州、漳州和汕头等地。藏滇地热带共有温泉千余处，现已发现的高于当地沸点的水热活动区就有近百处。西藏羊八井地热井在孔深 200 米以下获得了 171℃ 的湿蒸汽。云南腾冲火山区的温泉温度达到 105℃。

6. 矿产资源。

我国是世界上矿产资源种类比较齐全的国家。1949 年以前，我国矿产资源的勘探和开发已经具备一定的基础。但由于经济发展水平较低，探明的具有一定储量的矿产资源只有 18 种。1949 年以后，国家经济建设的发展趋势对矿产资源的开发利用有更高的要求。随之，国家下大力气进行了大规模的矿产资源的勘探开发。到 20 世纪 90 年代，我国发现的矿种达 162 个，探明储量的矿种有 148 个，矿区有 15 000 多处。我国有 20 多种矿产特别丰富，储量居世界前位，如黑色和有色金属的铁、锰、铜、铅、锌、铝、镍、钨、锡、钼、锑、锂、汞、金等；非金属的磷、硫、菱镁矿、石棉、石墨、云母、石膏、重晶石等。我国矿产资源尽管储量大，但是富矿少，贫矿多，伴生矿和共生矿多。这在一定程度上为开采和冶炼带来困难。

---

① 《中华人民共和国国史百科全书》，331 页，北京，中国大百科全书出版社，1999。

(二)生态环境状况

从一般意义上来说，环境是指人类以外的整个外部世界。《中华人民共和国环境保护法》指出："本法所称的环境，是指影响人类生存和发展的各种天然的和经过人工改造的自然因素的总体，包括大气、水、海洋、土地、矿藏、森林、草原、野生生物、自然遗迹、自然保护区、风景名胜区、城市和乡村等。"环境学将地球环境划分为四个领域，也就是所谓的"圈"，即大气圈、水圈、岩石圈(土圈)和存在于此三圈界面或交接带的生物圈。从人类的角度看，这四个圈都是人类生存与发展的环境。

环境问题是与国家经济发展、工业化水平、全球化的影响、社会历史因素、人们环境保护意识以及现行政治、经济决策密切相关的。1994 年由国务院公布的《中国 21 世纪议程——中国 21 世纪人口、环境与发展白皮书》把环境问题与社会、经济、资源等诸因素联系起来，提出："必须努力寻求一条人口、经济、社会、环境和资源相互协调的、既能满足当代人的需求而又不对满足后代人需求的能力构成危害的可持续发展的道路。"[①]国家提出这一具有现实意义和前瞻性的"可持续发展"问题，既反映了世界范围内环境保护"绿色"浪潮的趋势，又是我国社会经济发展的必然结果。

新中国成立以来的 50 年，我国生态环境状况前后有很大的变化，大体上有三个发展阶段：

1. 第一阶段：1949 年至 1972 年。

新中国成立后，国家开始进行大规模的经济建设。随着工业化的逐步展开，政府采取了一些措施来保护环境。第一个五年计划实施过程中，在确定 156 项大型工程项目时，注意了合理选址，一些项目定址在内地，减轻了对沿海城市的环境压力。在项目施工时，还考虑了风向、水源等因素，设置了防治污染的设施。这期间，国家加大对农田水利设施的投入，在长江、黄河、淮河、海河等流域兴建了大型水利工程，一定程度上抵御了自然灾害。自 20 世纪 50 年代初始，治理水土流失、抵御风沙水旱为党

---

① 《中国 21 世纪议程——中国 21 世纪人口、环境与发展白皮书》，1 页，北京，中国环境科学出版社，1994。

和政府所重视。1953 年 7 月，中央人民政府政务院通过《关于发动群众开展造林、育林、护林工作的指示》，指出："我国现有森林面积过小，木材资源贫乏。"指示认为，"开展群众性的造林工作是扩大木材资源、保证国家长期建设需要的首要办法，也是减免风沙水旱灾害、保证农业丰收的有效措施。"指示还对破坏森林的滥伐行为加以明令制止。[①] 此后，中共中央和国务院多次就扩大森林资源问题做出指示。值得注意的是，1954 年 8 月 27 日，中共中央转发中央林业部党组《关于解决森林资源不足问题的请示报告》给各地的指示，其中提出："造林事业是百年大计，不但关系工业建设，而且关系整个人民经济文化生活，关系土壤、气候、水流等自然环境的改变和农业的改造"，所以必须从长远着眼，应即开始有计划地造林。[②] 这表明这个时期党和政府对生态环境是十分重视的。但是，在 1958 年下半年掀起高潮的"大跃进"中，经济建设上出现了违背客观规律的种种做法，造成了环境污染和生态的破坏。为了大炼钢铁，大量森林被砍伐，造成水土流失的加剧。农业方面，为了增产粮食，在一个时期内盲目毁林开荒、围湖造田，不合理使用农药、化肥，造成土壤和作物污染，水土流失和水旱灾害严重。工业方面，建设项目盲目上马，工业废水、废气、废渣未得到有效治理，使得工业污染日益严重。那时，烟囱林立和浓烟滚滚成为工业发展的标志。但是，总体上看，20 世纪 50 年代到 60 年代末，我国大多数城市的水体和大气质量还是不错的。

2. 第二阶段：1973 年至 1978 年。

"文化大革命"中的 1973 年，在周恩来总理的倡议下召开了新中国成立以来第一次全国环境保护会议。会议提出了"全面规划，合理布局，综合利用，化害为利，依靠群众，大家动手，保护环境，造福人民"的环境保护工作方针和《关于保护和改善环境的若干规定》。会后，国务院批转了会议报告和规定，并且指出：对现有城市、河流、港口、工矿企业、事业单

---

① 中共中央文献研究室编：《建国以来重要文献选编》，第 4 册，296～301 页，北京，中央文献出版社，1993。

② 中共中央文献研究室编：《建国以来重要文献选编》，第 5 册，443 页，北京，中央文献出版社，1993。

位的污染，要迅速作出治理规划，分期分批加以解决，要在资金、材料、设备上给以保证。受当时的计划经济体制和对环境问题认识水平的限制，在20世纪70年代末以前，我国环境保护工作的重点放在了工矿企业的"三废"治理和综合利用上。此外还在各个城市开展了消烟除尘工作，对一些水域(如渤海、黄海、松花江、官厅水库、鸭儿湖等)进行了污染治理，取得了初步的成效。

3. 第三阶段：1979年至2000年。

1979年9月，我国颁布了新中国成立以来第一部综合性的环境保护基本法——《中华人民共和国环境保护法(试行)》①，把中国的环境保护方面的基本方针、任务和政策，用法律的形式确定下来。其后在此基础上又陆续颁布了许多重要的环境保护单行法规。这标志着我国环境保护工作开始了一个新的阶段。重视环境保护、走可持续发展的道路，成为改革开放的中国的一项基本国策。1992年8月，中国参加了联合国环境与发展大会，提出了中国环境与发展应采取的十大对策，明确指出走可持续发展道路是当代中国以及未来的必然选择。1994年3月，我国政府批准颁布了《中国21世纪议程——中国21世纪人口、环境与发展白皮书》，从人口、环境与发展的具体国情出发，更进一步提出了中国可持续发展的总体战略、对策以及行动方案。

20世纪的后20年，我国在防治工业污染、生态环境保护和重点城市环境治理方面开展了一些工作，取得了一定成效。

在工业污染防治措施上，一是通过调整产业结构、产品结构和结合技术改造，推行清洁生产，完成了一大批污染治理项目。化工、冶金、轻工、机械、电力、建材等行业积极推行清洁生产，加速技术改造，强制淘汰了一大批污染重、能耗物耗高的设备和产品，使工业生产连年增长，污染物排放量持续下降，效益逐年提高。二是加大了污染限期治理的力度。

北京师范大学史学探索丛书

---

① 该法经过10年的试行和实践，于1989年12月26日在七届全国人大常委会第十一次会议上审议通过，正式颁布。《中华人民共和国环境保护法》共分6章47条，分别为：总则、环境监督管理、保护和改善环境、防治环境污染和其他公害、法律责任和附则。

从 1978 年起，国家下达的两批 367 项限期治理项目及地方政府安排的 22 万项限期治理项目已经基本完成。三是大力推进节能降耗，提高废气、废水、废渣"三废"处理能力和综合利用率。"八五"期间（1991—1995 年），我国每万元国内生产总值能耗由 1990 年的 5.3 吨标准煤下降到 1995 年的 3.94 吨标准煤，累计节约和少用 3.58 亿吨标准煤，年节能率为 5.8%。1995 年，全国县以上工业企业废水处理率为 76.8%，燃料燃烧废气消烟除尘率为 88.2%，生产工艺废气净化处理率为 68.9%，工业固体废物综合利用率为 43.0%，工业"三废"综合利用产值为 190 亿元。

在生态环境保护方面，我国是以煤为主要能源的国家，全国烟尘排放量的 70%、二氧化硫排放量的 90% 都来自燃煤，大气污染比较严重，有些地区和城市还产生了酸雨并呈恶化趋势。对此国家采取发展洁净煤技术、清洁燃烧技术和征收二氧化硫排污费等政策、措施来控制酸雨。从 20 世纪 80 年代后期起，国家分别对本溪市、包头市的大气污染，白洋淀、淮河流域的水污染等区域和流域进行综合整治。1995 年国务院颁布了《淮河流域水污染防治暂行条例》，淮河流域水污染防治工作积极推进。为改善生态环境，从 1978 年起，国家先后确立了以保护和改善自然生态环境、实现资源永续利用为主要目标的十大林业生态工程，主要是："三北"（东北西部、华北北部、西北地区）防护林体系工程、长江中上游防护林体系工程、沿海防护林体系工程、防治沙漠化工程、淮河太湖流域综合治理防护林体系工程、珠江流域综合治理防护林体系工程、黄河中游防护林体系工程等。同时国家推行了"植树造林，绿化祖国"活动，把 3 月 12 日确定为全国性的植树节。经过 20 年的努力，我国造林数量稳步上升，到 20 世纪末，全国已成林人工林面积达到 3425 万公顷，占森林面积的 26.65%，成为世界上人工造林最多的国家。① 国家还加大了草场建设和治理草地沙化、退化的力度。据 1996 年《中国的环境保护》白皮书统计，全国飞播种草和人工改良草场累计面积达 1175.7 万公顷，草地围栏 833.3 万公顷。国家重点组织开

---

① 中国社会科学院环境与发展研究中心：《中国环境与发展评论》，第 1 卷，132 页，北京，社会科学文献出版社，2001。

展的 49 个草地牧业综合示范工程取得巨大成效，到 1994 年年底，累计完成人工种草 563.8 万公顷。[①] 此外，我国还加大了对海洋的保护，建立起若干海洋自然保护区。国家还通过建立自然保护区来保护国家级珍稀濒危动植物。至 20 世纪 90 年代中期，已有 612 种国家级珍稀濒危动植物被列为重点保护对象，其中野生动物 258 种和种群，植物 354 种。

城市环境综合整治方面，国家采取措施关闭、搬迁、治理了一批污染严重的企业，使部分地区的污染趋势得到缓解。北京市关闭了污染严重的首钢特钢南厂，消除了市区一大污染源。到 1995 年，全国建成烟尘控制区 11 333 平方公里，环境噪声达标区 1800 平方公里，增加公共绿地 4.9 亿平方米。杭州市中东河、成都市府南河、天津市海河、上海市苏州河、南京市秦淮河、南通市濠河等一大批城市河道经过大规模的整体改造，使城市水环境状况有所改善。全国城市居民用气普及率达 68.4%，城市污水集中处理率达 20%，城市垃圾粪便无害化率达 45.4%，城市建成区的绿化覆盖率达 23.8%。在 1994 年，北京市投资 151.3 亿元用于城市基础设施建设，其中 50 多亿元用于环境治理设施建设，先后建成了日处理 50 万吨污水的高碑店污水处理厂、大型的大屯垃圾转运站和阿苏卫垃圾卫生填埋场，使北京市的环境面貌从总体上有了较大改观。

尽管这 20 年间我国在环境保护方面做了大量工作，但是由于社会经济发展所产生的负效应，到 20 世纪 90 年代末，我国生态环境的总态势是：部分城市环境污染有所减轻，生态环境整体趋于恶化。[②] 这其中存在的两大主要问题是工业化和城市化带来的环境污染和与人类活动及贫困相关的生态破坏。

环境污染主要表现在：①水体污染严重，且仍在恶化。我国的主要流域和湖泊的水质，只有 26.9% 的断面可供人体接触或做饮用水源；七大水系的水质，淮河、松花江没有好转，长江个别地段恶化，而黄河、珠江、海河、辽河则正在恶化。据国家环保总局局长解振华通报的《1999 年中国

① 《中国的环境保护》白皮书，1996 年 6 月。

② 中国社会科学院环境与发展研究中心：《中国环境与发展评论》，第 1 卷，2 页，北京，社会科学文献出版社，2001。

环境状况公报》称，1999 年，全国工业和城市生活废水排放总量为 401 亿吨，废水中化学需氧量（COD）为 1389 万吨，废水排放总量比上年略有增加，生活污水及生活 COD 排放量首次超过工业废水及 COD 排放量。[①]
[②]城市大气污染程度有减缓之势，但还不稳定。城市二氧化硫的年平均值在 1994 年达到最高点以后开始下降；一些污染严重的城市如沈阳、北京等得到改善；总悬浮颗粒物及降尘污染稳中略降，逐步好转；与汽车相关的氮氧化物污染水平在北京、上海、广州等大城市上升明显。据《1999 年中国环境公报》称，在统计的 338 个城市中，33.1％的城市满足国家空气质量二级标准，6.9％的城市超过国家空气质量二级标准，其中超过三级标准的有 137 个城市，占统计城市的 40.5％。[②] ③固体废弃物污染由于城市生活垃圾迅速增加而日益严重。

生态破坏主要表现在：①土地退化速度不减。沙化土地面积不断扩大，我国强沙尘暴发生的次数由 20 世纪 50 年代的 5 次增加到 20 世纪 90 年代的 35 次，2000 年一年就超过了 10 次；水土流失呈发展趋势；可耕地减少土地利用强度加大，土地肥力衰退；土地酸化过程加速。②水生态平衡失调不断加重。河流断流，黄河断流天数从 20 世纪 70 年代平均每年 13 天增加到 20 世纪 90 年代的 93.6 天，1997 年达 226 天；湖泊萎缩，湿地破坏加剧；地下水位下降；冰川后退，雪线上升；近海环境持续恶化。③森林覆盖率有所上升，但由于天然林受到破坏，森林质量呈下降趋势。④生物多样性破坏加剧的势头尚未遏制。[③]

造成生态环境恶化趋势的原因是多方面的。其中有工业化发展过程中的必然因素，有政策上的失误，也有全球气候变迁的影响。这种趋势对经济、社会的全面发展产生明显的阻滞作用，已经成为当今人们的共识。我国正在下大力气加大对生态环境的保护力度，力争走"可持续发展"的道路，这是一个明智的选择。

---

① 《健康报》，2000 年 6 月 6 日。

② 《健康报》，2000 年 6 月 6 日。

③ 中国社会科学院环境与发展研究中心：《中国环境与发展评论》，第 1 卷，3、4 页，北京，社会科学文献出版社，2001。

（三）自然灾害

我国是各种自然灾害多发的国家，除了火山灾害外，其他的自然灾害在我国都有发生。在我国，自然灾害大致可分为以下几类：①气象灾害，包括干旱、雨涝、暴雨、热带气旋、寒潮、风灾、雹灾、暴风雪等；②洪水灾害，包括洪涝灾害和江河泛滥；③海洋灾害，包括风暴潮、海啸、海冰、海水入侵、赤潮等；④地震灾害，包括由地震引起的各种灾害以及由地震引起的次生灾害，如城市设施毁坏、水库决堤等；⑤地质灾害，包括崩塌、滑坡、泥石流、地裂、地面沉降、土地沙化、土地盐碱化等；⑥农作物灾害，包括农作物病虫害、鼠害等；⑦森林灾害，包括森林病虫害、鼠害、森林火灾等。

1949年新中国成立后，国家非常重视抗灾减灾工作，建立了一套比较完整的抗灾防灾体系，自然灾害造成的人员伤亡逐渐减少，人民生活有了基本的保障。但是，由于1949年以后的近30年国家的综合国力还比较低，科学技术水平比较落后，减灾能力提高缓慢，加之出现了"大跃进"这样违背客观规律的事情，造成国家在减灾上所发挥的作用受到制约。这期间我国的自然灾害仍然十分频繁，给我国社会经济发展和人民生活带来很大的影响。20世纪80年代初以后的20年，随着改革开放的进行，国力逐渐增强，科学技术得到发展，减灾能力不断提高，自然灾害造成的人员伤害和经济损失都呈降低的趋势。

总的来看，20世纪下半叶给我国经济、社会和人民生命财产造成比较严重损失的自然灾害，主要是气象灾害、洪水灾害和地震灾害。

气象灾害发生最为频繁，几乎遍布全国各地，对农业生产的危害最大，对工业生产和城乡人民生活影响也很大。我国旱灾十分严重。1959—1961年干旱遍及全国大部分地区，致使农业连年减产。1978—1983年又连遭旱灾。1978年全国大旱，农田受灾面积接近6亿亩，成灾面积2.6亿亩。寒潮对我国影响也很大。1954年12月至1955年1月，我国大部分地区出现寒潮。1955年1月，淮河流域最低气温降到$-18℃\sim-21℃$，长江中下游地区降到$-10℃\sim-15℃$，两广地区也降到$0℃\sim-3℃$。台风对我国东部沿海地区影响很大。1994年17号台风是1949年以来造成损失最大的一次。台风在浙江瑞安登陆时中心最大风力达 12 级以上，一日最大降水量达 620 毫米，同时大风、暴雨、大潮相聚，造成 1126 人死亡，4500 人受伤，直接经济损失达 177.6 亿元。洪涝灾害同样分布较广，破坏较强，常给农业生产、工业生产、交通运输、城镇安全和人民群众生命财产造成严重损失。1949 年以来的 50 年间，1950 年、1954 年、1963 年、1975 年、1985 年、1991 年、1994 年和 1998 年，我国都发生了比较严重的洪涝灾害。1991 年长江下游地区出现历史上罕见的特大洪涝灾害，仅江苏、安徽两省粮食损失就达 120 多亿公斤，经济损失达 500 多亿元。我国处在全球地震活跃的地带，破坏性地震发生频率很高，造成的灾害比较严重。尤其是对地震的预报预防难度极大，地震的突发性往往造成巨大的人员和财产的损失。1949 年以来，我国发生 7 级以上（含 7 级）地震 49 次，其中 8 级地震 3 次。全国地震基本烈度在 7 度及 7 度以上地区的面积达 312 万平方公里，占全国总面积的 32.5%。全国有 136 个城市位于 7 度和 7 度以上地震区，约占全国城市总数的 45%。[①] 此外，海洋风暴潮灾害、农林作物病虫害也对经济、社会造成较大的影响。有资料显示，1949—1998 年，我国自然灾害造成人员死亡的比例，地震灾害最高占 49%，其次是气象灾害和洪涝灾害占 45%，地质灾害和其他灾害分别占 4% 和 2%；自然灾害造成经济损失的比例，气象灾害和洪涝灾害最高占 71%，地震灾害、海洋灾害和农林牧生物灾害分别占 8%、7% 和 6%，其他灾害占 8%；自然灾害造成农作物受灾面积的比例，气象灾害和洪涝灾害的比例高达 88%，农作物病虫害占 9%，其他灾害占 3%。[②] 1949 年以后的 50 年间，全国每年有 1.5 亿～3.5 亿人口受灾，约占全国总人口的 25%～30%；严重灾年受灾人口达 4 亿以上，超过总人口的 1/3。1949—1998 年，各种自然灾害共造成约 61 万人死亡，平均每年死亡 12 200 人。1949—1998 年，各种自然灾害共倒塌房屋 1.8 亿间左右，平均每年约 350 万间，严重的灾年超过

① 范宝俊主编：《灾害管理文库·当代中国的自然灾害》，9 页，北京，当代中国出版社，1999。

② 科技部国家计委国家经贸委灾害综合研究组：《灾害·社会·减灾·发展》，38 页，北京，气象出版社，2000。

500 万间。全国每年有 20％～35％的农作物受灾，重灾年受灾面积超过 40％，每年因灾减产粮食 0.5 亿～1.0 亿吨。全国每年因各种突发性自然灾害造成的直接经济损失，按 1990 年可比价格计算，20 世纪 50 年代为 362 亿元，60 年代为 458 亿元，70 年代为 423 亿元，80 年代为 555 亿元，1990—1998 年为 1120 亿元。①

1949 年以后的 50 年间，有几次比较大的自然灾害给经济、社会和人民生活带来严重影响，在人们的记忆中留下了很深的印记。主要有：

1. 1954 年长江、淮河流域洪水。

这年汛期大气环流异常，从 5 月上旬至 7 月下旬，副热带高压脊线一直停滞在北纬 20°～22°附近。雨带长期滞留在江淮流域上空。长江中下游整个梅雨期长达 60 多天。6、7 两月大范围暴雨达 9 次之多。异常的强降雨造成长江中下游和淮河流域发生了近百年来罕见的特大洪水。长江汉口水文站 6 月 25 日超过警戒水位 26.3 米，7 月 18 日突破 1931 年最高水位 28.28 米。7 月下旬和 8 月上旬，由于洪水过大，为保证荆江大堤的安全，曾 3 次向荆江分洪区分洪，合计分洪量 122.56 亿立方米。在荆江分洪的情况下，沙市水位达到 44.67 米，城陵矶水位达到 33.95 米，汉口水位达到 29.73 米，湖口水位达到 21.68 米，均突破历史最高记录。7 月，淮河流域出现 6 次大暴雨，王家坝洪峰流量 9610 立方米/秒，蚌埠最高水位 22.18 米，超过历史最高水位 1.03 米，洪峰流量 11 600 立方米/秒。淮北大堤失守，堤防普遍溃决。② 此次洪水造成湖北、湖南、江西、安徽、江苏和河南等省的 167 各县(市)2000 多万人受灾，死亡人数 33 169 人。

2. 1959—1961 年大旱灾。

1959—1961 年三年间全国大部分地区发生了旱灾。1959 年 7 月至 9 月，在渭河、黄河中下游以南，南岭、武夷山以北地区普遍少雨，其中湖北、河南、陕西的关中和陕南、湖南北部、四川东部等地区旱情最重。随

---

① 科技部国家计委国家经贸委灾害综合研究组：《灾害·社会·减灾·发展》，39 页，北京，气象出版社，2000。

② 骆承政、乐嘉祥主编：《中国大洪水——灾害性洪水述要》，416～417 页，北京，中国书店，1996。

后华南出现严重秋旱，福建、广东等地 60 天无雨。1960 年受旱范围继续扩大，河北、河南北部、山东西部、山西、陕西关中、辽宁西部等地的冬小麦产区，冬春少雨，干旱一直持续到初夏。山东汶水、潍水等 3 条主要河流断流。黄河下游范县至济南段断流 40 多天。广东、海南旱情持续了 7 个月，云南、四川、贵州冬春连旱。1961 年干旱持续。河北、内蒙古东部和西部、东北北部、河南、安徽、江苏大部、甘肃、青海、陕西、湖北、四川、广东、广西和海南部分地区年降雨量偏少。① 三年连续干旱造成农作物受灾严重。据统计，1959 年全国旱灾受灾面积 50 710 万亩，成灾 16 760 万亩，成灾率为 33.1％；1960 年全国旱灾受灾面积 57 187 万亩，成灾 24 265 万亩，成灾率为 42.4％；1961 年全国旱灾受灾面积 56 770 万亩，成灾 27 981 万亩，成灾率 49.3％。② 严重的旱情使粮食产量锐减。1958 年全国粮食总产量为 20 000 万吨，1959 年降至 17 000 万吨，1960 年为 14 350 万吨，1961 年为 14 750 万吨。③ 由于旱灾，加之其他方面的原因，使得人民生活和社会发展出现了严重的困难，以致每年春荒人口达 1.3 亿～2.2 亿人。④

3. 1963 年海河流域洪水。

海河流域在这年 8 月初发生连续 7 天的大暴雨。暴雨中心河北省内丘县 7 天降雨量达 2050 毫米，雨量之大为我国大陆 7 天累计雨量最大记录。这场大暴雨强度大、范围广、时间长，海河南系漳河、卫河、子牙河、大清河和南运河等都爆发大洪水。京广铁路以东滏阳河干支流堤防溃决数百处，造成平地行洪。京广线以东滹沱河左岸在无极县附近漫溢。滏阳河河水与滹沱河河水合流。大清河、子牙河洪水越过京广铁路漫入平原地区，造成冀

———————————

① 范宝俊主编：《灾害管理文库·当代中国的自然灾害》，573 页，北京，当代中国出版社，1999。

② 范宝俊主编：《灾害管理文库·灾害统计资料汇编》，186 页，北京，当代中国出版社，1999。

③ 国家统计局编：《中国统计年鉴 1983》，158 页，北京，中国统计出版社，1983。

④ 科技部国家计委国家经贸委灾害综合研究组：《灾害·社会·减灾·发展》，76 页，北京，气象出版社，2000。

中、冀南和天津南部广大地区一片汪洋。京广铁路桥梁大部被冲毁，中断通车 27 天。此次洪水淹没农田 440 万公顷，减产粮食 30 亿公斤，倒塌房屋 1450 万间，受灾人口 2200 万余人，死亡 5600 余人，直接经济损失 60 亿元。[①] 经过各方大力抢险和适时调度，保住了天津市和津浦铁路的安全。

4.1976 年唐山大地震。

1976 年 7 月 28 日凌晨 3 时 42 分，河北省唐山、丰南一带发生强烈地震。据我国地震台网测定，这次地震震级为 7.8 级，震中烈度为 11 度，震中位于北纬 39.4 度，东经 118.1 度。由于地震事先未有预报，且发生在深夜，造成极其惨重的损失。拥有 100 万人口的唐山市顷刻之间化为废墟，周围地区 10 余个县市损失也非常惨重。这次地震造成 24.2 万人死亡，16.4 万人受伤或致残。唐山市区民用建筑破坏率高达 96%，工业建筑倒塌或严重破坏的占 70%～80%，城市基础设施被破坏的占 50%～60%。城市供水、供电、交通、通讯中断。地震时正在铁路上行驶的 28 列火车有 7 列脱轨颠覆。地震还波及周边省市。天津、北京两市也有强烈震感，并造成人员伤亡和财产损失。

5.1998 年长江流域、嫩江、松花江流域洪水。

这年入汛以来气候异常，全国大部分地区降雨明显偏多，部分地区出现持续性的强降雨，雨量成倍增加。自 6 月份起，长江流域出现 3 次持续大范围强降雨过程。长江发生继 1954 年以来第二次全流域性大洪水，先后出现 8 次洪峰。7 月份长江中下游主要站的洪量超过 1954 年，其中宜昌站 1215 亿立方米，比 1954 年多 45 亿立方米，汉口站 1648 亿立方米，比 1954 年多 120 亿立方米。长江干流宜昌以下河段全线超过警戒水位。宜昌以下 360 公里江段和洞庭湖、鄱阳湖的水位，长时间超过历史最高记录，沙市江段曾出现 45.22 米的高水位。与此同时，嫩江、松花江流域发生 3 次大洪水，来势之猛，持续时间之长，洪峰之高，流量之大，都超过历史最高记录。湖北、湖南、江西、安徽、江苏、黑龙江、吉林、内蒙古等

① 骆承政、乐嘉祥主编：《中国大洪水——灾害性洪水述要》，422 页，北京，中国书店，1996。

省区沿江沿湖的众多城市和广大农村，经济社会发展和人民生命财产安全都受到洪水的严重威胁。截至当年 8 月 22 日初步统计，全国受灾面积 3.18 亿亩，成灾面积 1.96 亿亩，受灾人口 2.23 亿人，死亡 3004 人（其中长江流域 1320 人），倒塌房屋 497 万间①，直接经济损失 2000 多亿元，许多工矿企业停产，长江部分航段中断航运 1 个多月，对生产建设和内外贸易造成很大影响。②

我国自然灾害频发，除了自然因素以外，还有社会经济的发展程度和社会生产力水平偏低，减灾防灾能力弱，人们环保意识落后等原因。自然界给人类带来了灾难，但同时人类的一些行为也在破坏自然界的平衡。人与自然的关系是"人定胜天"，抑或"天人合一"，这个问题恐怕还要经过一个时期人类才能彻底地认识清楚。

二、社会物质技术基础

人类社会的存在和发展，离不开物质资料的生产。这种物质生产活动是人类最基本的实践活动。人类一切社会活动都是以物质资料的生产活动为基础的。物质生产活动决定整个社会生活的面貌。

所谓技术，是指人类为实现社会需要而创造和发展起来的手段、方法和技能的总和。作为社会生产力的社会总体技术力量，包括工艺技巧、劳动经验、信息知识和实体工具装备，也就是整个社会的技术人才、技术设备和技术资料。技术的历史与人类的历史一样源远流长。随着人类社会的进步和科学的发展，技术的内涵不断得到充实。现代技术具有目的性、社会性、多元性的特点。其中社会性一方面体现在任何技术目的的实现必须有社会的需求，需要社会协作、社会支持，还要受社会多种条件的制约；另一方面体现在技术的不断创新和进步促进了社会的发展。

---

① 温家宝：《关于当前全国抗洪抢险情况的报告》（1998 年 8 月 26 日），载《人民日报》，1998 年 8 月 27 日。

② 朱镕基：《政府工作报告》（1999 年 3 月 5 日），载《人民日报》，1999 年 3 月 18 日。

(一)20 世纪下半叶中国社会的物质生产水平

新中国成立之初，党和政府着力恢复国民经济，随后开始第一个五年计划建设，由此在新的基础上展开了中国工业化的进程，希图为中国的现代化建立稳固的物质基础。这以后尽管曾出现过像"大跃进"这样违背经济规律的事情，造成一些挫折，但是从总体上来看，这 50 年间我国的综合经济实力有了巨大的发展。1952 年国内生产总值只有 679 亿元，到 1998 年达到了 79 395.7 亿元(见表-1)，扣除价格因素，年平均增长 7.7%，大大高于同期世界年平均增长 3% 左右的水平。到 2000 年，国内生产总值为 89 404 亿元，按现行汇率计算，国内生产总值突破 1 万亿美元。

表-1 主要年份国内生产总值表　　　　　单位：亿元

年份	国内生产总值	人均国内生产总值(元)	年份	国内生产总值	人均国内生产总值(元)
1952	679.0	119	1980	4517.8	460
1953	824.0	142	1984	7171.0	692
1957	1068.0	168	1986	10202.2	956
1962	1149.3	173	1988	14928.3	1355
1965	1716.1	240	1990	18547.9	1634
1966	1868.0	254	1992	26638.1	2287
1970	2252.7	275	1994	46759.4	3923
1976	2943.7	316	1996	67884.6	5576
1978	3624.1	379	1998	79395.7	6392

注：按当年价格计算。

资料来源：国家统计局编：《中国统计年鉴1999》，55 页，北京，中国统计出版社，1999。

农业方面，在农业资源状况并没有显著改善的情况下，保持了农业生产稳步发展，以占世界 10% 的耕地养活了占世界 22% 的人口。农业总产值 1949 年为 326 亿元，到 1978 年达到 1397 亿元，30 年间年平均增长速度为 4.1%；1978 年后的 20 年间年平均增长速度为 5%，1998 年达到 24 516.67 亿元。①农副产品的产量 50 年间有很大幅度的增长。从 1949 年到 1998 年，粮食产量由 11 318 万吨增加到 51 230 万吨，增长 4.5 倍；棉

---

① 国家统计局编：《新中国五十年统计资料汇编》，30 页，北京，中国统计出版社，1999。

花产量由 44.4 万吨增加到 450.1 万吨，增长 10.1 倍；油料产量由 256.4 万吨增加到 2313.9 万吨，增长 9 倍；糖料由 283.3 万吨增加到 9790.4 万吨，增长 34.6 倍；茶叶由 4.1 万吨增加到 66.5 万吨，增长 16.2 倍；水果由 120 万吨增加到 5452.9 万吨，增长 45.4 倍；猪牛羊肉由 220 万吨增加到 4598.2 万吨，增长 20.9 倍；水产品由 45 万吨增加到 3906.5 万吨，增长 86.8 倍。[①]

工业是 20 世纪下半叶我国国民经济中发展最快的产业。50 年间，我国建立了一套独立的、门类比较齐全的工业体系和国民经济体系。1949 年全国工业总产值为 140 亿元，1978 年为 4237 亿元，1998 年达到 119 048.2 亿元。[②] 我国在这 50 年间不仅对传统工业进行了改造，而且新建了一批新工业，如石油和天然气开采业，生产大型金属切削机床的通用机械制造业，生产矿山、发电、冶金、纺织、轻工设备的专用制造业，生产汽车、船舶、机车车辆、飞机的交通运输设备制造业等，能够生产大型精密高效能机床、现代通信设备、重型建筑机械、大型输变电设备、大型发电设备以及各种家用电器。50 年间我国重要工业产品产量有大幅度的增长，到 1999 年，煤炭、钢铁、水泥、化肥、棉布、电视机、洗衣机等产品产量位居世界第一。

表-2 主要年份工业产品产量表

年份	布（亿米）	丝（万吨）	机制纸及纸板（万吨）	食用植物油（万吨）	啤酒（万吨）	家用电冰箱（万台）	电视机（万台）	原煤（亿吨）	原油（万吨）	钢（万吨）	发电量（亿千瓦小时）
1952	38.3	0.56	37	98	——			0.66	44	135	73
1957	50.5	0.99	91	110	5	0.16		1.31	146	535	193
1966	73.1	1.18	209	149	9	0.54	0.51	2.52	1455	1532	825

---

① 国家统计局编：《新中国五十年统计资料汇编》，33～34 页，北京，中国统计出版社，1999。

② 国家统计局编：《中国统计年鉴 1999》，423 页，北京，中国统计出版社，1999。

年份	布(亿米)	丝(万吨)	机制纸及纸板(万吨)	食用植物油(万吨)	啤酒(万吨)	家用电冰箱(万台)	电视机(万台)	原煤(亿吨)	原油(万吨)	钢(万吨)	发电量(亿千瓦小时)
1976	88.4	2.28	341	148	30	2.12	18.45	4.83	8716	2046	2031
1978	110.3	2.97	439	177	40	2.80	51.73	6.18	10405	3178	2566
1984	137.0	3.76	756	382	224	54.74	1003.81	7.89	11461	4347	3770
1988	187.9	5.10	1270	480	656	757.63	2505.07	9.80	13705	5943	5452
1992	190.7	7.42	1725	661	1021	485.76	2867.82	11.16	14210	8094	7539
1997	248.8	8.25	2733	894	1889	1044.43	3637.24	13.73	16074	10894	11356

资料来源：国家统计局编：《新中国五十年统计资料汇编》，39～41页，北京，中国统计出版社，1999。

基础设施建设方面，50年间国家投入大量资金进行基础建设，从1949年到1998年，我国共完成基本建设投资72 046.3亿元。[1] 下面以交通运输和邮电行业来做一说明。

交通运输业方面，1952年全国铁路营业里程为2.29万公里，拥有公路12.67万公里，内河航道9.50万公里，民航航线1.31万公里，其中国际航线0.51万公里。到1965年，铁路营业里程为3.64万公里，公路51.45万公里，内河航道15.77万公里，民航航线3.94万公里，其中国际航线0.45万公里。到1978年，铁路营业里程为4.86万公里，公路89.02万公里，内河航道13.60万公里，民航航线14.89万公里，其中国际航线5.53万公里。1978年以后，在改革开放的大环境下，国家对交通运输基础设施建设的力度逐步增大。到1998年，铁路营业里程达到5.76万公里，其中电气化铁路的里程达1.3万公里；公路里程达127.85万公里；内河航道里程达11.03万公里；民航航线150.58万公里，其中国际航线50.44万公里。[2] 1978年以后，我国高速公路建设快速发展，到1998年年底，全

---

① 国家统计局编：《新中国五十年统计资料汇编》，7页，北京，中国统计出版社，1999。

② 国家统计局编：《中国统计年鉴1999》，502页，北京，中国统计出版社，1999。

北京师范大学史学探索丛书

国建成高速公路 8733 公里。1998 年以后，国家加大对基础设施建设的投资，到 2000 年年底，新增高速公路通车里程 10 230 公里。① 这样，我国在短时间内基本上建成国家骨干道路高速公路网。

邮政电信业方面，1952 年全国邮电局所有 43 753 处，邮路及农村投递线路总长度 110.74 万公里，长途电话电路 3777 路，电报电路 4460 路，长途电话次数 1628 万次，市内电话户数 29.53 万户。1965 年全国邮电局所有 43 787 处，邮路及农村投递线路总长度 349.28 万公里，长途电话电路 9913 路，电报电路 6955 路，长途电话次数 8869 万次，市内电话户数 77.11 万户。到 1978 年这一数字又有所增长，全国邮电局所有 49 623 处，邮路及农村投递线路总长度 486.33 万公里，长途电话电路 18 801 路，电报电路 8430 路，长途电话次数 18 574 万次，市内电话户数 119.15 万户。1978 年以后，特别是 20 世纪 90 年代初期以后，我国邮电事业发展迅速。邮政行业继续保持发展的态势。1998 年全国邮电局所达 102 225 所，邮路及农村投递线路总长度达 621.54 万公里。与此同时，电信行业借助科技进步的形势异军突起。长途电话电路数 1990 年达到 112 437 路，1998 年达到 1 576 483 路；长途电话次数 1990 年为 116 292 万次，1998 年达到 1 825 941 万次；市内电话户数 1989 年为 439.62 万户，其中住宅电话为 89.56 万户，1998 年这一数字剧增到 6259.81 万户和 4911.08 万户。② 电话这一最快捷方便的通讯工具走进了寻常百姓家。20 世纪 80 年代后期以来，无线寻呼、移动电话逐步发展。1987 年全国有无线寻呼用户 3.09 万户，1990 年达到 43.7 万户，1994 年达到 1033 万户，1998 年达到 3908.16 万户。移动电话 1988 年全国有 0.32 万户，1991 年达到 4.75 万户，1994 年达到 156.78 万户，1998 年达到 2386.29 万户。20 世纪 90 年代中期，我国互联网业开始发展，并迅速普及到社会各个方面。1995 年全国有互联网

---

① 《人民日报》，2000 年 12 月 31 日。

② 国家统计局编：《新中国五十年统计资料汇编》，54～55 页，北京，中国统计出版社，1999。

用户 7213 户，1996 年达到 35 652 户，1998 年达到 676 755 户。①

(二)20 世纪下半叶中国科技的发展

技术和科学有着密切的关系。技术的发明是科学知识和经验知识的物化，使可供应用的理论和知识变成现实。现代技术的发展，离不开科学理论的指导，技术已在很大程度上变成了"科学的应用"。然而，现代科学的发展同样离不开技术，技术的需要往往成为科学研究的目的，而技术的发展又为科学研究提供必要的技术手段。

从 20 世纪下半叶的国际形势看，科学技术的发展是日新月异，迅猛异常。科技已经在改变着我们的世界。我们的经济、文化、社会生活都出现了前所未有的变化。在国际上科技迅猛发展的时候，中国曾有一个时期处于与世界相隔绝的状态。即使是在这种历史条件下，科技工作者也通过刻苦努力在一些技术领域取得了重大成果。20 世纪 70 年代末以来的 20 多年，在继续保持科技创新的同时，我国大量引进国外先进技术，以此促进国内技术的革新和改造，这对我国社会经济发展产生了推动的作用。

1949 年新中国成立时，国家科技基础十分薄弱。当时全国仅有专门研究机构 30 多所，科技人员不超过 5 万人，反映时代科学技术水平的成果几乎没有。毛泽东在 1954 年曾说："现在我们能造什么？能造桌子椅子，能造茶碗茶壶，能种粮食，还能磨成面粉，还能造纸，但是，一辆汽车、一架飞机、一辆坦克、一辆拖拉机都不能造。"②这反映了新中国成立之初我国科技水平落后的状况。新中国成立伊始，国家对科学技术事业非常重视。1949 年 11 月，中国科学院正式成立。同时国家着手整合科研机构和高等院校的研究力量，为经济建设和社会发展服务。1952 年进行的高等院校院系调整，主要是为了适应国家建设的需要。高等工科院校通过调整基本上形成了重点专业比较齐全的体系，师范、农林、医药类院校有所增加。至 1953 年年底，全国共有高等院校 184 所，其中综合大学 14 所，工科院校 47 所，师范院校 34 所，农林院校 33 所，医学院校 32 所，少数民

---

① 国家统计局编：《中国统计年鉴 1999》，532 页，北京，中国统计出版社，1999。

② 《毛泽东文集》，第 6 卷，329 页，北京，人民出版社，1999。

族院校 3 所，其他院校 21 所。① 高等教育的发展一定程度上缓解了经济建设和社会发展所面临的人才短缺的局面。

从 1949 年到 1956 年，我国技术发展的总体思路是以苏联援建的 156 项工程项目为核心，通过技术引进来促进我国工业技术的战略布局和现代工业基地建设。按照苏联优先发展重工业的经验，我国在经济建设和技术引进方面偏重重工业领域，主要是钢铁、煤炭、电力、有色金属、机床、重型设备、汽车、拖拉机、飞机等。因此在技术科学方面这期间取得了一些成果。例如，钢铁生产技术方面，1950 年鞍钢试验成功冶炼含硅低于当时美国标准(生铁含硅量在 1.5% 以下)的炼钢用生铁，成为当时世界上少数几个具有这项技术的国家。20 世纪 50 年代我国还研制成功平炉厚层快速烧结炉底法、镁铝转炉顶、平炉用氧、混合炼钢、空气侧吹碱性转炉等工艺技术，提高了产量和质量。这些技术的应用极大提高了我国钢铁企业生产水平。航空工业方面，新中国成立初期我国主要从事飞机修理，从 1954 年起转向飞机制造。1954 年年初，南昌飞机制造厂开始试制苏制雅克—18 型初级教练机(中国称为初教 5 型)，7 月 11 日完成试飞，后投入批量生产。与此同时，沈阳飞机制造厂开始试制苏制米格—15 型歼击机(中国称为歼 5)。

1956 年是我国科学技术发展史上重要的一年。1 月召开的知识分子会议提出了"向科学进军"的号召。毛泽东在会上提出要搞"技术革命"。周恩来在会上的报告中除了阐述了知识分子政策外，还特别强调："现代科学技术正在一日千里地突飞猛进"，"人类面临着一个新的科学技术和工业革命的前夕"，"我们必须赶上这个世界先进科学水平"。"在社会主义时代，比以前任何时代都更加需要充分地提高生产技术，更加需要充分地发展科学和利用科学知识。"② 4 月，毛泽东提出了指导科学发展的重要方针——"百家争鸣"。所有这些举措都有助于我国科学技术事业迈向一个新的台阶。这年国家组织一批科学家制定了《1956—1967 年全国科学技术发展远

---

① 《中华人民共和国国史百科全书》，100 页，北京，中国大百科全书出版社，1999。

② 《周恩来选集》下卷，181～182、159～160 页，北京，人民出版社，1984。

景规划》。规划包括基础研究、应用研究和发展研究三大方面，确定了 12 项重点任务，具体是：原子能的和平利用；电子学方面的半导体、超高频技术、电子计算机、遥控技术；喷气技术；生产过程自动化和精密机械、仪器仪表；石油及其他特别缺乏的资源勘探、矿物原料基地的探询和确定；结合我国资源情况建立合金系统并寻求新的冶金过程；综合利用燃料和发展有机合成工业；新型动力机械和大型机械；黄河、长江综合开发的科学技术问题；农业的化学化、机械化、电气化的重大科学问题；危害我国人民健康最大的几种疾病的防治和消灭；自然科学中若干重要的基本理论问题。

　　1956 年以后，由于政治上"左"的思潮的影响，12 项科学技术规划的落实和科技的发展出现一些问题。1957 年的反右斗争扩大化挫伤了一部分知识分子的积极性。1958 年开始的"大跃进"运动，使违背科学规律的做法也渗透到科技领域。在三年困难时期，我国科技工作的发展很是艰难，加之苏联在 1960 年突然撤走在华专家、带走项目图纸，使我国科技工作陷入困境。在随后的国民经济调整时期，国家对科技政策也做了调整。1961 年制定了《科研十四条》，纠正了前一阶段的一些错误，使科技工作者的积极性高涨。到 1966 年"文革"发动前，我国科技事业取得了一些显著成绩。其中最引人注目的是核工业。1964 年 10 月 16 日，经过大批科技人员近 10 年的艰苦努力，我国成功地爆炸了第一颗原子弹。航天技术在一定程度上反映了一个国家现代科学技术综合实力。我国从 20 世纪 50 年代中期开始从事这一领域的研究。先是仿制苏联 P—2 导弹。在国家统一协调下，化工、冶金、电子、机械、建材等部门紧密配合研制出一批特种材料，一方面促进了航天工业的发展，另一方面对相关行业技术进步也起到了推动作用。1960 年 11 月，我国制造的第一枚近程导弹"东风一号"发射成功，同时探空火箭的研制也在进行。1960 年 2 月，T—7 型无控制探空火箭发射成功，这为我国此后进行的运载火箭、导弹和发射卫星技术的提高积累了经验。这期间另一项引起国际关注的科技成果是人工合成牛胰岛素。胰岛素是人和动物的胰脏中呈岛型的细胞群所分泌的激素蛋白质。国外科学家对胰岛素进行了长期的研究，但人工合成胰岛素却是一项十分复杂的技术。从 1958 年开始，中国科学院上海生物化学研究所着手研究人工合成胰岛素。同时，北京大学、中科院上海有机化学所等单位也开始从事这项研究。至 1965 年 9 月，上述单位的研究人员成功地合成了人工牛胰岛素。这一成果标志着人工合成蛋白质的时代的开始，也使得我国在这个领域的研究达到了世界先进水平。

20 世纪 50 年代末和 60 年代初，我国还自行研制出万吨级水压机。万吨水压机是重型机械制造工业的关键设备之一，它能够锻造 200～300 吨重的特大钢锭，为国民经济各部门，特别是发电、冶金、化学、机械和国防工业发展所必需，是衡量一个国家重工业水平的重要标志。1958 年，国家决定自行设计制造了两台 1.2 万吨级的水压机，一台由沈阳重机厂和第一重机厂共同试制，另一台由上海江南造船厂为主试制。东北的万吨水压机采用"三缸、四柱、铸钢件组合梁结构"。由于东北重工业基础雄厚，采用正规的生产方式制造。1962 年这台水压机制造完成，但因厂房没有及时建成，到 1964 年 12 月才在第一重机厂投入生产。上海的水压机的制造由于受当时缺乏特重型的铸钢、锻压、机械加工、热处理和起重运输能力的限制，只能采取一些特殊的方法。技术人员先是制造了一台同样结构的 1200 吨试验样机，在取得一批重要数据后，决定采用"六缸、四柱、厚钢板焊接结构的横梁"的方案。在克服了许多困难后，这台水压机于 1962 年 6 月试制成功。万吨水压机的制造成功提高了我国重型机械设备制造的水平，对工业建设和国防建设起了促进作用，同时也带动了其他相关产业的技术改造和创新，使我国机械工业，尤其是重型机械制造业与国际先进水平的差距逐步缩小。

从整体上看，到 1966 年"文化大革命"开始前，我国的科技水平与世界先进水平的差距在 20 年左右，一些领域已经接近甚至达到了世界先进水平。

"文化大革命"的 10 年，我国科技事业遭受严重挫折，我国与世界先进水平的差距又被拉大。即使在这样不利的条件下，我国科技工作者仍然克服各种困难取得了一些领域的科技成果。氢弹的试验成功和人造卫星的发射就是其中代表性的成果。在工程技术方面，这期间主要完成了南京长江大桥和葛洲坝水利枢纽的前期工程，并在工程中采用了具有世界水平的新技术。值得提出的是农业科技方面的籼型杂交水稻的培育和推广。

中国是农业国，又是人口大国。农业发展水平的高低关系到亿万人民的衣食温饱。20世纪下半叶，面对人口不断增长和耕地面积减少的尖锐矛盾，最有效的办法就是努力提高单位面积的粮食产量，从而提高国家的粮食总产量。这当中良种的选育和栽培是一个重要的途径。

20世纪50年代，我国已经开始进行农作物的良种选育，曾培育出"矮脚南特"、"广场矮"等水稻矮秆良种，提高亩产50～150公斤。我国水稻专家袁隆平从1964年开始致力于水稻雄性不育的研究。他在水稻抽穗期间，通过逐穗地观察获取了几株能够遗传的水稻雄性不育植株。经过精心栽培获得了一批稻种，这些稻种与其他水稻杂交培育出了雄性不育系。但这种品种特征参差不齐，唯一的办法是用野生稻种的雄性不育株做母本，通过边缘杂交，才能获得强大的遗传优势。1970年，经过艰苦的探查，袁隆平等人在海南岛发现了符合要求的野生稻，培育出新的不育株。接下来的问题是培育使不育系保持不育性状的"保持系"和能给不育系授粉，使之结籽，恢复雄性不育的"恢复系"。在国内相关单位联合攻关的情况下，1973年最终培育出了籼型杂交水稻。我国成为世界上第一个培育出水稻杂交优势品种的国家。1975年，这种水稻在南方试种成功，双季晚稻亩产达400～500公斤，三季中稻亩产500～600公斤，比相同条件下的其他良种增产2～3成。1979年后，籼型杂交水稻在全国大面积推广。之后，袁隆平又提出"两系法亚种间杂种优势利用"的发展概念，国家"863"计划据此将两系法列为重要项目，经项目组科技人员6年的刻苦研究，已掌握两系法技术，并推广种植，到2000年占水稻面积的10％，效果良好。1997年，他在国际"超级稻"的概念基础上，提出了"杂交水稻超高产育种"的技术思路，在种植实验中取得良好效果，亩产近800公斤，这为进一步解决大面积、大幅度提高水稻产量难题奠定了基础。在全国农业科技工作者的共同努力下，1976—1999年累计推广种植杂交水稻35亿多亩，增产稻谷3500亿公斤。到20世纪末，全国杂交水稻年种植面积2.3亿亩左右，约占水稻总面积的 50%，产量占稻谷总产的近 60%，年增稻谷可养活 6000 万人。①由此可见，杂交水稻技术的推广所产生的社会和经济效益是十分显著的。

1978 年召开了全国科学大会，这是新中国科技发展史上一次伟大的转折。此后在改革开放的进程中科学技术得到国家的高度重视。邓小平提出了"科学技术是第一生产力"的论断。20 世纪 80 年代中期以后，党和国家进一步提出科学技术要面向经济建设、经济建设要依靠科学技术的方针，科技体制进行了改革。20 世纪 90 年代，党和国家把握世界科技发展的新趋势，提出了"科教兴国"战略。我国在进一步加强基础科学研究的同时，有重点地开展了高技术领域的研究，在太阳能技术、生物工程技术、农业技术、航天技术、卫星通讯技术、超导技术、信息光电子技术、电子计算机技术等方面取得了一批重大成果。改革开放的 20 多年是我国科技事业发展的最好的时期，也是科技促进社会进步、经济发展最为显著的时期。下面择其要说明一二。

核能发电是利用铀或钍的原子核分裂来发电。1000 克铀裂变产生热量为 1.9×10^{10} 大卡，是 1000 克标准煤的 270 万倍。核电具有清洁、安全和成本低的优点。20 世纪下半叶世界上一些发达国家纷纷应用这项新技术。我国提出发展核电的设想是 70 年代初。周恩来指示要和平利用核能，搞核电站，并初步确定在浙江海盐县秦山建设第一座核电站。但由于种种原因，这个方案未能得到实施。1983 年 6 月，秦山核电站工程开始施工，并被列入国家重点建设项目。1991 年 12 月，秦山核电站正式投入运行，1995 年 7 月正式通过国家验收。秦山核电站是由上海核工业研究设计院等单位采用和借鉴国外先进技术自行设计建造的，其技术是在国际上已经成熟的压水堆反应堆。它以水作为减速剂，同时水吸收反应堆中的热量去加热蒸汽发生器中的水，再变成蒸汽去推动发电机发电。核电站建成后总装机容量为 30 万千瓦，年发电量达到 20 亿千瓦时，为缓解华东地区能源紧张状况发挥了重要作用。在秦山核电站建设的同时，我国运用中外合营、引进外资的方式，在广东大亚湾建设核电站。经过几年努力，1994 年 2 月

---

① 《人民日报》，2001 年 2 月 20 日。

我国首座具有世界先进水平的大型商业核电站——大亚湾核电站投入运营。这座核电站拥有两座 90 万千瓦的发电机组，总装机容量为 180 万千瓦。其所发电大部分输往香港，其余输往广东，这不仅有利于香港的繁荣与稳定，对广东的社会经济发展也产生了促进作用。

电子计算机自 1946 年在美国诞生以来，以其能够减轻人类的脑力劳动，提高人们处理信息的效率，进而促进社会物质生产的发展和给人们的社会生活带来巨大变化，成为 20 世纪下半叶世界范围内科技革命的主导内容。它由最初的电子管元件，发展为晶体管元件、小规模集成电路和大规模集成电路。20 世纪 90 年代中期以后更朝着智能计算机和光学计算机方向发展。我国计算机技术的起步较晚。1958 年和 1959 年相继研制成国内第一台小型电子管计算机"103"和大型电子管计算机"104"。这些计算机可以进行大量数据运算，可以应用于气象预报、大地测量、水坝应力分析、河床不稳定流和空气动力学等方面。1965 年，我国自行设计出每秒运算 5 万次的第二代晶体管计算机，并投入生产。1973 年我国第一台每秒运算 100 万次的集成电路计算机试制成功。这台计算机的制成标志着我国计算机技术的研制与开发进入到一个新阶段。1974 年，OJS130 多功能小型通用数字机研制成功，随后又有一系列小型机型和微型机型投入批量生产，由此带动了我国计算机技术的开发、生产和应用的发展。1983 年，由国防科技大学研制的每秒运算亿次的巨型计算机"银河"研制成功。这类巨型计算机具有巨大的数值计算能力和数据处理能力，能够解决科学计算、工程设计或数据处理中的诸多难题，应用范围很广。在此基础上，我国"银河"系列巨型计算机不断面世。1985 年"银河"仿真计算机研制成功。1992 年每秒运算 10 亿次的"银河—Ⅱ"巨型计算机研制成功。这标志着我国巨型计算机技术取得了新进展，缩小了与国外先进水平的差距。1997 年，"银河—Ⅲ"巨型计算机问世，它的运算速度达到每秒 130 亿次。在大型计算机技术不断发展的同时，微型电子计算机的发展也非常迅速。尤其是从 20 世纪 90 年代初以来，微型计算机的更新换代异常频繁。

在计算机应用方面，汉字能否通过西文字母的键盘输入是制约我国计算机技术应用和普及的重要问题。1983 年，王永民发明了汉字电子计算机处理的五笔字型技术，即王码。这项发明使中国人可以自如地使用母语来操控电子计算机。1985年，王选等人发明的激光汉字编辑排版系统，使中文报纸的编辑排版告别了铅字，进入了光电时代，实现了汉字印刷技术的革命。此外，计算机软件和互联网技术的开发和应用使社会生活更加丰富多彩。

三、政治文化环境

1949年10月1日中华人民共和国宣告成立，中国历史由此翻开了新的一页。新中国的成立结束了几千年来少数剥削者统治广大人民的历史，人民群众成为国家和社会的主人；结束了1840年鸦片战争以来中国任由帝国主义侵略、掠夺和奴役的历史，中国赢得了真正的独立、自主；结束了国家四分五裂、一盘散沙的局面，实现了祖国大陆的统一和国内各族人民的大团结。新中国的成立标志着新民主主义革命的胜利和半殖民地半封建社会的终结，中国进入新民主主义社会；标志着中国在20世纪中期获得了一次难得的社会经济全面发展的历史机遇。实现国家现代化，大力开展经济文化建设成为新中国成立后面临的主要任务之一。此后的50年，即20世纪的整个下半个世纪，中国的历史就是中国人民在中国共产党的领导下，从新民主主义过渡到社会主义，并在社会主义建设道路上取得了伟大成就，又经历了艰难曲折的历史。

社会的发展与政治、经济和文化有着极为密切的关系。一定意义上来说，20世纪下半叶中国社会的发展受政治导向的影响很大。在很长一段时间里，不仅是人们的社会生活，经济、文化、科学技术也与政治有着紧密的联系。因此，在这里首先把政治的环境加以叙述，随后再述及文化环境问题。

（一）政治制度

人民代表大会制度是新中国的根本的政治制度。实行人民代表大会制的问题，毛泽东在1940年《新民主主义论》中就明确提出。1949年9月，在新民主主义革命即将取得全国胜利的时候，中国共产党倡议在北京召开了由各阶层人民、各民主党派、各人民团体的代表参加的中国人民政治协商会议第一届全体会议。会议讨论了新中国的大政方针，通过了具有临时宪法作用的《中国人民政治协商会议共同纲领》。《共同纲领》规定："中华人民共和国为新民主主义即人民民主主义的国家"，"中华人民共和国的国家政权属于人民。人民行使国家政权的机关为各级人民代表大会和各级人民政府。各级人民代表大会由人民用普选方法产生之。""各级政权机关一律实行民主集中制。"①这样就确定了人民代表大会制度作为新中国根本政治制度的法律地位。但是，由于新中国成立初期社会、经济尚未稳定，不具备进行普选、召开各级人民代表大会的条件。按照《共同纲领》的规定，作为过渡性的措施，在中央由中国人民政治协商会议全体会议代行全国人民代表大会的职权；在地方由各界人民代表会议代行地方人民代表大会的职权。经过几年的酝酿和准备，在 1954 年 9 月召开了第一届全国人民代表大会第一次会议。会议通过了第一部《中华人民共和国宪法》，还通过了《全国人民代表大会组织法》、《国务院组织法》等重要法律。一届人大一次会议的召开标志着人民代表大会制度在中国正式确立起来。此后，经过几十年的发展，特别是在 1978 年实行改革开放以后，人民代表大会制度在我国政治生活中的地位更加重要，作用更趋完善。

依照宪法和相关法律的规定，中华人民共和国的一切权力属于人民，人民行使国家权力的机关是全国人民代表大会和地方各级人民代表大会。全国人民代表大会是最高国家权力机关，由各省、自治区、直辖市和解放军选出的代表组成(1997 年和 1999 年香港和澳门回归祖国后，两个特别行政区也有代表选出)。全国人民代表大会的常设机关是全国人民代表大会常务委员会。它向全国人民代表大会负责。地方各级人民代表大会是地方国家权力机关。省级(省、自治区、直辖市)、地级市(自治州、设区的市)、县级(县、自治县、不设区的市、市辖区)、乡级(乡、民族乡、镇)四个层次均设立人民代表大会。县级以上的地方各级人民代表大会还设立常务委员会。在人民代表大会制度下，人民代表大会在政权体系中处于核

---

① 中共中央文献研究室编：《建国以来重要文献选编》，第 1 册，2、4、5 页，北京，中央文献出版社，1992。

心地位。国务院(即中央人民政府)和地方各级人民政府,最高人民法院、地方各级法院和专门人民法院,最高人民检察院、地方各级人民检察院和专门人民检察院,都由同级人民代表大会及其常务委员会产生,对同级人民代表大会及其常务委员会负责并接受其监督。

中国共产党领导的多党合作和政治协商制度是新中国的一项基本政治制度。中国共产党领导地位的确定是历史的选择。在新民主主义革命时期,为了反对帝国主义、封建主义和官僚资本主义,中国共产党同各民主党派和无党派人士建立了合作关系。1948年年初,在人民解放战争取得节节胜利的时候,各民主党派公开宣布站在人民革命一边,同共产党一道为建立新中国而共同奋斗。1948年5月1日,共产党发出著名的"五一"号召,提出召开新的政治协商会议、成立民主联合政府。各民主党派领导人宣布接受共产党的领导,参与筹备建立新中国。1949年9月,共产党与各民主党派和无党派人士在北京举行了第一届中国人民政治协商会议,共同为新中国的建立做出了贡献。这标志着中国共产党领导的多党合作进入了一个新的阶段。新中国成立初期,大批民主党派的代表人士参与中央和地方各级人民政府的工作。在确定大政方针、经济文化建设以及统一战线的重大问题时,共产党同各民主党派进行协商和讨论。1956年4月,毛泽东提出共产党和民主党派要"长期共存、互相监督"的方针。共产党领导的多党合作作为一种制度被确定下来。但在1957年反右派斗争中,一些民主党派人士被错划为右派,多党合作制受到损害。在"文化大革命"期间,各民主党派的活动被停止,多党合作制遭到破坏。1978年中共十一届三中全会后,多党合作制重新走上健康发展之路。1982年中共"十二大"在"长期共存、互相监督"方针的基础上,增加了"肝胆相照、荣辱与共"的内容。1987年中共"十三大"把中国共产党领导的多党合作和政治协商制度同人民代表大会制度并列。1989年12月,中共中央经过与各民主党派协商,制定了《中共中央关于坚持和完善中国共产党领导的多党合作和政治协商制度的意见》。1993年在修订的《中华人民共和国宪法》中,把"中国共产党领导的多党合作和政治协商制度将长期存在和发展"一段话明确写入。这项制度的主要内容是:①中国共产党是社会主义事业的领导核心,是执政党；各民主党派是各自所联系的一部分社会主义劳动者和一部分拥护社会主义的爱国者的政治联盟，是接受中国共产党领导、同中国共产党通力合作、共同致力于社会主义事业的亲密友党，是参政党。②中国共产党坚持同各民主党派的长期合作，充分发挥和加强它们的参政、议政和监督作用。③民主党派参政的基本点是参加国家政权，参与确定国家大政方针和国家领导人选的协商，参与国家事务的管理，参与国家方针、政策、法律、法规的规定和执行。④中国共产党和各民主党派都以宪法为根本活动准则，在宪法范围内活动，受宪法保护；民主党派享有宪法规定范围内的政治自由、组织独立和法律地位。⑤人民政协是中国共产党领导的多党合作和政治协商的重要机构，是各民主党派、各人民团体、各界代表人物团结合作、参政议政的重要场所等。

20世纪下半叶在中国政治生活中存在的民主党派主要有 8 个，它们是：中国国民党革命委员会（简称民革）、中国民主同盟（简称民盟）、中国民主建国会（简称民建）、中国民主促进会（简称民进）、中国农工民主党（简称农工党）、中国致公党（简称致公党）、九三学社、台湾民主自治同盟（简称台盟）。各民主党派除了通过人民政协参政议政外，其他的方式还有共产党同各民主党派、无党派人士的民主协商会和座谈会；民主党派人士和无党派人士在各级人民代表、人大常委会和正副委员长（主任）中占有一定名额；在国务院和地方各级人民政府中担任领导职务；在教科文卫部门、工商企业、社会团体、学术团体中，凡有民主党派组织的单位，共产党的组织要与民主党派组织密切合作，共同搞好本单位的工作。

民族区域自治制度是在国家统一领导下，各少数民族聚居区设立自治机关、行使自治权的制度，它是新中国的一项重要政治制度。我国自古以来就是一个统一的多民族国家。1949 年新中国成立后，为了贯彻党和政府民族平等、团结互助的政策，从 1953 年起组织大量人力对我国的民族情况进行考察。经过 20 多年分阶段的工作，至 1979 年最终确认我国有 56 个单一民族。据 1990 年第四次人口普查的结果，我国总人口为 113 368 万人，其中汉族有 104 248 万人，占全国总人口的 91.96%。相对于汉族来说，人口较少的 55 个民族被称为少数民族。少数民族中，壮族人口最多，超过

1500 万；人口在 1000 万以下、100 万以上的民族有回、维吾尔、彝、苗、满、藏、蒙古、土家、布依、朝鲜、侗、瑶、白、哈尼等；人口在 100 万以下、10 万以上的民族有哈萨克、傣、黎、傈僳、佤、畲、高山、拉祜、水、东乡、纳西、柯尔克孜、土、羌等；人口在 10 万以下、1 万以上的民族有景颇、达斡尔、仫佬、布朗、撒拉、毛南、仡佬、锡伯、阿昌、普米、塔吉克、怒、乌孜别克、鄂温克、德昂、裕固、京、基诺等；人口在 1 万以下的民族有保安、塔塔尔、独龙、鄂伦春、门巴、珞巴、俄罗斯、赫哲等。我国少数民族在漫长的历史发展中，形成了本民族独特的社会、经济、文化。为了尊重各少数民族，保障各少数民族管理本民族内部事务的权利，坚持实行各民族平等、团结、共同繁荣的原则，中国共产党在新民主主义革命时期提出了民族区域自治的主张。1947 年 5 月 1 日，中国共产党在内蒙古建立了第一个相当于省级的民族自治区域——内蒙古自治区。新中国成立前夕通过的《共同纲领》明确规定："各少数民族聚居的地区，应实行民族的区域自治，按照民族聚居的人口多少和区域大小，分别建立各种民族自治机关。"[①]1954 年 9 月，第一部《中华人民共和国宪法》把民族区域自治制度用法律形式确定下来。随后的几年中，新疆维吾尔自治区（1955 年 10 月 1 日）、广西壮族自治区（1958 年 3 月 15 日，原称广西僮族自治区，1965 年更为现名）、宁夏回族自治区（1958 年 10 月 25 日）和西藏自治区（1965 年 9 月 1 日）相继成立。中共十一届三中全会以后，民族区域自治制度得到进一步完善和发展。1984 年 5 月，六届全国人大通过了《中华人民共和国民族区域自治法》。该法将新中国成立后 30 多年民族区域自治的经验用法律的形式确定下来，使民族区域自治制度更加规范化、制度化。按照法律的规定，民族自治的地方有三级：自治区、自治州、自治县。至 1997 年年底，全国建立自治区 5 个，自治州 30 个，自治县（旗）120 个。

根据民族聚居的不同，民族自治地方大体上有三种类型：第一，以一个少数民族聚居区为基础建立的自治地方，如西藏自治区、吉林省延边朝

---

① 中共中央文献研究室编：《建国以来重要文献选编》，第 1 册，12 页，北京，中央文献出版社，1992。

鲜族自治州、甘肃省张家川回族自治县等；第二，以一个人口较多的少数民族聚居区为基础，并包括一个或几个人口较少的其他少数民族聚居区所建立的自治地方，如新疆维吾尔自治区含有其他少数民族的 5 个自治州和 6 个自治县，广西壮族自治区含有其他少数民族自治县 10 个；第三，以两个或两个以上少数民族聚居区为基础建立的自治地方，如湖南湘西土家族苗族自治州、青海省海西蒙古族藏族哈萨克族自治州、云南省江城哈尼族彝族自治县等。建立民族自治的地方遵循的原则主要有：一是各民族自治地方是中华人民共和国不可分离的部分，自治地方的建立和自治权的实施必须在国家的统一领导下进行；二是民族自治地方的建立、名称的确定、区域界线的划分，都要同有关民族的代表充分协商，依法定程序报请批准；三是区域界限要保持相对稳定，一经确定，不得轻易变动，如需变动，要有上级有关部门和民族自治地方的自治机关充分协商拟定，报国务院批准。民族自治地方的自治机关包括自治区、自治州、自治县的人民代表大会和人民政府。民族自治地方的人民代表大会有权依照当地民族的政治、经济、文化的特点，制定自治条例和单行条例。民族自治地方的人民代表大会常务委员会中，应有实行区域自治的民族的公民担任主任或者副主任。民族自治地方自治区主席、自治州州长、自治县县长由实行区域自治的民族的公民担任。民族区域自治制度的实行保障了我国少数民族自主管理本民族事务的权利，有利于在中华民族大家庭中建立平等的、团结的民族关系，有利于维护国家的统一，有利于少数民族地区经济、社会、文化各项事业的发展。

(二)共产党执政的路线方针政策

1949 年新中国成立后，作为执政党的中国共产党以马列主义、毛泽东思想为指导思想，在中国进行社会主义革命和建设，使得中国社会经历了由新民主主义社会向社会主义的转变，十一届三中全会后又开始了改革开放的社会主义现代化建设。从 50 年发展历程看，党的路线方针政策处在正确思想指导的时候，国家的各项建设事业就会取得伟大的成绩，而路线方针政策出现"左"倾错误的时候，建设事业就会遭受挫折。总的来看，这 50 年党的路线方针政策的发展演变可以分为三个阶段。

1. 第一阶段：1949 年 10 月～1956 年 8 月。

按照中国共产党和毛泽东在新民主主义革命时期的理论探索，中国新民主主义革命取得胜利后所建立的新的社会，其性质是新民主主义社会，而不是社会主义社会。在新民主主义社会里，除了工人阶级作为领导阶级存在，农民阶级作为工人阶级的盟友存在外，也允许民族资产阶级和小资产阶级存在。这在《共同纲领》中有具体体现，即"中华人民共和国为新民主主义即人民民主主义的国家，实行工人阶级领导的、以工农联盟为基础的、团结各民主阶级和国内各民族的人民民主专政"。在新民主主义社会中有五种经济成分，它们是：国营经济、合作社经济、国家资本主义经济、私人资本主义经济和小商品经济。所以国家经济建设方针是"以公私兼顾、劳资两利、城乡互助、内外交流的政策，达到发展生产、繁荣经济之目的。"

新中国成立初期，为了巩固新政权，完成新民主主义革命遗留的任务，党和政府在全国范围内开展了几大政治运动，主要有：土地改革、镇压反革命、抗美援朝、"三反""五反"运动等。1950 年 6 月，中共七届三中全会提出在三年内实现国家财政经济状况基本好转的任务，以恢复由于多年战争所造成的国民经济困难的局面。经过全国人民的努力，到 1952 年年底，这一任务基本完成。

在中国实现社会主义，是中国共产党成立伊始就确立的奋斗目标，只是由于旧中国生产力发展水平十分落后，党和毛泽东才创造性地提出中国革命分两步走的战略，在新中国成立后搞一段时间的新民主主义社会，在条件具备时再向社会主义过渡。1952 年下半年开始，根据变化了的国内国际局势，党和毛泽东酝酿提出了过渡时期总路线，并于 1953 年正式向全国人民提出。它的基本内容是："要在一个相当长的时期内，逐步实现国家的社会主义工业化，并逐步实现国家对农业、对手工业和对资本主义工商业的社会主义改造。"这样过渡时期总路线成为了团结和动员全国人民共同为建设社会主义新中国而奋斗的新的纲领。

在过渡时期总路线的指引下，从 1953 年开始先后对个体农业、个体手工业和私人资本主义工商业进行社会主义改造。在农业方面采取引导农民走互助合作化的道路，从建立互助组，到初级农业合作社，再到高级农业合作社。高级社的普遍建立表明农业的社会主义改造基本完成。个体手工业也是采取互助合作的方式，建立手工业生产合作社以完成社会主义改造。对资本主义工商业的社会主义改造采取了两个步骤：一是把私人资本主义工商业引导到国家资本主义轨道；二是变国家资本主义经济为社会主义经济。在这个过程中采用了公私合营的形式，最终完成了对私人资本主义工商业的改造。

三大改造总体上来说进展是顺利的，但在 1955 年夏天开始出现了加快发展的倾向。此后经过一年半的时间，到 1956 年年底基本完成了社会主义改造，大大超过了原来预定的计划。社会主义改造的基本完成标志着我国实现了由新民主主义向社会主义的转变，社会主义的基本制度在我国建立起来了。中国由此进入到社会主义初级阶段。

2. 第二阶段：1956 年 9 月～1978 年 12 月。

1956 年 9 月，中国共产党举行了第八次全国代表大会。大会鉴于我国社会政治、经济、文化发生了根本的变化，提出了我国社会新的主要矛盾，认为由于社会主义改造已经取得决定性的胜利，我国无产阶级同资产阶级之间的矛盾已经基本上解决，国内的主要矛盾已经是人民对于经济文化迅速发展的需要同当前经济文化不能满足人民需要的状况之间的矛盾。党和人民当前的主要任务就是集中力量解决这个矛盾，把我国尽快地从落后的农业国变为先进的工业国。这个论断是根据新的时代的变化而提出的新任务，是正确的。在此前后，党和毛泽东对在中国如何进行社会主义建设进行了初步地探索，取得了一些可贵的成果。

但是由于对如何进行社会主义建设缺乏根本的认识，对社会主义的基本规律缺乏深刻的认识，随后的实践中出现了"左"的错误。其主要表现是：在经济建设上急于求成、急躁冒进，从 1958 年开始搞了三年"大跃进"和人民公社化运动，给我国经济和社会发展带来损害；在政治上，1957 年反右派斗争中犯了扩大化错误，进而强调阶级斗争，使得阶级斗争扩大化倾向日渐深入到党内，并对国内政治形势产生严重影响，中共"八大"提出的关于我国社会主要矛盾的论断被改变，重新强调阶级斗争是主要矛盾。

1961 年以后，针对国民经济严重困难的局面，党和国家强调实事求是、调查研究，采取措施对国民经济进行调整，通过贯彻"调整、巩固、充实、提高"的方针，到 1965 年使得国民经济调整的任务顺利完成。在 1964 年年底至 1965 年年初召开的全国人大三届一次会议上，周恩来代表中央明确提出：要在不太长的历史时期内，把我国建设成为一个具有现代农业、现代工业、现代国防和现代科学技术的社会主义强国。这是第一次向全国人民提出实现四个现代化的宏伟目标。

在国民经济调整的时候，1962 年 9 月召开的八届十中全会使党内阶级斗争扩大化的"左"倾错误再度发展。会后在全国部分农村和城市开展了社会主义教育运动。这次运动解决了一些干部作风和经济管理方面的问题，但由于把不同性质的问题看作是阶级斗争或阶级斗争在党内的反映，使不少干部受到冲击。运动中还提出运动的重点是"整党内走资本主义道路的当权派"的"左"的观点。这些错误的不断发展直接导致了"文化大革命"的发动。

1966—1976 年间发生的"文化大革命"是中国现代史上一段特殊的时期。1981 年中共十一届六中全会通过的《关于建国以来党的若干历史问题的决议》明确提出："历史已经判明，'文化大革命'是一场由领导者错误发动，被反革命集团利用，给党、国家和各族人民带来严重灾难的内乱。"从整体上看，"文化大革命"既不是任何意义上的"革命"，也不能简单地说是反革命，而是党的全局性的严重错误，和由此而引起的政治斗争，它没有也绝不可能带来任何社会进步。"文化大革命"给我国社会主义建设带来的损害是非常严重的。单从政治方面来看，一方面，它使得党、政府和群众团体等组织机构被搞乱了。"文化大革命"中，各级党组织和政府部门普遍被冲击、改组，各级党和政权机构陷于瘫痪和半瘫痪状态。党员一度停止了组织生活，各种群众团体也停止了活动。干部队伍和群众队伍被分成各种派别，互相对立。另一方面，它使得社会生活和正常的秩序被搞乱。宪法、法律、党章成了一纸空文。上至国家主席，下至基层干部、劳动模范、各界群众，可以任意被批、被斗、被抓、被整；党纪、政纪、军纪被废弛，规章制度被抛到一边，武斗不止，派仗不停，打砸抢成风；正常的生产秩序，工作秩序、学习秩序遭到了很大破坏，国家政治生活和社会生活陷于极不正常的状态。

3. 第三阶段：1978 年 12 月～2000 年 12 月。

1978 年 12 月，中共十一届三中全会召开。邓小平在会上作了《实事求是，解放思想，团结一致向前看》的讲话。会议在解放思想、实事求是路线的指导下，果断决策停止使用"以阶级斗争为纲"的口号，把党和国家工作重点转移到社会主义现代化建设上来，提出了改革开放的思想。以这次会议为标志，中国社会主义事业的发展进入一个崭新的历史时期，改革开放拉开序幕。

十一届三中全会以后，改革开放事业逐步展开。首先是进行农村改革，推广了家庭联产承包责任制，广大农民的生产积极性得到提高，极大地促进了农业生产的发展。乡镇企业异军突起，带动了农村经济的发展，也促进了整个国民经济的发展。在城市改革方面，主要进行了扩大企业自主权的改革，实行经济责任制，试行厂长责任制，克服企业吃国家"大锅饭"和企业内部吃"大锅饭"的现象。随着改革的进行，对外开放也有重大突破。1980 年中央决定在广东的深圳、珠海、汕头和福建厦门建立经济特区，引进外资和国外的先进技术和管理经验。改革开放只几年时间，经济取得较快速度的发展，人民生活得到明显改善。这表明改革开放政策初见成效。十一届三中全会以后，在思想、政治、组织等领域进行了全面地拨乱反正。这主要体现在对新中国成立以来党的历史进行了科学地总结。1981 年 6 月中共十一届六中全会通过了《关于建国以来党的若干历史问题的决议》。这个决议坚持实事求是的马克思主义思想路线，认为新中国成立后的 32 年成绩是伟大的，但其间也出现一些曲折，特别是像"文化大革命"这样的全局性的错误。决议还实事求是地评价了毛泽东的历史地位。决议的通过进一步统一了全党和全国人民的思想，对于推进改革开放和社会主义现代化建设具有重大的意义。

1982 年 9 月中共"十二大"召开。邓小平在会上提出"把马克思主义的普遍真理同我国的具体实际结合起来，走自己的道路，建设有中国特色的社会主义"。从此，"建设有中国特色社会主义"成为改革开放和现代化建设的旗帜。"十二大"以后，改革开放各项举措全面展开，我国社会经济文化有了较快的发展。1987年10月，中共"十三大"召开。这次大会提出了我国处在社会主义初级阶段的理论，并提出"一个中心、两个基本点"的基本路线。大会根据邓小平提出的设想确定了我国经济发展三步走的战略部署。这就是：第一步，实现国民生产总值比1980年翻一番，解决人民的温饱问题；第二步，到20世纪末，使国民生产总值再增长一倍，人民生活达到小康；第三步，到21世纪中叶，人均国民生产总值达到中等发达国家水平，人民生活比较富裕，基本实现现代化。

20世纪80年代末，原东欧一些社会主义国家发生动荡。我国在1989年春夏之交也发生了政治风波。在平息了这场风波之后，邓小平提出：党的十一届三中全会制定的路线、方针、政策没有错。我们原来制定的基本路线、方针、政策，照样干下去，坚定不移地干下去。1989年6月，中共十三届四中全会选举江泽民为总书记，形成了党的第三代领导集体。我国改革开放事业继续向前推进。

20世纪90年代初东欧国家发生剧变，苏联解体，国际社会主义运动出现低潮。在这个关键时候，邓小平在1992年年初视察了南方，发表重要谈话。他指出：党的基本路线要管一百年，动摇不得；计划多一点还是市场多一点，不是社会主义与资本主义的本质区别；社会主义的本质，是解放生产力，发展生产力，消灭剥削，消除两极分化，最终达到共同富裕。邓小平的谈话是在科学总结十一届三中全会以来的基本实践和经验的基础上，对长期困扰人们的重大理论作出了明确的解答，更进一步解放了人们的思想。1992年10月，中共"十四大"在认真总结改革开放14年来的实践的基础上，确立了邓小平建设有中国特色社会主义理论在全党的指导地位。大会还明确了我国经济体制改革的目标是建立社会主义市场经济体制。邓小平的南方谈话和党的"十四大"促进了我国改革开放事业向一个更新更高的目标前进。

针对1992年经济领域发生的过热现象，以江泽民为核心的党中央提出了加强宏观调控的一系列措施，同时把握抓住机遇、深化改革、扩大开放、促进发展、保持稳定的指导方针，既促进了经济的稳步、健康发展，又保持了政治和社会的稳定。

在 20 世纪行将过去，21 世纪即将到来的时候，如何把我国改革开放和现代化建设全面推向新世纪，是以江泽民为核心的党中央认真考虑的问题。1997 年 9 月，中共"十五大"提出"高举邓小平理论伟大旗帜，把建设有中国特色社会主义事业全面推向 21 世纪"。大会科学地概括了邓小平理论的基本内容，阐述了党在社会主义初级阶段的基本纲领，规定了我国跨世纪发展的战略部署。大会强调，公有制为主体、多种所有制经济共同发展，是我国社会主义初级阶段的一项基本经济制度；依法治国，是党领导人民治理国家的基本方略，是发展社会主义市场经济的客观需要，是社会文明进步的重要标志，是国家长治久安的重要保障。

党的"十五大"后，在发生亚洲金融危机、1998 年特大洪涝灾害等种种不利因素的情况下，党中央坚定地推进改革开放和现代化建设，成绩显著。2000 年年初，江泽民提出"三个代表"重要思想，这进一步回答了在改革开放和发展社会主义市场经济条件下，建设一个什么样的党和怎样建设党的问题，成为面向 21 世纪党领导人民向小康社会迈进的指导思想和精神动力。

(三)行政区划

行政区划是国家为便于行政管理而划分的区域。新中国成立后，在继承历史上传统行政区划的基础上，人民政府在不同时期对行政区划做了一些调整。

1949 年 10 月新中国成立前后，在中央人民政府统一领导之下，全国先后建立 6 个大区，分别是：东北、华北、西北、华东、中南、西南。这些大区除了华北人民政府在 1949 年 10 月 1 日中央人民政府成立后即行结束，其管辖省市由中央人民政府直接领导外，其余 5 个大区一方面是中央人民政府的派出机关，另一方面也是地方一级人民政府。1952 年设立华北、东北、西北、华东、中南、西南 6 个行政委员会，作为中央人民政府的派出机关，而不再是一级地方人民政府。1954 年 6 月 19 日，中央人民政府委员会通过《关于撤销大区一级行政机构和合并若干省、市建制的决定》，指出"国家计划经济的建设，要求进一步加强中央集中统一的领导"，为此撤销大区一级的行政机构。①

　　在大区之下是省级行政区。1949 年年底，全国共分 30 个省、12 个中央直辖市、5 个行署区、1 个自治区、1 个地方、1 个地区。华北区辖河北、山西、平原、察哈尔、绥远 5 省和北京、天津 2 直辖市；东北区辖辽东、辽西、吉林、松江、黑龙江、热河 6 省，沈阳、鞍山、抚顺、本溪 4 直辖市和旅大行署区；西北区辖陕西、甘肃、宁夏、青海、新疆 5 省和西安直辖市；华东区辖山东、浙江、福建、台湾 4 省和苏北、苏南、皖北、皖南 4 行署区及上海、南京 2 直辖市；中南区辖河南、湖北、湖南、江西、广东、广西 6 省和武汉、广州 2 直辖市；西南区辖贵州、云南、西康、四川 4 省和重庆市。此外，内蒙古自治区由中央直接领导，西藏地方政府于 1951 年和平解放后也由中央直接领导，一个地区指昌都地区。

　　1950 年，撤销了旅大行署区，设立旅大直辖市。撤销四川省，设立川南、川北、川东、川西 4 个行署区。1952 年，撤销平原省，其行政区划分别划归山东、河南、河北 3 省。撤销察哈尔省，其行政区划分别划归山西、河北 2 省。撤销苏北、苏南行署区，恢复江苏省。撤销皖北、皖南行署区，恢复安徽省。撤销川南、川北、川东、川西行署区，恢复四川省。南京市改为江苏省辖市。1953 年，吉林省长春市、松江省哈尔滨市改为中央直辖市，由东北行政委员会代管。1954 年，撤销辽东、辽西两个省，合并为辽宁省；撤销松江省，与黑龙江省合并为黑龙江省；撤销宁夏省，与甘肃省合并为甘肃省；沈阳、旅大、鞍山、抚顺、本溪、哈尔滨、长春、武汉、广州、西安、重庆等 11 个中央直辖市均改为省辖市。1955 年，撤销西康省，其行政区划并入四川省。撤销热河省，其行政区划分别并入河北省、辽宁省和内蒙古自治区。撤销新疆省，成立新疆维吾尔自治区。1958 年，天津由中央直辖市改为河北省辖市。撤销广西省，成立广西僮族自治区，后更名为广西壮族自治区。成立宁夏回族自治区。1959 年，解散西藏地方政府，由西藏自治区筹备委员会行使西藏地方政府的职权，1965 年西藏自

---

　　① 中共中央文献研究室编：《建国以来重要文献选编》，第 5 册，317 页，北京，中央文献出版社，1993。

治区正式成立。1967 年作为河北省辖市的天津市，恢复为中央直辖市。至此，全国有 22 个省、5 个自治区和 3 个直辖市，直到 1985 年年底未再有变化。1988 年 4 月，七届全国人大一次会议做出决定，撤销广东省海南行政区，成立海南省，管辖海南岛和西沙群岛、南沙群岛、中沙群岛的岛礁及其海域。1997 年 3 月，八届全国人大五次会议做出决定，重庆市成为中央直辖市。按照 1982 年 12 月五届全国人大五次会议通过的《中华人民共和国宪法》第 31 条"国家在必要时得设立特别行政区"的规定，1997 年 7 月 1 日和 1999 年 12 月 20 日，在香港和澳门先后回归祖国时，成立了香港特别行政区和澳门特别行政区。至此，全国有 23 个省、5 个自治区、4 个直辖市和 2 个特别行政区。

在省级和县级之间是地级行政单位，它包括地区、自治州、盟、行政区、省辖市（地级市）等。地区是省、自治区的派出机构，管理几个县、自治县和市，它不是一级地方政权。1975 年以前地区称专区，设专员公署。1981 年后，为了充分发挥中心城市和工业基地的作用，国家推行市管县的制度，许多地级市逐步替代地区，但仍有一些省份保留地区建制。截至 1998 年年底，全国有地级市 227 个，地区 66 个。自治州是我国少数民族聚居地区为实行民族区域自治而建立的省级和县级之间的行政区域。自治州设人民代表大会和人民政府，是一级政权机构，其下设有县、自治县、市。截至 1998 年年底，全国有自治州 30 个。盟是内蒙古自治区的地级行政区域，设人民代表大会和人民政府，是一级政权机构，其下设有县、旗、市。到 1998 年年底，共有盟 8 个。行政区是 1982 年 12 月五届全国人大五次会议通过的新宪法设立的行政区域，设有人民代表大会和人民政府，下分市、县、自治州。1984 年 5 月六届全国人大二次会议决定，设立海南行政区。海南建省后，行政区建制取消。

县级行政单位是我国地方二级行政区域，是地方政权的基础。县级行政单位包括县、市、区（地级市辖）、自治县、旗、自治旗、特区、工农区和林区等。县是我国的基础行政区域，截至 1998 年年底，我国有 1516 个县，县级市 437 个。自治县、旗、自治旗是我国少数民族聚居地区的行政区域。截至 1998 年年底，全国有自治县 117 个，旗 49 个，自治旗 3 个。

特区、林区均是在一些工矿企业、林业特别集中的地区设立的县一级行政区划，如全国有 3 个特区都在贵州，如六枝特区、万山特区，1 个林区在湖北，为神农架林区。

县级以下的基层行政单位是乡和镇，1960 年以前还曾设有区。1958 年实行人民公社化运动后，乡镇政权被人民公社替代。人民公社成为基层行政单位。1982 年 12 月五届全国人大五次会议通过的新宪法恢复了乡镇建制。在少数民族聚居地区还设有民族乡。

(四)文化环境

任何一个社会都是一个有机的整体，政治、经济和文化是这一整体中的三个组成部分。狭义概念上的文化是指社会意识形态以及与之相适应的制度和组织机构，它是经济和政治的产物。当一种新的社会政治制度建立的时候，一定会产生与之相应的新的文化。当然这种新文化不会凭空产生，它会在传统文化的基础上有所变化和发展，并对社会政治、经济以及人们生活产生影响。

新中国建立伊始，以马克思主义、毛泽东思想为指导的中国共产党对文化建设比较重视。1949 年 9 月 21 日，毛泽东在中国人民政治协商会议第一次全体会议的开幕词中说："随着经济建设的高潮的到来，不可避免地将要出现一个文化建设的高潮。中国人被认为不文明的时代已经过去了，我们将以一个具有高度文化的民族出现于世界。"①《共同纲领》更进一步指出："中华人民共和国的文化教育为新民主主义的，即民族的、科学的、大众的文化教育。人民政府的文化教育工作，应以提高人民文化水平、培养国家建设人才、肃清封建的、买办的、法西斯主义的思想、发展为人民服务的思想为主要任务。""提倡爱祖国、爱人民、爱劳动、爱科学、爱护公共财物为中华人民共和国全体国民的公德。""提倡文学艺术为人民服务，启发人民的政治觉悟，鼓励人民的劳动热情。"②上述规定提出了新中国文化事业的发展的方向。

---

① 《毛泽东文集》，第 5 卷，345 页，北京，人民出版社，1996。
② 中共中央文献研究室编：《建国以来重要文献选编》，第 1 册，10～11 页，北京，中央文献出版社，1992。

在 20 世纪 50 年代前半期，党和政府对文化事业进行了改革，主要涉及的方面有：①文艺改革，尤其是对旧戏曲进行了改革。毛泽东曾题词："百花齐放，推陈出新"，以此作为这项改革的指导方针。②教育改革。在学校中加强了思想政治教育，接收和改革了教会学校，大力推进工农教育，高等院校进行了院系调整，改革各类学校教育的课程设置、教学内容和方法使之适应新社会的需要。③在知识分子中进行学习和思想改造运动，以此在知识分子中树立无产阶级世界观等。在此期间文化思想领域进行了几次批判运动，如对电影《武训传》的批判、对俞平伯《红楼梦研究》的批判、对胡适派资产阶级唯心主义的批判和对胡风文艺思想的批判等。这些批判从出发点来说是好的，但方法上采用了政治批判的方式，难以做到客观和实事求是，结果产生了消极的作用。

1956 年年初，党和政府面对即将到来的大规模经济建设，召开了知识分子问题会议，认为知识分子的绝大多数已经成为"工人阶级的一部分"，号召开展"技术革命"，"向科学进军"。同年 4 月，毛泽东提出了著名的"百花齐放、百家争鸣"方针。这是指导社会主义文化科学事业发展的重要方针，它的提出极大地调动了文化思想和科技工作者的积极性，促进了文化事业的繁荣。但是，在 1957 年夏天开始的反右派斗争中，一批知识分子被错划成右派，挫伤了他们的积极性，给文化教育科学事业带来了消极的影响。此后，思想文化领域"左"倾思想蔓延，批判运动不断。20 世纪 60 年代初在调整时期，尽管对"左"的做法作了一些调整，出现了文艺创作的繁荣，但为时很短。1962 年后，在"阶级斗争为纲"的口号下，思想文化领域的批判运动一波未平一波又起，一批文艺作品和学术观点被批判，直至发动"文化大革命"。

"文化大革命"的 10 年是我国文化教育科学事业遭受严重挫折的一个时期。文学艺术家被批斗，甚至被迫害致死，大批国内外经典名著被付之一炬，学校停课闹革命，科研活动被迫停止，名胜古迹、珍贵文物被毁坏。与此同时，林彪、江青等人散布极"左"思潮，大行文化专制主义。文艺舞台上只剩下《红灯记》、《智取威虎山》、《沙家浜》、《红色娘子军》等"八个样板戏"，形成了八亿人民看八台戏的局面。

北京师范大学史学探索丛书

1978 年理论界开展了"真理标准问题的讨论"，随后中共十一届三中全会提出解放思想、实事求是的思想路线，促进了人们思想的大解放。文化思想界逐渐摆脱了长期"左"的思想的束缚，迎来了真正的"百花齐放、百家争鸣"的时期。文学艺术、科学教育、思想理论等各个方面的工作者努力创造新的符合时代需要的作品，弘扬传统文化中的优秀东西，学习和借鉴外国文化中的有益成分，开创了社会主义文化建设的新局面。在改革开放新的历史时期，尊重知识，尊重人才，尊重科学成为社会新的时尚。20 世纪 90 年代党和政府提出"科教兴国"战略，推动了教育科学文化事业向更高的水平发展。1997 年 9 月，中共"十五大"提出了社会主义初级阶段的基本纲领，其中建设有中国特色社会主义文化，就是以马克思主义为指导，以培育有理想、有道德、有文化、有纪律的公民为目标，发展面向现代化、面向世界、面向未来的民族的科学的大众的社会主义文化，建设立足中国现实、继承历史文化优秀传统、吸取外国优秀文化有益成果的社会主义精神文明。2000 年春，江泽民进一步提出"三个代表"的思想，其中把代表先进文化的前进方向作为衡量党的先进性的一个标准。这为全社会重视文化问题提供了一个有利的契机。总之，改革开放以来文化环境的改善促进了我国政治、经济的发展，社会向着更和谐、更文明、更现代化的方向前进。

1953—1978 年我国城镇职工
劳动生活的特征分析

在现代社会，随着经济文化的不断发展，劳动问题是人们给予更多关注的问题。劳动者的劳动生活状况如何直接反映了一个社会的进步程度。新中国成立后，社会制度的变迁和经济文化发展，使得劳动问题引起了社会和政府的关注。在经历三年国民经济恢复以后，我国进入了开始实施工业化的历史进程。其中在存续了 20 多年的计划经济体制下，在劳动问题上有许多以往所没有的新东西，就劳动者的劳动生活而言其自身的特征是明显的。分析这些特征有助于我们更好地研究计划经济时期的历史，尤其是这个时期社会生活的历史。

一、1953—1978 年城镇职工劳动生活的主要特征

城镇是有确定概念的。按照 1955 年 11 月国务院通过的《关于城乡划分标准的规定》，城镇是指设置市人民委员会的地区和县（旗）以上人民委员会所在地（有牧区流动的行政领导机关除外）；常住人口在 2000 人以上，居民 50％以上是非农业人口的居民区。此外，工矿企业、铁路站、工商中心、交通要口、中等以上学校、科学研究机关的所在地和职工住宅区等，常住人口虽不足 2000 人，但是在 1000 人以上，而且非农业人口超过 75％的地区，列为城镇型居民区。

1953—1978 年城镇职工的构成在不同的阶段是有变化的，但大体上可分成三类，即工人、机关干部和知识分子。1956 年社会主义改造基本完成，全民所有制单位职工为 2068 万人，集体所有制单位职工为 554 万人，

公私合营单位职工为 352 万人，另有私营企业职工 3 万人。① 这一年机关干部有 391 万人，知识分子有 447 万人。②

从 1957 年至 1978 年的 20 余年里，公有制成为我国社会唯一经济基础，其两种表现形式为全民所有制和集体所有制，而城镇职工也基本上划分为全民所有制职工和集体所有制职工两大部分。这个时期城镇职工的主体是从事各种体力劳动的产业工人，他们分布在国民经济的以下部门中，如工业、建筑业和资源勘探、农林水利气象、运输邮电、商业饮食业服务业和物资供销等。有资料显示，国民经济这些部门中的职工人数总和，1957 年为 2366 万人，1965 年为 3883 万人，1978 年为 7820 万人。③ 此外，全国各级机关团体干部人数 1957 年为 279 万人，1965 年为 293 万人，1978 年为 431 万人。在科学研究、文教卫生领域的知识分子人数 1957 年为 392 万人，1965 年为 651 万人，1978 年为 1069 万人。④ 由上可知，城镇职工中占绝对多数的是国民经济各个部门中的体力劳动者，所以，本文谈及的城镇职工更多是指的这些人。

城镇职工的劳动生活，其包括的内容主要有劳动就业、劳动收入、劳动保护、劳动保险和社会福利保障等方面。1953—1978 年的 20 多年间，我国城镇职工处在计划经济体制下，其劳动生活呈现出自身的特征，主要有以下几个方面：

1. 城镇职工劳动就业实行高度统一化管理，劳动者职业选择权利很小，但拥有能进不能出的“铁饭碗”制度的保障。

劳动就业是影响社会经济发展、社会安定的重要问题。新中国成立前夕，由于多年战争所导致的经济衰退和恶性通货膨胀，造成严重的失业问

---

① 国家统计局编：《中国统计年鉴（1984）》，111 页，北京，中国统计出版社，1984。

② 国家统计局社会统计司编：《中国劳动工资统计资料（1949—1985）》，6 页，北京，中国统计出版社，1987。

③ 国家统计局编：《中国统计年鉴（1984）》，113 页，北京，中国统计出版社，1984。

④ 国家统计局编：《中国统计年鉴（1984）》，113 页，北京，中国统计出版社，1984。

题。城市中失业人员达到 400 万人，而农村中处于破产状态的农民也有几千万人之多。为解决这一问题，人民政府统一实行了"包下来"的政策，即对原有旧的官僚资本主义企业人员、文教事业人员、没有重大问题的旧机关人员给予安置，分配工作。这一政策随后也扩展到了各类企业。① "包下来"的政策对随后以"一五"计划为开端的大规模经济建设中的劳动就业制度的形成产生重要影响。

计划经济体制从资源配置方面讲，主要包括统一的资本分配制度、统一的物资调配制度和统一的劳动力管理制度。劳动力的统一管理制度就是劳动力要素的计划管理制度。这一制度经过"一五"计划已经基本确立起来。其主要表现是：①企业用人权力逐步缩小直至全部取消。在实行"包下来"政策的同时，企业仍然拥有用人权力，对于合情合理的辞退职工，政府劳动部门是允许的。1954 年以前，中央实行统一政策指导，各大行政区各自管理。这时，国有企业或私营企业都可以在国家政策允许的范围内，根据企业发展自行增减职工。1954 年大行政区撤销以后，劳动管理权逐渐集中到中央，企业不再拥有辞退职工的权利。1957 年，国务院发出《关于劳动力调剂工作中几个问题的通知》，企业用人权利的自主性最后终结。②劳动力招收和调配实行"统一管理、分工负责"的原则。1955 年以前，尽管在全国实施了招工统一介绍的措施，但政府劳动部门实行"介绍就业与自行就业相结合"的方针，对企业招工并未统得过死，企业仍可以在一定范围内自主招工。1955 年 5 月，劳动部第二次全国劳动局长会议确定了全国劳动力统一招收和调配的原则，即"统一管理、分工负责"，也就是：劳动部门统一管理，企业主管部门分工负责。具体做法是：企业招用工人和技校学生必须统一通过劳动部门进行；企业之间劳动力的余缺调剂主要由主管产业部门在本系统内进行，但为避免相向调动和远距离调动所造成的浪费，则由地方劳动部门进行地区平衡调剂；在劳动力平衡计划方面，各部门和各地区根据国家批准的劳动计划，编制本部门、本地区的年

---

① 1952 年 2 月政务院通过关于劳动就业问题的决定，规定：不论公私企业对于因劳动生产率提高而富余的职工，均采取包下来的政策，原单位仍应发给工资，不得解雇。

度劳动力平衡计划，劳动部门进行部门间、地区间的劳动力调配。上述原则实施的结果形成这样的局面，一方面，企业和机关事业单位不再有自主的招工、用工的权限，劳动力的调配同由劳动部门掌握。另一方面，企业和机关事业单位不得不按规定私自或随便辞退职工。职工无形中拥有了未规定工作期限的"固定工"的身份，拥有了"铁饭碗"。

"铁饭碗"是我国计划经济时期劳动就业制度中的突出的特征。这个制度的形成在计划经济建立初期有它的一定必然性，但它也有很大的缺点。企业和职工被牢牢地绑在一起，职工的个性不能得到很好地发挥，只能吃"大锅饭"；另外没有专长、表现懒惰的职工又乐于吃"大锅饭"。而作为企业，没有自主的用人权力和工资额度的确定权，不能在生产活动中最大限度地发挥人的积极性，妨碍了企业生产效能的提高。

2. 城镇职工的劳动收入几经变化，形成了一个统一的工资制度，但整体工资收入处在低水平上。

新中国成立前后，为了稳定物价，维护社会的安定，保证职工基本生活，各地多以实物作为计算工资的单位。① 由于各地工资制度不统一，因此 1951 年至 1953 年全国各地区先后展开工资改革，主要是进行地区调整，推行八级工资制和计件工资制。1955 年 8 月 31 日，国务院发布命令，决定自 1955 年 7 月份起国家机关实行供给（包干）制的人员，一律改为工资待遇。之后，企业单位随之改行货币工资制。

1956 年 6 月 16 日，国务院通过《关于工资改革的决定》，对企业（包括国营企业、供销合作社企业、全行业公私合营前的公私合营企业）、事业和国家机关的工资制度进行了一次全国性的改革，规定从 1956 年 4 月 1 日起实行新的工资标准。此次工资改革的主要内容有：①取消工资分配制度和物价津贴制度，实行直接以货币规定工资标准。根据各地区发展生产的需要、物价水平的高低和现实工资状况，确定了全国 16 个不同的工资区类别和 11 类工资区工资标准，每类工资区的工资标准相差幅度在 3% 左右。

---

① 如北京用"小米"，天津用"小米"和"玉米面"，上海用"折实单位"（每个折实单位代表：中白粳米 1.56 市斤、十二磅龙头细布 1 市尺、生油 1 两、煤球 12 两）。

②改进工人的工资等级制度，工人仍然实行八级工资制，适当地扩大高等级工人和低等级工人之间工资标准。③改进企业职员和技术人员的工资制度。企业职员和技术人员的工资标准，应该根据其所担任的职务进行统一规定。④推广和改进计件工资制。⑤改进企业奖励工资制度等。①

1956年工资改革在普遍较大幅度的提高了职工工资的基础上，确定了我国在计划经济体制下一套比较系统的工资制度。这个制度主要参考借鉴了苏联的经验，对于国民经济各部门以及教科文卫和国家机关社会团体的各类人员的工资标准做出了具体的规定，纠正了此前存在的工资制度混乱和不合理的状况。在这一工资制度下，我国城镇所有劳动者按照按劳分配的原则，能够得到比较有保障的劳动报酬。但是这次工资改革也存在缺点，主要是：企业工人的八级工资制，级别少，级差大，工资标准偏低，而企业干部实行职务工资制，分类过多，工资标准过高。针对这种情况，从1957年以后到1978年改革开放前的20年，对工资制度进行过一些调整和改进。总的来看，这20年我国职工工资收入呈现一种起伏的状况。

3. 劳动强度问题得到政府的关注，职工的劳动时间和休假制度有相应的法规保障，但对劳动强度缺乏科学的界定标准。

1949年以后，劳动者的社会地位有了很大的提高，国家对于尊重劳动者的权益，保护劳动者的切身利益的问题是比较重视的。在计划经济时期，劳动部门和工会组织从维护劳动者劳动权益的角度出发，制定了一系列规章制度，给予劳动者以劳动保护，其中降低劳动强度要求、对劳动强度大的工种予以特殊照顾是这个时期惯常的做法。20世纪50年代，各地工业部门开展了各种劳动生产竞赛，这一方面促进了生产的发展，但另一方面也带来了劳动强度过大造成劳动者发病率增高的现象。1952年10月，全国总工会在一份报告中提出个别企业在生产中规定过高的生产额和重罚轻奖制度，使得工人疲劳过度、发病率高。如石家庄纺织公司病号达全厂

---

① 中共中央文献研究室编：《建国以来重要文献选编》，第八册，374～376页，北京，中央文献出版社，1994。

工人总数的 50％；锦州陶瓷厂 1400 人中，在 6 月 20 日就有 104 人患肠炎。① 对此，中共中央要求厂矿负责人和工会部门注意职工的安全卫生问题。对于一些劳动强度大的生产部门，像矿山企业，国家要求降低工人的劳动强度，井下作业工人采用 6 小时工作制，以便使身体得到休息。同时对于劳动者中劳动强度大，特别是从事繁重体力劳动以及特殊行业的人员，一般采取提前退休的办法对待。

总的来看，在 1978 年以前的 20 多年里，我国劳动者的劳动强度问题引起了国家的重视。但是却始终缺乏一个界定劳动强度高低的科学标准。直到 1978 年以后，随着劳动法规制定的逐渐规范化，对劳动强度的科学分级才提到议事日程上来。

职工劳动时间的长短一定程度上反映了劳动强度的大小，它直接影响到职工的根本利益。劳动者拥有劳动的权利，也拥有休息的权利。为了进一步保护职工的切身利益，1952 年 8 月 6 日，政务院公布《关于劳动就业问题的决定》，规定："一切较大的工矿交通运输企业均应尽可能实行八小时工作制"；有害健康的工作，每日工作的时间还应短于 8 小时。政务院的这项决定在大多数国营企业中得以落实。但由于国民经济恢复时期存在着多种经济成分共存的实际情况，尤其是私人资本的存在，造成实际生产活动中劳动时间的差异。总体上讲，国营企业职工劳动时间要少于私营企业职工劳动时间。此后，我国工矿企业和所有行政事业单位一律把劳动时间确定为 8 小时工作制。对于特别繁重的或有害健康的工作，如矿山、化工等，则实行 7 小时或 6 小时工作制。从新中国成立初期开始，我国实行每周 6 天工作制，按照每天工作 8 小时计，每周工作时间为 48 小时。这一做法一直保持到 20 世纪 90 年代初。

4. 职工的劳动保护和职工的身心健康为国家和社会所重视，制定了相关的法规，但在个别时期仍存在忽视劳动保护的现象。

保障劳动者在生产中的安全和健康是新中国成立后党和人民政府十分

---

① 中华全国总工会办公厅编：《建国以来中共中央关于工人运动文件选编》上册，41 页，北京，中国工人出版社，1989。

重视的问题。《共同纲领》第 32 条明文规定："逐步实行劳动保险制度。保护青工女工的特殊利益。实行工矿检查制度，以改进工矿的安全和卫生设备。"[1]1954 年通过的第一部《中华人民共和国宪法》，在确认公民有劳动的权利的同时，规定国家要逐步"改善劳动条件"。从这个时候开始，国家相继出台了一系列有关劳动保护的法规和条例，使劳动者的劳动保护不断得以加强。

安全技术方面，1956 年 5 月 25 日国务院全体会议第 29 次会议讨论通过了有关劳动保护和安全生产的 3 个规程：《工厂安全卫生规程》、《建筑安装工程技术规程》和《工人职员伤亡事故报告规程》。这三个规程是新中国成立后首次以国务院的名义发布关于职工安全生产的文件。它集中了新中国成立后几年劳动保护方面的经验，对于进一步改善劳动条件，加强劳动保护工作，有重大的意义。这以后，国家有关部门又先后制定了相关的政策和法规，对建立安全生产责任制、编制安全技术措施计划、加强安全生产教育、搞好安全生产的定期检查、伤亡事故的调查处理等做出了明确规定。

劳动卫生方面，继 1950 年 5 月劳动部制定了新中国第一个有关工业卫生的法规《工厂卫生暂行条例草案》后，1956 年 5 月 25 日国务院通过的《工厂安全卫生规程》，对工矿企业劳动卫生又作出更具权威、更具体的规定。总的来看，1978 年前的多年里各级生产劳动管理部门对职工身心健康是十分关注的。国家为了开展大规模的经济建设，对厂矿企业的管理者以及相应的工会部门提出做好企业卫生医疗工作的要求，如建立劳动卫生规章制度，改善劳动条件和劳动环境；加强厂矿企业卫生医疗工作；对职工群众进行卫生宣传教育，开展广泛的体育运动；办好职工疗养院等。

但是，应该引起注意的问题是，新中国成立以后在一些时期由于种种原因，一些厂矿对职工安全卫生工作并不重视，造成职工身心受到伤害。例如"大跃进"时期，强调建设速度，导致违背客观经济规律，违背生产安

---

① 中共中央文献研究室编：《建国以来重要文献选编》，第一册，8 页，北京，中央文献出版社，1992。

全的事情常常发生。

女职工特殊劳动保护是劳动保护的重要方面。1956年《保护女工暂行条例》正式下发，为推动女职工劳动保护起了积极的作用。之后，在国家有关部门颁布的劳动保护法规中都有涉及女职工保护的内容，其措施主要有：根据女工生理特点安排劳动岗位，保护女工的合法劳动权益；女工孕期应调换轻工作，或减轻工作量；女工在产前产后，企事业单位应按国家规定给予产假，工资照发；对于哺乳女工，应在工作时间内给予哺乳时间；女工多的企业、机关、学校，应设置女工卫生室、哺乳室等设施。

5. 城镇职工作为"单位人"拥有国家提供的各种劳动保险和社会福利保障，这是城镇职工所享有的"特权"，但在经济发展水平尚不是很高的情况下，这种劳动保险和社会福利保障也是低水平的。

新中国成立初期，我国的经济建设是在一个非常低的起点上起步的。但是，从保护职工基本权益出发，国家很重视职工的劳动保险和社会福利保障。1951年2月，政务院通过《中华人民共和国劳动保险条例草案》。从这时开始，一套适应计划经济体制的劳动保险和社会福利保障体系开始逐步确立。这个体系包括以下几个方面的内容：①退休、退职制度方面，《劳动保险条例草案》首度确定了职工退休、退职的条件和待遇规定，即男工人与男职员年满60岁，一般工龄满25年，本企业工龄满5年者，可退职养老。女工人和女职工年满50岁，一般工龄满20年，本企业工龄满5年者，享受养老补助费待遇。① 以这个文件为基础，1955年和1958年国务院又几次做出规定，规范职工退休的条件和享受的待遇。1963年和1973年国务院相关部门提出，长期临时工符合退休条件的可按固定工的退休规定办理退休。②休假、探亲制度方面，新中国成立初期就确定了全国性节假日休假制度。1949年12月，政务院公布了《全国年节及纪念日放假办法》，规定全体劳动者全年公共假日为7天。② 此外，属于部分人民群众的

---

① 劳动人事部政策研究室编：《劳动人事法规规章文件汇编(1949—1983)》，1561页，北京，劳动人事出版社，1987。

② 新年放假一日，1月1日；春节放假三日，农历正月初一至初三日；劳动节放假一日，5月1日；国庆纪念日放假二日，10月1、2日。

节日放假半天，或只其中一部分人放假，少数民族传统的节日则根据各个民族的习惯由各少数民族地区的人民政府规定放假日期。这个涉及全体劳动者的全国性的休假制度在新中国成立后实行了50年之久。探亲休假指职工探望与自己分居两地的配偶和父母而享受的休息时间。国务院1958年2月修订通过的《关于工人、职员回家探亲的假期和工资待遇的暂行规定》，规定：凡在国家机关、人民团体和全民所有制企业、事业单位工作满一年的固定职工，与配偶不在一起，又不能在公休日团聚的，可以享受探望配偶的休息待遇；与父母亲不在一地，又不能在公休日团聚的，可以享受探望父母的休息待遇；已婚职工探望父母，每四年给假一次。③公费医疗制度方面，从20世纪50年代初国家逐步建立起了一套公费医疗制度。1951年2月26日，政务院公布了《中华人民共和国劳动保险条例》，1953年1月26日公布了实施细则修正草案。条例规定工人职员因工负伤，医疗费用均由企业行政方面或资方负担；工人职员疾病或非因工负伤，所需诊疗费、手术费、住院费及普通药费均由企业行政方面或资方负担；贵重药费、住院的膳费即就医路费由本人负担，如本人经济状况确有困难，得由劳动保险基金项下酌予补助。此后，全国各级人民政府、党派、工青妇等团体、各种工作队以及文化、教育、卫生、经济建设等事业单位的国家工作人员和革命残废军人，均分期分批享受公费医疗预防的待遇。公费医疗制度的实行使几千万职工受益。④集体福利事业方面，主要包括职工住房、职工疗养和生活补助、补贴。20世纪50年代前期国家通过拨款新建住宅和宿舍、支持职工自建住宅、给予租住私房的职工以租房补贴等方式解决职工的住房困难。以后逐步向住房分配制度转变，职工基本上依靠国家和单位分配来解决住房问题。职工疗养的目的是降低职工的疾病率，恢复与增进职工的身体健康。参与疗养的对象主要是患有慢性病的职工和因公致伤、致病的职工。疗养期限根据职工病情来决定，一般每期30天到90天为限，有特殊情况，经医生检查证明，可适当延长疗养时间。在计划经济时期，我国长期实行职工特殊生活补助和补贴制度。这些补助和补贴主要包括职工多子女困难补助、职工住房房租补贴、冬季职工宿舍取暖补贴、酷寒地区职工冬衣补助、职工交通费补贴等。此外，国家机关和事业单位还拥有解决职工生活困难的福利费开支。

二、对城镇职工劳动生活特征的几点分析

前面从劳动就业、劳动收入、劳动强度和劳动保护等方面概括了计划经济时期我国城镇职工劳动生活的一些特征。这些特征与当时的国情和计划经济时期我国政治、经济、社会发展的特殊性密切相关的。

(一)社会经济总体发展水平对我国职工劳动生活状况产生重要影响

按照马克思主义的基本理论，生产力决定生产关系，经济基础决定上层建筑。社会生活方式的变化归结起来是社会生产发展水平的反映。作为劳动生活，其发展变化与当时的社会经济水平有着紧密的联系。从 1953 年到 1978 年，我国经济发展的总体态势是存在波折，整体前进。这种态势与城镇职工劳动生活的变化是相吻合的。

"一五"期间，我国经济持续发展，成果明显。1957 年工业总产值为783.9 亿元，比 1952 年增长 128.3%，平均每年增长 18%。手工业总产值比 1952 年增长 83%，平均每年增长 12.8%。[①] 1958 年"大跃进"开始，经济工作中犯了"左"的、急于求成的错误，使国民经济遭受挫折，出现了三年困难时期。但是经过调整，到 1965 年，除了农业个别产品外，工农业主要经济指标都超过了 1957 年水平。"文革"的 10 年，国民经济受到政治运动的严重干扰，经济秩序混乱，比例关系失调，管理体制僵化，造成经济发展起伏不定，但整体上看，国民经济还是保持了增长的趋势。

经济发展状况对职工劳动生活的影响比较集中地反映在劳动收入上。"一五"期间我国处在计划经济体制开始构建的时期。在对各种纷繁复杂的劳动收入分配制度进行统一改革的基础上，经济增长带动了劳动收入的普遍提高。1956 年进行工资改革，规定企事业单位和国家机关的职工工资，根据工农业生产的发展平均提高 14.5%。从 1958 年 10 月国家统计局汇编

---

① 柳随年、吴群敢主编：《中国社会主义经济简史》，181 页，哈尔滨，黑龙江人民出版社，1985。

的《1956年全国工资调查资料》可以看出，实际上全国各个地区和各个部门在此次工资改革中工资增长幅度是比较大的。全国各省市区各部门工资总额平均增长39％，其中按地区来看，增幅最高的是青海149.4％，其次是甘肃62％，北京34.4％，黑龙江45.2％，江苏32.8％，湖南46.2％，四川37.1％，上海最低，为21.1％。按各个部门来看，工业部门增长28.8％，农、林、水、气部门为60.7％，基本建设、地质勘探、勘察设计部门增幅最高，为76.7％，文教卫生、科学研究为37.8％，国家机关及党派团体为26.2％，银行及保险增幅最低为18.4％。[①]

　　1958年开始的"大跃进"使得经济建设上盲目上项目，扩大基本建设投资，导致新增职工人数偏多。这一年全国工资总额增加了，但由于职工人数的激增，职工个人的收入减少。在随后几年的国民经济严重困难时期，压缩基本建设投资，工业项目停建或缓建。这种情况导致职工工资收入下降。如工业部门职工年平均工资1957年是650元，1958年是519元，1959年是507元，1961年是535元。[②]

　　国民经济调整时期尽管国家对职工工资做过一些调整，但只限于部分地区和部门。从全国来看，职工工资增加得并不多。"文革"开始后，国民经济受到严重损害，经济发展速度明显放慢，这必然影响到劳动者的劳动收入。我国职工在此期间长期处于低工资收入状态，生活水平也是在低位徘徊。当然，造成"文革"中职工工资走低的原因并非仅仅是经济的原因，其中还有政治的原因。

　　计划经济时期职工的劳动保护、劳动福利事业和社会经济发展的状况是相适应的。在经济秩序比较稳定、发展呈上升势头的时候，劳动保护、劳动福利问题会得到政府劳动部门的重视。就劳动保护而言，20世纪50年代前期，由于国民经济处在恢复之中，计划经济体制初建，工业生产管理水平比较低，劳动保护工作尚未规范化、制度化，因而实际生产中存在

　　① 　中国社会科学院、中央档案馆编：《中华人民共和国经济档案资料选编(劳动工资和职工保险福利卷1953—1957)》，569～570页，北京，中国物价出版社，1998。
　　② 　国家统计局社会统计司编：《中国劳动工资统计资料(1949—1985)》，153页，北京，中国统计出版社，1987。

很多隐患。"一五"计划后期，在总结新中国成立后几年的经验和教训的基础上，1956年国务院颁布的三项劳动保护和安全生产的规程，对劳动保护工作起了重要的作用。职工的劳动时间也大体坚持和落实每日八小时工作制。"大跃进"中违反经济规律的事情时常发生，劳动保护工作和职工劳动福利也受到影响。单就劳动时间来讲，八小时工作制常常因各种劳动竞赛、加班加点而未能得到认真遵守。职工的身心健康受到一定的损害。"大跃进"之后，在国民经济调整时期，政府劳动部门再度重视劳动保护和职工劳动福利问题，继续出台了相关的规程和制度，使劳动保护和职工福利不断趋向制度化。这时人们注意到劳逸结合的重要性，报刊上对"劳逸结合"问题展开讨论，批评不顾职工身心健康的加大劳动强度的做法。"文革"开始后许多行之有效的劳动保护和职工福利方面的规章制度被冲击、被废止，职工的劳动生活状况改变不大。

(二)社会政治经济制度的变迁和政治形势的演化对我国职工劳动生活产生不小的影响

1. 政治经济制度的变迁导致工人阶级政治地位的提升，促进了全社会重视职工的劳动问题，同时职工在计划经济体制下得到了基本的劳动保障。

从1949年到1956年，我国经历了社会制度的巨大变迁，这当中，工人阶级成为国家的领导阶级，劳动者在新社会受到普遍的尊重。社会制度的变迁对于广大工人、农民及其他劳动者来说，是赋予了他们从未有过的政治权利。与这种政治地位的变化相适应的是经济地位和劳动生活的变化。

最为重要的是，社会制度的变迁使得我国劳动保障体制得以在比较短的时间内建立起来，并在社会生活中发挥重要的作用。近代中国社会经济发展迟缓，社会持续动荡。与社会化大生产相适应的现代劳动制度在中国没有真正建立起来。产业工人及其他劳动阶层，劳动条件非常恶劣，劳动保障制度很不完善，劳动生活状况处于不稳定的状态之中。新中国成立后，在三年的国民经济调整期间，劳动问题就已经摆上政府关注的议事日程中。随后的"一五"时期，从建立计划经济体制考虑，有计划的劳动管理成为计划经济体制中的重要一环，与之相应的是建立了一系列保障劳动者权益的具体制度。由政府劳动部门制定的劳动法规基本上形成了一个体系。据1983年劳动人事部政策研究室编辑收录的新中国成立以来至1983年为止仍有效的关于劳动人事法规规章文件，总数约592件。其中涉及职工工资问题的152件，保险福利问题的208件，劳动保护和劳动安全问题的89件，分别占总数的25.7%、35.1%和15.0%。劳动制度的建立在一定层面上保障了职工劳动生活处在一个相对稳定的环境下。

2. 计划经济体制自身存在的弊病一定程度上妨碍了职工的劳动生活。

我国确立的计划经济体制主要学习苏联的经验。在苏联的经验中，高度集中统一的劳动计划体制是其特色。这些做法照搬到了我国，在劳动问题上的表现主要是：国家在劳动力资源管理上统得过死，企业和职工个人几乎都没有选择的权利，职工拥有"铁饭碗"，企事业单位没有基本的用人权，同时企事业内部机构膨胀、人浮于事；职工工资长期固定在一套成型的体系内，不能随着经济效益而改变，妨碍了职工的工作积极性；职工的劳动福利基本上依靠国家和企业单位，个人不负担福利开支，由此造成国家和企业负担越来越重，也制约了职工劳动福利水平的提高。这些问题虽然在20世纪50年代中期就有所觉察，做出过一些政策调整，但总体来看，劳动问题受计划经济体制的制约因素很大，基本的主导方面没有多大改变，因而造成在计划经济时期的近30年里，职工劳动生活虽有变化，但其主要方面变化不大。

3. 计划经济时期的政治形势对职工劳动生活也产生了不同的影响。

在"一五"期间，政治形势对职工劳动生活产生的影响积极的方面是主要的。与职工劳动问题密切相关的许多规章制度是这个时期确立的，一些制度制定后在以后的20多年中仍发挥着效能。但是，从1958年"大跃进"开始，"左"的思想更进一步从政治领域扩展到经济和社会生活中，给职工劳动生活带来负面的影响。例如，在劳动工资问题上，否定计件工资制。计件工资是一种工资形式，它是根据工人劳动的数量和质量支付工资。相对于计时工资来说，计件工资更符合"按劳付酬"的原则。在"一五"期间，计件工资制在许多厂矿中推广，1952年实行计件工资制的工人占全部工人的 35%，1953 年增加到 40%，1956 年增至 41.4%。① 实行计件工资制调动了职工的生产积极性，克服了劳动分配中的平均主义，促进了生产的发展。但在"大跃进"中，计件工资制受到批评，说"计件工资制，是弊多利少"，"计件工资形式是社会主义企业中劳动报酬的基本形式的说法都是值得怀疑的"②，认为计件工资制妨碍了劳动指标的更新和技术革新，助长了个人主义思想，工人"为了追求个人利益，在生产中弄虚作假、挑肥拣瘦、忽视质量的现象和不问政治、不愿参加社会活动的现象严重了"等。这样，在"大跃进"高潮时，许多厂矿企业取消了实行的计件工资制，改行计时工资制。此后在国民经济调整时期，对计件工资制的认识又有了变化。一些行业恢复实行计件工资制，也有的企业对原有的计件工资制进行改进。如太原钢铁公司在实行计件工资制时作了改进，注意在指标上不仅考核数量，而且考核质量、安全、协作、节约等指标；在形式上实行有限制和无限制的计件工资制；超额工资的分配主要根据当月任务的性质和小组每个成员完成任务的情况，通过民主评议确定。③ 国民经济调整时期实行的计件工资制对于调动工人生产积极性，顺利完成经济恢复发挥了一定的作用。但到了"文革"时，计件工资制再次被否定。同时在"文革"期间强调"政治挂帅"，"反对单纯依靠物质鼓励，忽视政治教育"。④ 把奖金制度诬称为"物质刺激"、"奖金挂帅"。这些"左"的思想在劳动领域流行多年，严重伤害了职工的积极性和切身利益。又如，在开展群众劳动生产运动和劳动竞赛中，忽视职工的身心健康和生产安全。在经济建设过程中，为了促进生产指标的提高，从上到下采取了群众性的劳动生产运动和劳动竞赛的手段以克服科技水平和生产技术尚不是很高的困境。这是把政治运动、群众运动的工作方式运用于经济建设的结果。值得注意的是，在劳动生产运动和劳动竞赛中存在忽视职工身心健康和忽视生产安全的情况。"大跃进"

---

① 苏星、杨秋宝编：《新中国经济史资料选编》，437 页，北京，中共中央党校出版社，2000。

② 赵化达：《我对计件工资制的看法》，载《劳动》，1958(17)。

③ 高振亚：《基本建设有些工种可以实行计件工资制》，载《劳动》，1962(3)。

④ 《更高地举起毛泽东思想伟大红旗实现劳动工资工作革命化》，载《劳动》，1966(1)。

中有人认为，"大搞群众运动、大跃进，不加班加点，实在没有一个劲头"；"职工群众干劲大得很，你不让他们加班加点，他们也会自动加班加点，干脆叫他们加吧！"①这种做法对职工的身心健康是不利的。在安全生产上，一些科学的规章制度被废除或忽视，造成一些安全生产事故发生。

(三)科技水平对职工劳动生活的变化产生制约作用

职工劳动生活的变化归根结底在于生产力的提高，而生产力的提高与科学技术水平的提高密切相关。在计划经济时期，我国科学技术水平整体上是在逐步提高，促进了职工劳动生活的改善。

新中国成立伊始，我国科学技术水平非常落后，但国家重视科学技术的发展，重视科学技术在生产领域的应用。通过我国科技工作者的勤奋努力，发挥企业自身技术优势开展的技术革新运动以及学习借鉴国外的先进技术，我国的总体科技水平在1953—1978年间是有很大提高的。科技水平的提高对职工劳动生活产生的影响是直接的。除了生产发展促进职工劳动收入提高、劳动福利增长以外，科技水平的提高对降低劳动强度影响很大，它将进一步把笨重体力劳动变为轻便劳动。工业技术水平的不断进步带动了工业企业职工的固定资产装备程度的提高。以全民所有制工业企业平均每个工人装备的固定资产数额为例，1952年为2925元，1957年为4500元，1965年为8401元，1975年为9024元，1980年为11492元。②在"一五"期间，技术革新提高了工业机械化水平和生产能力，每一个工人平均使用的动力机械总能力提高了79％，每一个工人使用的电力提高80％以上。③ 在企业劳动生产率不断提高的同时，职工的劳动强度逐步降低。此外，科学技术水平的提高也有利于职工的劳动保护，它将提升职工在生产活动中的安全生产水平。采矿安全是工业生产中非常突出的问题，在这个方面应用科技来加强安全生产显得尤为重要。例如，1963年河南焦作矿

---

① 宏伟：《一手抓劳，一手抓逸》，载《劳动》，1960(24)。

② 马洪主编：《现代中国经济事典》，226页，北京，中国社会科学出版社，1982。

③ 刘国良著：《中国工业史》(现代卷)，493页，南京，江苏科学技术出版社，2003。

务局焦西煤矿的生产地区有了进一步地扩大，导致矿井的瓦斯放散形式有了变化，数量大增，严重威胁生产的安全。为此，煤矿职工着手整理分析瓦斯资料，尝试进行不定期瓦斯预报。1964年职工在煤矿生产技术处的帮助下，参考其他煤矿的瓦斯资料，重新进行整理分析，摸索瓦斯变化的规律，于当年年底正式开展了定期瓦斯预报，据统计，准确率达到了74%。[1]

　　总之，1953—1978年我国职工劳动生活所展现的内容相对是单一的、水平是初步的，与世界上发达国家相比存在较大差距。但是，从近代中国社会经济发展的趋势和人民生活的总体走向看，这个时期职工劳动生活的变化确实不小，尤其是体力劳动者的劳动生活。这在一定程度上反映了社会的进步。

---

① 《掌握规律，预报瓦斯》，载《劳动》，1965(9)。

以史为鉴　面向未来

——新中国对抗日战争的认识与中日邦交正常化①

中日两国是一衣带水的近邻。两千多年以来，中日两国人民和睦相处、互相学习、友好交往，不仅建立了两国人民之间的良好友谊，而且还丰富和发展了两国的经济与文化，为创造光辉灿烂的东方文明乃至世界文明做出了积极的贡献。但是近代以来，日本连续发动侵略中国的战争，企图将中国完全变为日本的殖民地，那时的中日两国完全是侵略与被侵略的关系。随着日本在二战中的失败和中华人民共和国的成立，两国之间重新处于平等的地位，这也为战后中日关系的发展创造了新的机遇。

一、在正视历史的基础上确定对日友好的外交政策

日本侵华战争给中国人民带来了深重的灾难。但是，战后尤其是新中国成立后，两国所面临的境况发生了很大变化。战后的日本被美国单独占领，并日渐成为美国在远东地区推行"冷战"的基地，这对新中国构成了威胁。因此，中日之间结束战争状态、恢复邦交并建立一种新型的关系对两国都是必要的。对日外交就成为新中国外交的一个重要方面。

还在新中国成立前夕，中国共产党就开始考虑和阐明新中国的对日政策。1949年1月21日，新华社发表短评《日本的选举与中国》，指出："日本人现在正密切地注视着中国的事变，中国人同样也正密切地注视着日本的事变。远东这两大民族可以而且应该建立亲密的友谊。但是在过去，日本的帝国主义势力妨害了这种友谊的发展。"短评表示："中日关系现在出现了新的展望，这是因为中国人民即将取得全国范围内的胜利。无论美国帝国主义者及其走卒愿意与否，人民的中国将要过问对于日本的管制，而

---

① 　本文完成于2005年。合作者徐杰。

日本将要与人民的中国签订和约，并发生经济的政治的关系。毫无疑问，中国人民愿意与日本人民建立真正的亲密的友谊，这种友谊将与日本侵略分子和国民党政府的媚外分子所说的那种令人毛骨悚然的'友谊'大不相同。这种真正的友谊，将使中日两国人民都得到广大的利益。得到了自由的新中国，将要忠实地按照波茨坦公告援助日本的民主事业而制止日本反动势力的重新发展。"①而在 1949 年 7 月 7 日，参加中国人民政治协商会议筹备会的各党派各团体，为纪念"七·七"全面抗日战争爆发十二周年所发表的宣言，明确阐述了新中国政府对抗日战争与中日关系的看法，指出："中国虽然受了日本帝国主义的侵略，但是中日两国人民却极愿意在日本按照波茨坦实行非军国主义化而且是民主化的条件下和平共处。"②

从上述文件中，我们不难看出新中国的对日政策，是希望与日本人民和平相处，友好团结，发展政治、经济、文化的关系。

新中国出现在亚洲的东方，极大地改变了世界特别是远东地区的政治、军事格局。但是，随着东西方两大阵营对立的扩大，亚洲成了冷战的主战场之一。美国为了维护其在这一地区的力量优势，需要日本尽快担当起它在亚洲的盟友角色。而要做到这一点，就需要结束日本战败国、没有主权的境况，通过与日本订立和约，使其恢复主权国家的地位。

还在 1947 年，美国就提出对日媾和的问题，其目的是控制日本，以继续使用其军事基地。于是，美国国务院将对日媾和问题提上日程，并确定了不理睬苏联、单独对日媾和的方针。1950 年 6 月朝鲜战争爆发后，美国明显加快了对日媾和的步伐，这就使中日关系的进一步改善遇到了障碍。

中国是对日作战国，中华人民共和国中央人民政府作为中国的唯一合法政府拥有和其他作战国一起与日本缔结和约的权力。但是，美国坚持拒绝中华人民共和国参加对日和约的工作。1951 年 8 月 15 日，周恩来总理兼外长发表《关于美英对日和约草案及旧金山会议的声明》，指出："第一次世界战争后，日本帝国主义武装侵略中国，是开始于一九三一年，至一

---

① 《日本问题文件汇编》，34 页，北京，世界知识出版社，1955。

② 《战后中日关系文献集(1945—1970)》，63 页，北京，中国社会科学出版社，1996。

九三七年更发动了向全中国的侵略战争，至一九四一年，方发动太平洋战争。中国人民在抵抗和击败日本帝国主义的战争中，经过了最长期的艰苦奋斗，牺牲最大，贡献最多，因之，中国人民及其所建立的中华人民共和国中央人民政府在对日和约问题上是最有合法权利的发言者和参加者。"美国等国"排斥中华人民共和国和敌视中国人民的非法蛮横行为，是中国人民绝对不能容忍并将坚决反对的"。"对日和约的准备、拟制和签订，如果没有中华人民共和国的参加，无论其内容与结果如何，中央人民政府一概认为是非法的，因而也是无效的。"①这充分表明中国政府和中国人民并没有忘记过去，坚决反对对日单独媾和的阴谋。这体现了中国坚持正义、维护世界和平的决心，也表明了中国政府对抗日战争的明确态度。

《旧金山对日和约》是战后国际关系发生重大变化的具体表现，其中涉及对抗日战争的认识。由于没有中国的参加，所以它是片面的媾和条约，中日之间的战争状态也因此而尚未结束。

尽管中国政府反对片面对日媾和，中日之间战争状态从法律上讲没有结束，但中国政府为中日邦交正常化在做着实实在在的努力。

把发动侵华战争的日本帝国主义者和日本人民区分开来是中国共产党的一贯政策。在抗战初期，毛泽东就指出：日本帝国主义者发动的侵略战争是阻碍进步的非正义战争，这样的战争不但损害世界人民，也损害其本国人民。"全世界人民包括日本人民，都应该反对，也正在反对。"②在新中国成立初期的对日政策中，中国政府仍然明确地将日本人民和日本帝国主义区别开来。这就为中日邦交正常化和中日关系发展创造了条件，也成为此后中国政府处理对日关系中的一项重要原则。1950 年 1 月，《人民日报》社论指出："日本帝国主义曾经是并且现在仍然是中国人民的敌人，但是日本人民却是中国人民的朋友。"③毛泽东、周恩来等领导人在会见日本友人时，多次重申这一观点，并本着"以史为鉴，面向未来"的精神，强调中日友好的重要性。

北京师范大学史学探索丛书

---

① 《周恩来外交文选》，40～46 页，北京，中央文献出版社，1990。
② 《毛泽东选集》，第 2 卷，476 页，北京，人民出版社，1991。
③ 《人民日报》，1950 年 1 月 17 日。

1953 年 9 月，日本拥护和平委员会主席大山郁夫在出席哥本哈根世界和平理事会后途经苏联来到北京。28 日，周恩来接见了大山。这是周恩来在新中国成立后第一次与日本人士会见，也是第一次公开向日本知名人士阐述中国在中日关系正常化、加强民间往来方面的态度。

会见中，大山首先表示："过去日本军国主义分子长期侵略中国，日本人民未能及时加以制止，使中国人民蒙受巨大损失，我代表日本人民向中国人民表示歉意。中华人民共和国政府和中国人民对于日本人民一贯采取友好态度，我代表日本人民谨致感谢。"对此，周总理强调指出："日本军国主义分子的对外侵略罪行，不仅使中国人民和远东各国人民遭受了巨大损失，同时更使日本人民蒙受了空前未有的灾难。我相信，日本爱好和平的人民将会记取这一历史教训，不再让日本重新军国主义化和重新对外侵略，以免日本重新蒙受比过去和现在更加深重的灾难。今天日本人民正在为争取民族独立、反对重新军国主义化而进行着英勇的斗争，中国人民对此表示敬意。"①

周恩来与大山的会见通过新华社的报道很快传到日本，引起了日本各界的极大关注，推动了日本国内对华友好运动的开展。

1954 年 12 月，毛泽东在与缅甸总理吴努谈话时表示：过去日本是亚洲的侵略国，如果日本军国主义再起，我们是担心的。"但是现在日本的地位也起了变化，变成半被占领国了，处于困难的境地。中国人民对于日本也不那么恨了，而是采取友好态度。"②1955 年 6 月，周恩来也曾对日本友人说：在我们几千年的历史上，只有两个时期敌对过，但时间很短。一次是元朝进攻日本失败了；明朝时，日本进攻我们也失败了。另外一次是甲午战争到第二次世界大战结束时，经过了 50 年，时间比较长。但从两千年的历史看来，这只是一瞬。③

① 《战后中日关系文献集(1945—1970)》，150 页，北京，中国社会科学出版社，1996。

② 《毛泽东外交文选》，184 页，北京，中央文献出版社、世界知识出版社，1994。

③ 《周恩来外交活动大事记(1949—1975)》，116 页，北京，世界知识出版社，1993。

正是基于对日本侵华战争给中国人民造成巨大灾难的认识，基于中日友好有利于中日两国人民，新中国领导人从历史的和战略的角度出发确定了对日和平友好的外交方针，努力促进中日邦交正常化的实现，并积极推动中日两国的民间交往，以民促官，增进民间经贸、文化的往来，为最终实现两国关系正常化奠定了基础。

二、以向前看的姿态积极推动战争遗留问题的解决

20世纪50年代中国政府在谴责日本军国主义给中国人民带来深重灾难，强烈反对美日单方面媾和的同时，仍然本着"向前看，面向未来"的原则，继续努力推动中日关系向前发展。对抗日战争后有关历史遗留问题的处理也充分体现了这一点。

安排在华日侨归国和送回中国劳工遗骨，是新中国为推动中日关系发展的又一积极行动。新中国建立以后，中国政府对在华日侨人数和情况做了调查，并决定在适当的时候进行遣返在华日侨工作。1953年1月26日，中国红十字代表团团长廖承志接待了日本代表，双方经过协商会谈，于3月7日发表公报。双方商定：日本政府派船接运日侨归国，中方担负日侨达到港口以前的一切费用。3月23日第一批归国日侨3968人搭乘"兴安丸"号船安全抵达日本舞鹤港。此后至1958年止，共分21次遣送了约3.5万名日侨归国。

日本各界人士十分感谢中国人民为日侨归国所提供的帮助。作为回报，日本三团体经过努力，于1953年6月27日把第一批在日华侨551人用日本"兴安丸"号送回中国。同时，由日本京都本源寺法师大谷莹和日中友协赤津益造、三浦赖子等组成的"中国殉难者慰灵实行委员会"，调查和收集了从1943年至1945年被日本军国主义者强制劫往日本充当劳工，因折磨而死的中国殉难者遗骨3000多具，并于1953年7月2日开始分十批直接从日本运往中国。上述活动的进行，是中国政府积极努力促成的结果，充分体现了中方不计前嫌、面向未来、从大局出发的方针。1954年10月11日，周恩来在会见日本国会议员访华团和日本学术艺术访华团时说：

"一九四五年八月十五日以后，日本军队放下了武器。在那一天以前，我们打了十五年仗，可是一旦放下武器，日本人就跟中国人友好起来，中国人也把日本人当做朋友，并没有记仇。"①这项活动增进了中日两国人民的感情，也促进了两国人民友好关系的发展。

在处理有关抗日战争的遗留问题上，中国政府宽大释放在押日本战犯成为又一项大力推动中日关系向前发展的引人注目的举动。侵华日军在侵略我国期间对我国人民犯下了难以计数的各种罪行，使我国人民的生命财产蒙受了巨大的损失。"对于这些日本战争犯罪分子，我国政府和人民是有充分理由按照他们所犯罪行给以严正的惩办的。如果不这样做，受日本军国主义祸害最深的中国人民是断不会答应的。"②但是中国政府"鉴于日本投降后十年来情况的变化和现在的处境，鉴于近年来中日两国人民友好关系的发展，鉴于这些战争犯罪分子在关押期间绝大多数已有不同程度的悔罪表现。因此，决定对这些战争犯罪分子按照宽大政策分别予以处理。"③1956年3月，周恩来在政治协商会议上进一步说明了这一政策，即对在押日本战犯实行宽大政策，极少数判刑，若表现好也可以减刑或赦免，大多数不判刑，分三批释放。此后，中国人民最高检察院分三次发布对日本战犯免予起诉决定书，共对1017名战犯免予起诉，宽大释放，另对45名战犯起诉审判，分别处以12年至18年的有期徒刑，并且自拘捕之日算起，对表现好的还予以减刑或提前释放。

对在押日本战犯的宽大处理，是为了中日未来全面的友好。正如周恩来1956年6月28日在会见日本国营铁道工会访华代表团时讲的："我们结束这一案件，把这些不愉快的事情结束了，再开始中日间全面友好的合作。"④被宽大释放的战犯很快回到日本，他们中的许多人以自己在中国的亲身经历，控诉了日本军国主义的侵华战争，纷纷表示要为保卫和平、反

---

① 《周恩来外交文选》，88 页，北京，中央文献出版社，1990。

② 《人民日报》，1956 年 7 月 1 日。

③ 《战后中日关系文献集(1945—1970)》，272 页，北京，中国社会科学出版社，1996。

④ 《周恩来外交文选》，169 页，北京，中央文献出版社，1990。

对侵略战争的正义事业出力，并发出了"日中永不再战，为日本真正独立和中日友好贡献出后半生"的呼声。其中也的确有许多人实现了自己的诺言，投身于中日友好运动，为中日友好铺路搭桥，贡献出了全部精力。

完全可以这样说，在对待这批失去了人性、惨无人道地屠杀中国人民的日本战犯的问题上，是中国人民使他们恢复了人性，是中国政府的人道主义精神唤起了他们的良知。"我国政府对于日本战争犯罪分子的处理，显然是适时的和正确的。这完全符合我国人民的长远利益，有利于中日两国人民友好关系的发展，有利于巩固远东和世界的和平，因此必然会得到全国人民和日本人民的拥护，也必然会得到世界爱好和平的人民的同情和支持。"①

对日本战犯的宽大处理，充分表明了中国政府从大局出发，着眼于未来，以德报怨，愿与日本恢复正常关系的诚意和决心。此后，中国政府在许多场合明确地阐述了希望中日关系正常化的愿望。

三、谴责日本政府推卸战争责任的行为

实现中日两国关系的正常化，需要两国政府和人民的共同努力。在中国政府不遗余力地推动中日关系向前发展的同时，日本方面却出现了破坏两国关系发展、逃避战争责任、敌视中国的一系列事件，使中日关系的发展出现了起伏。1958 年 2 月，日本政府污蔑在侵华时期被强制抓到日本当苦工的刘连仁为"非法入境者"，制造了"刘连仁事件"，就是当时日本岸信介内阁在两国关系发展进程中开倒车的表现。

日本帝国主义者发动侵华战争，不仅在中国大肆掠夺财富，屠杀中国的平民百姓，而且还把中国人抓到日本本土，逼迫他们做苦工，残酷地奴役。1942 年 11 月，日本内阁制定了"移入华工方针"，并从 1943 年开始实施。这时正是岸信介在东条英机内阁中任商工大臣和军需省次官之时，是他亲自参与制订和实施了强迫中国人做苦工的计划。从这时到 1945 年日本

①　《人民日报》，1956 年 7 月 1 日。

投降，总共有 4 万多名中国青壮年被抓到日本，从事极端繁重的、非人的劳动，其中 7000 人不堪重负被折磨、虐待致死，也有的中国劳工愤起反抗而惨遭杀害。

刘连仁是山东省诸城县人。1944 年 10 月他正在家乡地里劳动时，被日本侵略军强行抓去做苦力。刘连仁做苦工的北海道煤矿工作条件和生活条件极差，中国劳工们受尽了苦难和残酷的折磨。因不堪忍受虐待，他和 4 名同伴一起在 1945 年 7 月乘机逃出了魔窟，进入北海道的深山里。以后的十三年间，刘连仁靠捡野果、打野兽、喝山泉，一直在北海道的深山里过着非人的生活。他只有一个信念，一定要回到祖国去，一定要向日本帝国主义者讨还血债。

关于日本侵华期间强掠中国百姓到日本从事非人劳动和残酷虐待之事，中国红十字会早已要求日本政府提供中国劳工的名单。但日本政府一直装聋作哑。刘连仁被发现以后，在日本引起强烈反响。然而，日本岸信介内阁非但没有表示丝毫的歉意，反而污蔑刘连仁是"非法入境者"，并企图审讯刘连仁。在遭舆论谴责后，外务省亚洲局局长板垣修在参议院回答质讯时又诡称：刘连仁是根据合同到北海道去做劳工的。

刘连仁被掠事件是侵华日军在中国犯下的又一滔天罪行。本来，战后的日本政府应该从中吸取教训，深刻反省侵略战争给中国人民带来的巨大灾难，有责任积极妥善地处理战争遗留问题。但是日本政府却极力推卸责任，隐瞒被强行劫掠到日本的劳工人数和受虐的真实情况。岸信介政府的这一行径激起中国人民的强烈义愤和严厉谴责。1958 年 4 月 9 日，中国红十字会发言人对新华社记者发表谈话指出，日本政府对日本军国主义所犯下的这一违反人道主义原则和国际法规的暴行，不仅不表示谢罪，反而对刘连仁进行新的迫害。这种企图抵赖并逃避它应负责任的狡辩，使中国人民感到十分愤慨。发言人还严正指出：日本政府必须承担这一事件的全部责任，必须对此事件做出负责的交代，赔偿刘连仁的一切损失，并负责把他送回中华人民共和国。我们要求日本政府对侵华战争时期被日军掳到日本去的中国人的情况进行调查，并将调查结果做出具体交代。《人民日报》发表文章指出："日本当局的这种行为是对中华人民共和国政府以报友好人道的态度对待日本侨民的一种极不友好的、以怨报德的表现。"①最后在各方友好人士的积极努力和帮助下，刘连仁于 4 月 10 日离开东京，带着120 位难友的遗骨返回祖国。

刘连仁事件说明，在日本仍然有一批政客对刚刚过去才 13 年的那场侵略战争并没有进行认真的反省，他们企图逃避战争责任，拒绝向深受日本军国主义蹂躏的中国人民道歉。作为甲级战犯的岸信介采取敌视中国的态度，正是他顽固坚持反动的军国主义立场的结果。可以说，能否正确认识和对待日本军国主义对中国的侵略和给中国人民带来的巨大灾难，直接影响到两国邦交正常化的进程。

四、揭开中日关系新的一页

尽管在中日两国关系的发展中出现了不稳定的情况，但是战后中日关系由不正常走向正常乃是大势所趋、人心所向，是历史发展的必然。

在新中国国庆六周年之际，以上林山荣吉为团长的日本国会议员访华团应邀来访。10 月 15 日，毛泽东与访华团进行了长谈。毛泽东以他特有的幽默表达了希望中日两国关系正常化的意愿。他说："中日关系的历史是很长的，人类几十万年以来过着和平的生活，我们的祖先吵过架、打过仗，这一套可以忘记了！应该忘记。因为那是不愉快的事情，记在我们脑子里干什么呢？……我们互相帮助，互通有无，和平友好，文化交流，建立正常的外交关系（这并不是能强制建立的）。……你们把恢复中日关系放在第一条，这是很好的。就人民的利益要求，应尽早建立正常的外交关系。"②

不管是毛泽东还是周恩来，从他们的谈话中我们都可以感到，他们不仅仅是就中日关系谈中日关系，而是高瞻远瞩，从世界大势到亚洲和平，从中日两国几千年的交往史到近几十年这段不幸的历史，从中国人民的利益到日本人民的利益，多角度多侧面地谈论中日两国的未来。

①　《人民日报》，1958 年 3 月 17 日。

②　《毛泽东外交文选》，226～227 页，北京，中央文献出版社、世界知识出版社，1994。

20世纪70年代，随着国际形势的变化和发展，中日两国的关系也获得了突破性的发展，经过两国政府和人民坚持不懈地努力，终于实现了两国关系的正常化，从而揭开了中日关系史上的新篇章。

1972年9月25日，日本首相田中角荣、外相大平正芳起程访华。这是战后日本首相首次访华，它标志着中日两国敌对状态开始消解，两国关系正大踏步地向前迈进。在双方的会谈中，关于日本在侵华战争中的责任问题更是双方回避不了的。在25日晚周恩来总理举行的欢迎宴会上，田中角荣在致词时讲到在过去的几十年里，日本给中国人民"添了很多麻烦"。对日本军国主义的侵略战争轻描淡写。对此，周恩来在与田中的会谈中严肃地指出，"添了麻烦"这句话，就像不留神把水泼到女性衣服上那样表示歉意。日本军国主义的侵略战争给中国人民带来了深重的灾难，日本人民也深受其苦。用"添了麻烦"来表达在中国人民中间是行不通的，而且会引起强烈的反感。

经过共同努力，尤其是中国政府在会谈中采取了既坚持原则，又适当灵活、以大局为重、面向未来的方针，经过三次会谈，双方终于签订了《中日联合声明》。联合声明指出：中日邦交正常化意味着"战争状态的结束"。日本在联合声明中表示："痛感日本过去由于战争给中国人民造成重大损失的责任，表示深刻地反省。"在联合声明的第五条也写到："为了中日两国人民的友好，中华人民共和国放弃对日本国的战争赔偿要求。"①

《中日联合声明》的发表和邦交正常化，揭开了两国关系的新一页，使中日两国的关系结束了不正常状态。《人民日报》发表社论指出："中日之间战争状态的结束，邦交正常化的实现，揭开了两国关系史上的新篇章，中国人民热烈祝贺这一丰硕的成果。"②

纵观中日邦交正常化的全过程，可以看出，对日本侵华战争的认识直接影响到两国关系的正常化。日本帝国主义发动的侵略战争给中国人民带来了深重灾难，也使日本人民深受其害。但是日本不能因为已经承受了战

---

① 《战后中日关系文献集(1971—1995)》，111页，北京，中国社会科学出版社，1996。

② 《人民日报》，1972年9月30日。

争的苦难而回避历史的反思，甚至歪曲历史，否认历史事实。正确认识和对待历史，是两国关系友好向前发展的前提。

中国政府和人民一贯重视中日关系，在两国关系发展的过程中，始终坚持中日友好方针，本着诚信、宽容和"以史为鉴，面向未来"的精神，一直强调中日两国人民要世世代代友好下去，并且不遗余力地从各个方面努力推动和促进两国关系朝着健康、稳定的方向发展。中国政府和人民为此做出的不懈努力为世界所公认，并得到了全世界人民的支持和赞扬，也为中日关系的发展奠定了良好的基础。相反地，日本政府在处理两国关系时则往往出现不和谐的声音，对战争的错误认识和对战争责任的逃避等行为也始终阻碍着中日邦交正常化的实现。

中日关系发展的曲折、复杂的历程证明，进一步巩固和发展中日友好合作，是两国人民的共同期望。中国人民不仅在抗日战争中为世界的和平与发展付出了巨大的民族牺牲，而且也为中日两国关系走向正常化做出了巨大的贡献。"前事不忘，后事之师"，只要中日两国政府和人民本着和平、互利的态度，正确认识历史，坚持"以史为鉴，面向未来"的精神，那么，两国人民必将续写更加灿烂、美好的中日关系。

北京师范大学史学探索丛书

中日关系正常化过程中的
中国对日外交策略

　　中日两国是一衣带水的近邻。两国人民之间有着两千多年的友好交往、互相学习的历史，为创造灿烂的东方文化做出了积极的贡献。但是，从甲午战争到第二次世界大战结束，日本军国主义连续发动侵华战争，给中华民族带来了深重的灾难。

　　"二战"结束后，特别是新中国成立后，两国的处境发生了很大的变化。新中国以新的姿态屹立于世界的东方，而日本成为战败国，被美国单独占领，并逐渐成为其在远东地区推行冷战的基地。两国之间结束了侵略与被侵略的关系，出现了在新的环境下发展相互平等关系的机遇。新中国成立前夕，1949 年 1 月，新华社发表评论认为，"中国人民愿意与日本人民建立真正的亲密关系"，"这种真正的友谊，将是中日两国人民都得到广大的利益"。这表明新中国的对日政策是希望与日本人民和平相处，友好团结，发展经贸、政治、文化关系。从新中国成立之初，实现中日关系正常化，建立两国之间正常的关系是我国政府的既定外交政策之一。但是，战后日本政府追随美国，长期采取对华敌视政策，严重妨碍了两国关系正常化的历史进程。为了实现中日关系正常化，反对日本政府敌视中国的做法，毛泽东、周恩来等领导人高瞻远瞩，制定了一系列适时、灵活的对日策略，为推动中日关系正常化做出了最大的努力。这些对日策略表现在以下几个方面：

一、依照"以史为鉴，面向未来"的精神，正确处理两国间遗留的历史问题，在此基础上开拓中日关系的新局面

　　新中国成立后，毛泽东、周恩来多次讲过：第一次世界战争后，日本帝国主义武装侵略中国，是开始于 1931 年，至 1937 年更发动了向全中国

的侵略战争，至 1941 年，方发动太平洋战争。中国人民在抵抗和击败日本帝国主义的战争中，经过了最长期的艰苦奋斗，牺牲最大，贡献最多。日本军国主义分子对外侵略使中国人民和远东各国人民遭受了巨大损失。1972 年 9 月，日本首相田中角荣来华访问。在周总理举行的欢迎宴会上，田中在致词时曾讲到在过去的几十年里，日本给中国人民"添了很大的麻烦"。对此，周恩来在与田中的会谈中严肃地指出，日本军国主义的侵略战争给中国人民带来了深重的灾难，日本人民也深受其苦，用"添麻烦"来表述，中国人民是行不通的，这句话引起了中国人民强烈的反感。① 随后在双方签署的《联合声明》中，采取了这样的表述："日本方面痛感日本国过去由于战争给中国人民造成重大损失的责任，表示深刻地反省。"

中国古话说："前事不忘，后事之师。"日本军国主义侵华给中国人民带来深重灾难的历史，中国人民是不会忘记的。日本某些政界人士不承认这一历史，或者抹杀歪曲这一历史，中国人民是不答应的。战后日本历届政府中，岸信介政府在敌视新中国、肆意抹杀侵略历史方面走得最远。1958 年发生的刘连仁事件就是一个明证。对此，我国政府对日本岸信介政府推卸战争责任、隐瞒迫害中国劳工真相的行径予以严厉谴责。

在牢记历史的基础上，我国政府也主张面向未来，面向中日关系新的前景。20 世纪 50 年代，对于在押日本战犯的处理就体现了这一精神。鉴于日本投降后十年来情况的变化和现在的处境，鉴于中日两国人民友好关系的发展，鉴于这些战争犯罪分子在关押期间绝大多数已有不同程度的悔罪表现，因此，1956 年中国政府决定对这些战争犯罪分子按照宽大政策分别予以处理。在押 1062 名战犯中被判刑的只有 45 人，其余的免予起诉。日本战犯回国后，大多数人一生致力于中日友好事业。

从中日两国关系发展的历程看，"和则两利，斗则俱伤"。实现中日关系正常化有利于两国人民。正是从这一战略的全局的高度，毛泽东、周恩来确定了"以史为鉴，面向未来"的原则，并使之成为对日策略中的根本策略。

---

① 见王泰平主编：《新中国外交 50 年》(上)，444 页，北京，北京出版社，1999。

二、采取"民间先行、以民促官"的策略，通过民间 经贸、文化往来增进两国人民之间的相互了解， 为两国关系正常化奠定基础

早在抗日战争初期中国共产党就确定了把发动侵华战争的日本帝国主义者和日本人民区分开来的政策。毛泽东指出：日本帝国主义者发动的侵略战争是阻碍进步的非正义战争，这样的战争不但损害世界人民，也损害其本国人民。"全世界人民包括日本人民在内，都应该反对，也正在反对。"①在新中国成立初期的对日政策中，我国政府明确地将日本人民和日本军国主义区别开来。这就为中日邦交正常化和中日关系发展创造了条件，也成为此后我国政府处理对日关系中的一项重要原则。1950年1月，《人民日报》社论指出："日本帝国主义曾经是并且现在仍然是中国人民的敌人，但是日本人民却是中国人民的朋友。"毛泽东、周恩来等领导人在会见日本友人时，多次阐述这一观点。"中国人民同日本大多数人民历来是友好的，战后友好关系还有发展"，"日本人民是我们的直接同盟军，中国人民也是日本人民的直接同盟军。"②

针对日本政府追随美国对新中国采取敌视政策，长期不承认新中国的情况，我国政府积极推动中日两国间的民间交流，扩大民间人士的相互往来，增进两国人民相互之间的了解，拓宽相互沟通的渠道。从20世纪50年代初到70年代初，尽管官方往来很少，但民间经贸、文化等领域的往来逐渐增加。日本民间许多主张对华友好人士（包括一些国会议员）都到中国访问过。我国也派出许多团体访日。在两国民间交流不断增强的情况下，日本形成了一股强大的要求对华友好、尽早实现邦交正常化的浪潮，一定程度上推动了日本官方朝着中日关系正常化的方向迈进。

在推动中日民间外交方面，毛泽东、周恩来做了许多重要而又具体的

① 《毛泽东选集》，第2卷，476页，北京，人民出版社，1991。

② 《毛泽东外交文选》，456～457页，北京，中央文献出版社、世界知识出版社，1994。

工作。毛泽东会见了来华访问的一些重要的日本政界、民间人士。周恩来从 1953 年 9 月至 1972 年中日关系正常化前的 20 年间会见了 150 多批日本各界访华团，并就两国关系中的重大问题对日本友人作细致地说服解释工作，也曾提出了一些处理中日关系的重要意见，如政治三原则①、贸易三原则②和复交三原则③等。

可以说，通过民间外交的方式实现了推动日本官方朝着中日关系正常化方向努力的目标。这是新中国外交策略取得成功的一个范例。

三、毛泽东、周恩来"审时度势，把握大局"，抓住有利时机，当机立断，促成中日关系正常化的实现

中日两国外交关系的恢复是中日关系正常化的关键。这需要两国政府和民间共同努力。1956 年，周恩来在会见日本国营铁道工会访华团时指出："两国外交关系的恢复，需要两国政府的努力，但也需要两国人民的推动。中国人民和中国政府随时都伸出友谊之手，随时都愿意和日本政府商谈恢复两国外交关系的问题。"④但是，战后日本政府长期追随美国，采取敌视新中国的政策，致使两国关系迟迟未能正常化。到 20 世纪 70 年代初，经过两国人民 20 年的努力，中日关系有了很大的改观。这时国际形势发生很大变化，1971 年我国恢复了在联合国的合法席位，中美两国开始向关系正常化方向努力。以此为契机，我国政府加大对日工作的力度。利用几次机会加强与日本官方的沟通，为中日关系正常化做准备。如 1971 年

北京师范大学史学探索丛书

---

① 政治三原则是：改变敌视中国的态度；不继续制造"两个中国"的阴谋；不继续阻挠中日两国正常关系的恢复。

② 贸易三原则是：政府协定；民间合同；个别照顾。

③ 复交三原则是：第一，世界上只有一个中国，即中华人民共和国。中华人民共和国政府是代表中国人民的唯一合法政府。坚决反对任何"两个中国"、"一中一台"、"一个中国、两个政府"等荒谬主张；第二，台湾是中华人民共和国领土不可分割的一部分，并且已经归还中国。台湾问题纯属中国内政，不容外国干涉。坚决反对"台湾地位未定"论和策划"台湾独立"的阴谋；第三，"日蒋条约"是非法的、无效的，必须废除。

④ 《周恩来外交文选》，169～170 页，北京，中央文献出版社，1990。

3月借参加第 31 届世乒赛之机，中日友协副秘书长王晓云会见了日本政界、财界的众多重要人物，其中包括自民党干事长大平正芳、政界要人三木武夫、公明党委员长竹入义胜等，阐明了中方的立场。随后，从事外交工作的王国权、孙平化等先后访日，加强与日本政界人士的沟通。此时，毛泽东、周恩来认识到中美关系缓和有利于中日关系正常化，而中日关系正常化又会促进中美关系的进一步发展。所以当 1972 年日本国内政局发生有利于中日关系改善的趋向的时候，中国政府当机立断，明确提出邀请田中角荣首相访华，商讨关系正常化问题，进而打开了两国关系正常化的大门。

四、在处理两国关系中的一些重大问题时既坚持原则不让步，又在具体问题上采取灵活政策，使中日两国之间长期未解决的问题得以圆满解决，开辟了中日关系的新局面

　　田中访华期间在双方谈判中涉及一些两国间的原则性问题，如历史认识问题、台湾问题等。在这些问题上我国政府立场鲜明，指出日方在这些问题上的错误认识是中方所不能接受的。例如，日本外务省条约局局长高岛益郎提出：不同意中方方案中"自本声明公布之日起，中华人民共和国和日本国之间的战争状态宣告结束"这一内容，认为这样日台条约一开始就是无效的。对此周恩来明确提出：两国邦交正常化是个政治问题，不是法律问题。"要我们照顾日台条约，承袭日台条约，这是我们决不能接受的。日台条约存在于你们同台湾之间，但这个事实是当时的美蒋关系造成的。这次在公报中可以不提这个字眼，但不能让我们承认这个条约的存在，不能让我们承认它是合法的"。

　　同时在处理具体问题时又采取了灵活政策，给田中留有余地，如允许日方在记者招待会上宣布日台条约作废而不是在联合声明中写明；关于战争状态结束的表述，周恩来提议用"不正常状态宣告结束"来代替原来的"战争状态结束"，但在前言中仍保留"战争状态的结束，中日邦交正常化"的字眼，以照顾双方的立场；中国政府放弃对日战争赔偿要求等。正是按

照这一策略，中日双方最终达成了《联合声明》，宣布两国邦交正常化，并建立外交关系。这样使得两国关系掀开新的一页。

总之，毛泽东、周恩来从历史的、战略的高度认识到中日关系是新中国外交的重要方面之一。在实现两国关系正常化的20多年的进程中，我国政府高瞻远瞩，确定了明确的、可行的战略策略，有力地推动了两国关系正常化的进程，为新中国外交打开了新的局面。当前，中日关系出现了复杂的局面，我国政府制定了"坚持从我长远战略高度认识稳定中日关系的重要性"的决策，强调友好相处、合作双赢是符合中日两国根本利益的唯一正确选择，要继续按照"以史为鉴、面向未来"的精神，实现中日关系健康稳定发展。我国政府的这些决策是对我国长期外交实践经验进行认真总结的结果，是客观分析国际形势和中日关系现状的结果。我们要通过总结历史的经验教训，更好地把我们自己的事情办好，中华民族自立于世界民族之林最终要靠发展，靠综合国力的增强。

北京师范大学史学探索丛书

下篇

两个"历史决议"与中国共产党
对历史经验的总结

在中国共产党 90 年的历史上曾形成过两个关于历史问题的决议，一个是 1945 年 4 月中共六届七中全会通过的《关于若干历史问题的决议》，一个是 1981 年 6 月中共十一届六中全会通过的《关于建国以来党的若干历史问题的决议》。两个历史决议形成于不同的历史时期，对党的历史进行了认真的总结，提出了马克思主义中国化的理论成果，对中国革命和建设事业产生了重要的作用。在中国共产党成立九十年之际，认真分析两个历史决议的形成、作用及影响，进一步研究党总结历史经验的成功做法，对于深化中国近现代史和中共党史的研究是大有裨益的。

一

两个历史决议分别形成于 1945 年和 1981 年，处在各自不同的历史时期。但是，两个决议都是在中国革命和建设进入关键时期，都是在革命和建设遭遇过挫折之后亟待认真反思的背景下，客观形势的发展促使党的领导人下决心制定出来的。

第一个决议酝酿是从 1941 年开始的，到 1945 年 4 月六届七中全会通过，这段时间正是抗日战争的关键时期。这一时期，国民党政府大肆宣传"一个政党，一个领袖，一个主义"，对中共从政治、军事和思想文化等方面进行攻击，施加了巨大的压力。从国际上看，共产国际于 1943 年宣告解散，一时间欧美等国对国际共产主义运动多加贬损。而这时的中国共产党已经有了 24 年的奋斗历史，经历了国民革命时期和土地革命战争时期，在抗日战争中领导人民度过了艰难的时期，实力有了很大的增强，成为国内重要的政治力量。全国的党员人数已经达到 120 万人，同时党领导着近百万人的人民武装和拥有一亿人口的抗日根据地。中国革命在经历了 20 世纪

30 年代前中期的"左"倾错误的严重影响后，开辟出一片新的天地。然而此时党内"左"倾错误的影响依然存在。代表党内"左"倾思想的王明所著的小册子《两条路线》(即《为中共更加布尔什维克化而斗争》)，到了 40 年代初还被有些人认为起过"正确的""纲领作用"。由此可见，党能不能进一步统一思想，实现党内的团结，以应对国际、国内变幻的时局，是摆在党的面前的一项迫切的政治任务。

第二个决议发端于党的十一届三中全会。中国革命在 1949 年取得胜利后，党作为执政党领导人民开展了社会主义革命，建立了社会主义制度，开始了大规模的社会主义建设。这个过程中取得了很大的成就，但也出现了探索社会主义道路过程中的曲折和失误，出现了"左"的错误，发生了"大跃进"、人民公社化运动，特别是发生了持续 10 年之久的"文化大革命"，造成了极大的损失。经过 10 年"文革"，我国的社会主义建设遭受重大挫折。经济发展迟缓、政治斗争不断、人们的思想混乱，社会主义事业向何处去是人们在思考的问题。而这一时期，世界上发达国家经济快速发展，即使是亚洲的"四小龙"经济也快速腾飞，这对中国形成巨大的压力。能否在 10 年"文革"之后迅速走出"左"的错误的羁绊，开辟一条新的发展道路，是摆在党面前的重要任务。1978 年 12 月召开的党的十一届三中全会解放思想、拨乱反正，做出了改革开放的重大决策，社会主义建设事业出现了新的局面。但是，"左"的错误在党内、在社会上仍有一定的影响，同时右的倾向也有所表现。在这样的情况下，进一步统一全党思想，增进全党的团结，是摆在党面前的一项重要任务。

在历史面临着转折的关键时刻能否及时抓住时机，解决党的历史上存在的政治路线、思想路线问题以及领导人的评价问题，从而达到统一思想的目的，是对领导人的一种考验。1944 年 4 月，在第一个历史决议制定之时，毛泽东指出："应使干部对于党内历史问题在思想上完全弄清楚"，"一方面，彻底了解我党历史经验，避免重犯错误；又一方面，能够团结一切同志，共同工作。"[①]20 世纪 80 年代初，邓小平在谈及制定第二个历

北京师范大学史学探索丛书

---

① 毛泽东：《学习和时局》，见《毛泽东选集》，第 3 卷，937～938 页，北京，人民出版社，1991。

史决议时，表达了同样的想法，认为"总结过去是为了引导大家团结一致向前看。争取在决议通过以后，党内、人民中间思想得到明确，认识得到一致"。制定决议不能拖，因为"党内党外都在等，你不拿出一个东西来，重大的问题就没有一个统一的看法。国际上也在等。人们看中国，怀疑我们安定团结的局面，其中也包括这个文件拿得出来拿不出来。"①应该说，党的领导人毛泽东和邓小平在两个关键时刻及时提出制定历史决议，很好地把握了历史的机遇，并通过充分发扬党内民主达到了统一党内思想，增强党的团结的目的。

两个历史决议从起草到最后通过都经历了党内长时间的酝酿和认真的讨论。毛泽东在 1945 年 4 月 21 日党的"七大"准备会上谈及第一个历史决议时指出："我们现在学会了谨慎这一条"，"原则是坚持真理，修正错误。"②第一个决议酝酿于 1941 年 9 月。当时，毛泽东为中央政治局会议起草《关于四中全会以来中央领导路线问题结论草案》，并题写了"历史草案"的封皮。1944 年 5 月，经过延安整风，中央书记处成立以任弼时为召集人的党的历史问题决议准备委员会，制定历史决议正式提上议事日程。之后，经过任弼时、张闻天和毛泽东等的多次修改，提交给党的六届七中全会讨论。这次全会历时 11 个月，集中讨论历史决议。与会党的高级干部充分发表意见，即使是执行过"左"倾错误的同志，也认真听取了他们的意见。博古对第三次"左"倾错误（即王明"左"倾错误）有清醒的认识并承担了责任。王明也致信中央，同意决议的观点。这充分表明第一个决议是集中了全党的智慧而形成的。第二个决议的形成过程同样体现了严肃谨慎的态度和发扬党内民主，广泛听取各方面意见的过程。在决议制定过程中，邓小平明确指出：对于"文革"和毛泽东的功过问题，我们是"很慎重的"，

---

① 邓小平：《对起草〈关于建国以来党的若干历史问题的决议〉的意见》，见《邓小平文选》，第 2 卷，292 页、305～306 页，北京，人民出版社，1994。

② 毛泽东：《中国共产党第七次全国代表大会的工作方针》，见《毛泽东文集》，第 3 卷，295 页、296 页，北京，人民出版社，1996。

"要真正实事求是，不能把好的说成坏的，也不能把坏的说成好的。"①1979年10月，叶剑英的国庆讲话为制定历史决议做了舆论准备。1980年上半年决议起草工作在邓小平、陈云、胡耀邦等的直接关注下开展起来。10月，决议讨论稿在党内高级干部4000人的范围内听取意见。随后又经过多次修改提交党的十一届六中全会通过。

党的历史上两个历史决议是顺应时代的要求而产生的，是党的领导人审时度势、运筹帷幄的产物，是对党和人民的事业高度负责的体现，是全党智慧的结晶。

二

从历史上看，通过历史决议这种形式达到总结历史经验的目的，是中国共产党的一个创举，"在整个国际共产主义运动历史上也是绝无仅有的"②。面对中国社会正处在转折时期的政治环境，毛泽东、邓小平等党的领导人运用马克思主义理论，以宽厚的历史视野提出并解决了前进道路上面临的现实问题，为无产阶级政党科学地总结历史经验确立了典范。

1. 两个历史决议在肯定党所取得的成绩的基础上，着重对党内存在的"左"倾错误进行了清理，取得了思想认识上的进一步统一。

不管是在1945年，还是在1981年，党在两次制定历史决议时，都对党的历史上的功过进行了认真的总结，肯定取得的成绩，同时对给党的事业带来严重损害的右倾和"左"倾错误，尤其是"左"倾错误进行清理。第一个决议在第一部分即明确指出，党在24年的奋斗中领导人民同敌人进行了艰苦卓绝的革命斗争，取得了伟大的成绩和丰富的经验。因为这些成绩，党才达到了在思想上、政治上、组织上的空前的巩固和统一。第二个决议对党在新中国成立后的历史进行了总结，充分肯定党在新中国成立以后32年的历史是"党在马克思列宁主义、毛泽东思想指导下，领导全国各族人

---

① 邓小平：《实事求是评价毛泽东的功过，坚持毛泽东思想》（1980年9月14日），载《党的文献》，2011（3）。

② 胡乔木：《胡乔木回忆毛泽东》，325页，北京，人民出版社，2003。

民进行社会主义革命和社会主义建设并取得巨大成就的历史"，并具体从十个方面进行阐述。与此同时，两个决议都不回避曾发生过的"左"倾错误。纵观党的历史，"左"倾错误给中国革命和建设带来的损害极大。"左"倾错误往往都披上马克思主义的理论外衣，把马克思主义经典作家的论述、其他社会主义国家革命和建设的经验，照搬到中国来，使得马克思主义基本原理未能实现与中国的革命和建设的具体实际相结合。这方面的典型事例一个是 20 世纪 30 年代王明"左"倾错误，另一个就是新中国成立后50 年代中期至 70 年代中期出现的社会主义建设中的"左"倾错误。从两个历史决议的内容来看，都把清理"左"倾错误作为决议的主要部分。

第一个决议对建党以来的历史进行总结，其中明确指出"党的一九三一年一月第六届中央委员会第四次全体会议(六届四中全会)到一九三五年一月扩大的中央政治局会议(遵义会议)这个时期内所犯政治路线、军事路线和组织路线上的'左'倾错误，最为严重。这个错误，曾经给了我党和中国革命以严重的损失。"①决议还用较大篇幅，对第三次"左"倾错误从政治、军事、组织和思想四个方面进行逐项剖析，指出这些错误"都是从思想上违背马克思列宁主义的辩证唯物论和历史唯物论而来，都是从主观主义和形式主义、教条主义和经验主义而来"②。

第二个决议在充分肯定新中国成立以来 32 年所取得的成绩的同时，指出："由于我们党领导社会主义事业的经验不多，党的领导对形势的分析和对国情的认识有主观主义的偏差，'文化大革命'前就有过把阶级斗争扩大化和在经济建设上急躁冒进的错误。后来，又发生了'文化大革命'这样全局性的、长时间的严重错误。"③对这些错误，决议都详细地列举了问题所在，并做出了定性的分析。例如，对于"文化大革命"的性质，决议明确

---

① 《关于若干历史问题的决议》，见《毛泽东选集》，第 3 卷，955 页，北京，人民出版社，1991。

② 《关于若干历史问题的决议》，见《毛泽东选集》，第 3 卷，990 页，北京，人民出版社，1991。

③ 《关于建国以来党的若干历史问题的决议》，见中共中央文献研究室：《三中全会以来重要文献选编》(下)，797 页，北京，人民出版社，1982。

指出："文化大革命"不是也不可能是任何意义上的革命或社会进步。"'文化大革命'是一场由领导者错误发动，被反革命集团利用，给党、国家和各族人民带来严重灾难的内乱。"①正是对"左"倾错误进行了客观地清晰地事实陈述，廓清了历史上的是是非非，决议达到了在党内统一思想的目的。

2. 两个决议在制定过程中坚持了马克思主义的思想路线，对"左"倾错误的分析体现了实事求是、具体问题具体分析的原则，做到了以理服人。

实事求是是马克思主义的思想路线。坚持实事求是就是坚持辩证唯物主义和历史唯物主义的世界观和方法论。党的建设需要实事求是，革命和建设的实践需要实事求是，总结党的历史问题同样需要实事求是。两个历史决议都很好地贯彻了实事求是的思想路线。

第一个决议制定时，毛泽东强调指出："对于任何问题应采取分析态度，不要否定一切。"②在六届七中全会讨论决议时，他指出：制定决议是对全党和全民负责的。党的历史上"正确和错误的标准自然是马克思主义，但人民利益同样是标准"③。在此原则下，决议对党的 24 年的历史上的重大事件做了客观的分析。如对于党的"六大"，决议认为"六大"的路线基本上是正确的。"六大""正确地肯定了中国社会是半殖民地半封建社会"，"确定了中国现阶段的革命依然是资产阶级民主革命"，"正确指出了当时的政治形势是在两个革命高潮之间，指出了革命发展的不平衡"④等。同时，决议也指出"六大"有缺点和错误，主要表现在对于中间阶级的两面性和反动势力的内部矛盾，缺乏正确的估计和政策；对于大革命失败后党所需要的策略上的有秩序的退却，对于农村根据地的重要性和民主革命的长

北京师范大学史学探索丛书

① 《关于建国以来党的若干历史问题的决议》，见中共中央文献研究室：《三中全会以来重要文献选编》(下)，811 页，北京，人民出版社，1982。

② 毛泽东：《学习与时局》，见《毛泽东选集》，第 3 卷，938 页，北京，人民出版社，1991。

③ 毛泽东：《对〈关于若干历史问题的决议〉草案的说明》，见《毛泽东文集》，第 3 卷，282 页，北京，人民出版社，1996。

④ 《关于若干历史问题的决议》，见《毛泽东选集》，第 3 卷，958 页，北京，人民出版社，1991。

期性，缺乏必要的认识。对于王明"左"倾错误，决议进行了尖锐的批评，认为其对中国革命形势的判断是盲目的、错误的；混淆了民主革命和社会主义革命的界限；军事上否认敌强我弱，要求阵地战、单纯依靠主力军队的所谓的"正规战"、"全线出击"和"两个拳头打人"；在第五次反"围剿"中实行进攻中的冒险主义，在长征初期又实行真正的逃跑主义等。但是，决议也明确指出："犯了这些错误的同志们的观点中，并不是一切都错了，他们在反帝反封建、土地革命、反蒋战争等问题上的若干观点，同主张正确路线的同志们仍然是一致的。"①对党的历史上重大事件和问题进行的实事求是的分析有助于党的马克思主义思想路线的贯彻，进而有助于增强党的团结。

第二个决议的制定更多地体现了实事求是的原则。1980年3月，邓小平在与决议起草小组的同志进行谈话时确定了起草工作的几项原则，其中重要的一条是实事求是，即"对建国三十年来历史上的大事，哪些是正确的，哪些是错误的，要进行实事求是的分析，包括一些负责同志的功过是非，要做出公正的评价"②。他认为，既要讲责任，更重要的是要分析历史的复杂的背景，只有这样，"才是公正地、科学地、也就是马克思主义地对待历史，对待历史人物"③。对于如何评价毛泽东、评价毛泽东思想，事关中国革命和中国社会主义建设的很长一段历史，也为全国人民和世界舆论所关注。邓小平指出：决议的"核心问题是对毛泽东同志的评价"④，"确立毛泽东同志的历史地位，坚持和发展毛泽东思想"⑤，强调对毛泽东的评价既要实事求是，又要恰如其分。按照这一原则，决议明确指出：毛泽东

① 《关于若干历史问题的决议》，见《毛泽东选集》，第3卷，990页，北京，人民出版社，1991。

② 邓小平：《对起草〈关于建国以来党的若干历史问题的决议〉的意见》，见《邓小平文选》，第2卷，292页，北京，人民出版社，1994。

③ 邓小平：《坚持四项基本原则》，见《邓小平文选》，第2卷，172页，北京，人民出版社，1994。

④ 邓小平：《对起草〈关于建国以来党的若干历史问题的决议〉的意见》，见《邓小平文选》，第2卷，307页，北京，人民出版社，1994。

⑤ 邓小平：《对起草〈关于建国以来党的若干历史问题的决议〉的意见》，见《邓小平文选》，第2卷，291页，北京，人民出版社，1994。

对中国革命的功绩远远大于他的过失，他的功绩是第一位的，错误是第二位的；毛泽东思想是党的宝贵的精神财富，将长期指导我们的行动。决议认为，否认毛泽东思想的科学价值，否认毛泽东思想的指导作用是完全错误的，同时对毛泽东的言论采取教条主义态度，对毛泽东的话照抄照搬，也是完全错误的。由此我们可以看出，决议充分体现了实事求是的原则。

3. 两个历史决议坚持将马克思主义基本原理与中国革命和建设的实际相结合，将马克思主义中国化的成果大大向前推进一步，丰富了党的思想理论宝库。

马克思主义基本原理与中国革命和建设的具体实际相结合，这是中国革命和社会主义建设事业经过坎坷与波折后得出的一个基本道理，也是体现马克思主义实事求是思想路线的理论总结。作为对党的历史经验的总结，两个历史决议无一例外地把马克思主义基本原理与中国革命和建设的具体实际相结合作为决议的主旨，对马克思主义中国化的理论成果——毛泽东思想进行了深入地总结。

第一个决议开宗明义，指出了党自 1921 年成立以来"就以马克思列宁主义的普遍真理和中国革命的具体实践相结合为自己一切工作的指针，毛泽东同志关于中国革命的理论和实践便是此种结合的代表"①。决议在总结中国革命成功和失败的经验教训的基础上，提出"我们党以毛泽东同志为代表，创造性地把马克思、恩格斯、列宁、斯大林的革命学说应用于中国条件的工作，在这十年内有了很大的发展"。党确立了毛泽东同志在中央和全党的领导，"这是中国共产党在这一时期的最大成就，是中国人民获得解放的最大保证。"②决议从政治、军事、组织和思想四个方面概括总结

北京师范大学史学探索丛书

———————————

① 《关于若干历史问题的决议》，见《毛泽东选集》，第 3 卷，952 页，北京，人民出版社，1991。

② 《关于若干历史问题的决议》，见《毛泽东选集》，第 3 卷，955 页，北京，人民出版社，1991。

了以毛泽东为代表的党的正确的路线，并提出了毛泽东思想的概念。① 决议的形成为随后的党的"七大"将毛泽东思想作为党的指导思想奠定了基础。

第二个决议制定之时，党已经重新确立了解放思想、实事求是的马克思主义思想路线。面对社会上存在的"左"的和右的思想倾向，邓小平认为，"毛泽东思想这个旗帜丢不得"②，"要正确地评价毛泽东思想，科学地确立毛泽东思想的指导地位"③。决议对毛泽东思想进行了新的概括，指出：毛泽东思想是马克思列宁主义在中国的运用和发展，是被实践证明了的、关于中国革命的、正确的理论原则和经验总结，是中国共产党集体智慧的结晶。决议从六个方面概括了毛泽东思想的基本内容，并总结了毛泽东思想的活的灵魂，即实事求是、群众路线和独立自主。决议对毛泽东思想的新的概括，是对党60年来领导中国革命和建设经验的总结，是对马克思主义普遍原理与中国实际相结合的基本原则的再认识。它昭示着马克思主义中国化的成果和水平大大前进了一步，为即将开启的中国特色社会主义建设事业打下了牢固的思想基础。

三

两个历史决议在总结历史经验方面有许多共通之处。处在中国革命和建设关键时刻制定出来的决议，其目标有一致性，都包含有在思想上统一认识，进一步提升马克思主义水平，总结马克思主义中国化的理论成果；政治上促进党内团结，进一步确立政治路线，开拓革命和建设的新局面；

① 《关于若干历史问题的决议》原文中有"毛泽东思想"、"毛泽东思想体系"等用语。新中国成立后，毛泽东将决议作为附录收入《毛泽东选集》中，但删去了"毛泽东思想"等用语，有的用"马克思列宁主义的路线"代替。见胡乔木：《胡乔木回忆毛泽东》，325页，北京，人民出版社，2003。
② 邓小平：《对起草〈关于建国以来党的若干历史问题的决议〉的意见》，见《邓小平文选》，第2卷，298页，北京，人民出版社，1994。
③ 邓小平：《对起草〈关于建国以来党的若干历史问题的决议〉的意见》，见《邓小平文选》，第2卷，292页，北京，人民出版社，1994。

组织上贯彻正确的组织路线，进一步增强党的凝聚力和战斗力。经过党内诸多同志的共同努力，可以说两个历史决议都达到了预期的目的。两个决议通过以后对于中国革命和社会主义建设、对于党的事业产生了重要的推动作用，彰显出科学地总结历史经验的价值所在。其主要表现在：

1. 党对中国革命的规律和中国社会主义建设的规律的认识进一步深化，使得党的马克思主义理论水平和马克思主义中国化的水平显著提高。

马克思主义认为，人们的认识来源于社会实践。社会实践的不断发展变化促使认识由感性阶段上升到理性阶段。但要完整地反映事物的本质、反映其规律性，还需要作"去粗取精、去伪存真、由此及彼、由表及里"的工夫。对于中国革命和建设来讲，对其内在规律的认识，不是一次就能完成的，需要经过实践的不断积累。两个历史决议在对中国革命规律和中国社会主义建设规律的认识上，发挥了"去粗取精、去伪存真、由此及彼、由表及里"的作用，促使人们的认识上了一个新台阶。

第一个历史决议在总结党的 24 年的历史经验的基础上，对中国革命的规律做了概括，指出："现阶段的中国，是一个半殖民地半封建的国家。"中国革命的性质是"无产阶级领导的、以工人农民为主体而有其他广大社会阶层参加的、反帝反封建的革命，即是既区别于旧民主主义又区别于社会主义的新民主主义的革命"①。中国的政治经济发展具有极大不平衡性和不统一性，这就决定了中国革命的发展具有极大地的不平衡性，革命不能不经历长期的曲折的斗争过程，同时又可以在敌人统治薄弱的地区首先建立和保持武装的革命根据地。这一规律性的结论是经历了中国革命的胜利和失败的过程后才总结出来的。这无疑反映出这时的党已经加深了对中国革命规律的认识。第二个历史决议也提出了社会主义建设中一些带有规律的认识，如："在社会主义改造基本完成以后，我们所要解决的主要矛盾，是人民日益增长的物质文化需要同落后的社会生产之间的矛盾"；"社会主义经济建设必须从我国国情出发，量力而行，积极奋斗，有步骤分阶段地

---

① 《关于若干历史问题的决议》，见《毛泽东选集》，第 3 卷，971 页，北京，人民出版社，1991。

实现现代化的目标";"社会主义生产关系的变革和完善必须适应于生产力的状况，有利于生产的发展";"在剥削阶级作为阶级消灭以后，阶级斗争已经不是主要矛盾";"逐步建设高低民主的社会主义政治制度，是社会主义革命的根本任务之一";"社会主义必须有高度的精神文明"等。这些结论是在对新中国成立后 32 年正反两个方面的经验进行总结的基础上取得的，每一条都具有实践的可靠依据。

通过对历史经验的总结，党进一步深化了对中国革命和建设规律的认识，使得全党的马克思主义理论水平显著提高，马克思主义中国化的水平达到新的境界。党的"七大"提出毛泽东思想这个命题就是在第一个历史决议通过不久。可以毫不夸张地说，没有第一个历史决议就没有毛泽东思想的完整提出。同样，邓小平提出的"建设有中国特色社会主义"以及改革开放一系列路线、方针、政策，是在第二个历史决议充分总结中国社会主义建设规律的基础上逐步形成的。可以说，中国共产党历史上马克思主义基本原理与中国实际相结合经历的两次历史性的飞跃，产生的两大理论成果——毛泽东思想和邓小平理论，都与之前党的历史决议着重总结革命和建设的规律分不开。

2. 中国革命和建设事业迅速出现一个崭新的局面，极大地推动了中国历史的前进，中国社会的政治、经济、文化出现了一个历史性的转变。

党对中国革命和建设客观规律的认识的提升，促进了革命和建设实践的不断发展。两个历史决议通过后不久，中国革命和社会主义建设出现了一个崭新的局面，推动了历史的前进。

第一个历史决议通过之时，抗日战争即将迎来最后的胜利。未来的中国向何处去，是国内各党派、各阶级阶层讨论的重要议题。中国共产党提出了"建立独立、自由、民主、统一和富强的新中国"以及"废止国民党一党专政，建立民主的联合政府"的政治主张。中国革命的前途充满了光明和有利的条件。这时的党已经不再是大革命时期和土地革命战争时期尚处在幼年的党，而是经历了马克思列宁主义普遍真理和中国革命的具体实践相结合的日渐成熟起来的党。党的团结、思想的统一，完全得益于历史决议对历史经验教训的总结。第一个历史决议可以看作是党在新民主主义革命时期成熟的标志。有了这样的历史机遇，党领导人民仅仅用了四年多的时间就推翻了帝国主义、封建主义和官僚资本主义的"三座大山"，完成了新民主主义革命，建立了中华人民共和国，掀开了中国历史新的纪元，为中华民族摆脱近代以来的内忧外患，实现民族复兴和国家现代化奠定了基础。

第二个历史决议形成于改革开放之初。在经历了 10 年"文革"之后，中国的社会主义建设道路向何处去，同样成为人们讨论的问题。"文革""左"的错误给中国社会主义事业带来极大危害的事实是不容回避的。党内外广大干部群众早已对"文革"的做法产生怀疑和不满。以"文革"为代表的"左"的错误、传统模式的社会主义已经走到了尽头。历史决议集中全党智慧，对"左"的错误进行了实事求是的分析，冲破了人们头脑中的思想禁锢，使党对社会主义建设的规律有了进一步的认识。这同样可以看作是党成熟的标志。正因为有了历史决议，有了全党思想的统一，决议通过的第二年，即 1982 年，邓小平在"十二大"上正式提出了"建设有中国特色社会主义"的重要命题，进而开启了中国改革开放和社会主义现代化建设的新篇章，为中国特色社会主义道路的开辟，中国特色社会主义基本理论的形成和中国特色社会主义制度的完善创造了条件。

3. 党坚持以历史唯物主义的立场、观点、方法来对待历史问题和个人的是非功过问题，提升了党总结历史经验教训的科学水平。

中国是一个具有悠久历史传统的国度。"述往事，思来者"。历史上善于总结历史经验、重视历史经验的例子不胜枚举。贾谊的《治安策》、《过秦论》，魏徵的《谏太宗十思疏》，司马光的《资治通鉴》等都是总结历史经验的名篇名著，对中国历史产生着重要的影响。正因为中国具有这样的历史传统，那些善于总结历史经验教训的人或集团，往往能够在纷繁复杂的形势下把握住前进的方向，占得历史的先机。从中国共产党 90 年的历史来看，重视对历史的学习和运用历史知识解决各种问题，总结吸取历史的经验教训，是党的一个优良传统，也是一大政治优势。毛泽东在他的著作、讲话中，大量谈及学习历史、运用历史，总结前人经验教训等方面的内容。1938 年，他提出："我们是马克思主义的历史主义者，我们不应当割断历史。从孔夫子到孙中山，我们应当给以总结，承继这一份珍贵的遗产。"①1942 年 3 月，他专门就党的历史问题发表讲话，指出："如果不把党的历史搞清楚，不把党在历史上所走的路搞清楚，便不能把事情办得更好"，"我们要研究哪些是过去的成功和胜利，哪些是失败，前车之覆，后车之鉴。"②在他的影响带动下，党内形成了重视历史学习、重视总结历史经验教训的风气。许多领导同志都有关于历史问题的重要论述。与中国历史上重视历史经验教训不同，毛泽东等人更注重以历史唯物主义来认识历史、分析历史上的经验教训。同样是在 1942 年 3 月，他提出"研究党史必须全面看，必须是科学的，不是主观主义，要找出历史事件的实质和它的客观原因"③。由此出发，第一个决议对于"左"倾错误的产生做出了客观的、实事求是的分析。决议认为"左"倾错误的产生不是偶然的，它有很深的社会根源，"是一定的社会历史条件的产物"④。"左"倾错误反映了中国小资产阶级民主派的思想。决议从思想上的主观主义、政治上的"左"倾和右倾、组织上的宗派主义等三个方面总结了小资产阶级思想的表现，指出克服这些错误倾向不能草率从事，不能操之过急，而必须深入开展马克思列宁主义教育，提高全党对于无产阶级思想和小资产阶级思想的鉴别能力。对待领导人个人在党的历史上的功过，这是十分敏感的问题。毛泽东曾说过："研究党史上的错误，不应该只恨几个人。如果只恨几个人，那就是把历史看成是少数人创造的。"⑤这就是说，对于犯错误的同志要进行认真的分析，既要指出其错误，也要肯定其正确的方面，更要欢迎其改正错误。李立三在 20 世纪 30 年代前期犯了"左"倾盲动主义错误，决议进行

————————

　　① 毛泽东：《中国共产党在民族战争中的地位》，见《毛泽东选集》，第 2 卷，534 页，北京，人民出版社，1991。

　　② 毛泽东：《如何研究中共党史》，见《毛泽东文集》，第 2 卷，399 页，北京，人民出版社，1993。

　　③ 毛泽东：《如何研究中共党史》，见《毛泽东文集》，第 2 卷，406 页，北京，人民出版社，1993。

　　④ 《关于若干历史问题的决议》，见《毛泽东选集》，第 3 卷，996 页，北京，人民出版社，1991。

　　⑤ 毛泽东：《如何研究中共党史》，见《毛泽东文集》，第 2 卷，406 页，北京，人民出版社，1993。

了明确的批评。但在李立三认识到错误以后，他仍成为党内重要领导干部。

邓小平也很重视对历史的学习和运用历史知识来解答面临的问题。据邓小平的子女回忆，"文革"中邓小平看得最多的书除了马列著作，就是历史著作，如《资治通鉴》和"二十四史"等。在他的影响下，第二个历史决议制定过程中充分体现了历史唯物主义的原则。第二个决议对于社会主义建设过程中的"左"的错误产生的原因，特别是"文化大革命"产生的原因进行了客观的、细致的分析，指出"文化大革命"的发生并持续十年之久，除了毛泽东领导上的错误这个直接原因之外，还有对社会主义社会发展规律的认识有待继续探索、作为封建历史很长的国家对封建专制主义的遗毒不是很容易肃清以及苏联领导人挑起中苏论战并把两党分歧变为国家争端等复杂的社会历史原因。

两个决议分别对"左"倾错误产生的原因进行客观的、实事求是的分析，注重找寻其产生的社会历史的根源，而不仅仅归咎于某个人。这是富有远见的。运用历史唯物主义的观点和方法来对待历史、对待历史人物，体现了党具有了一种开阔的历史视野，说明了党总结历史经验的水平更加科学化。

中国共产党90年的历史开创了中国历史的新的纪元，总结其成功的经验有很多条，但是不容忽视的一条是，中国共产党善于总结历史经验教训，善于从总结历史（不仅仅是党自身的历史）中汲取力量，善于把握时代的发展变化，从而不失时机地确立党的路线、方针、政策，这样就杜绝了党的思想僵化，保持实事求是、解放思想和与时俱进。党的历史上集中系统地总结历史经验是这两个历史决议的制定，但在其他时候也还有很多总结历史经验的例子。在党的"十七大"报告和纪念党的十一届三中全会召开三十周年大会上的讲话中，胡锦涛总书记阐述了改革开放的历史进程，总结了在我国"这样一个十几亿人口的发展中大国摆脱贫困、加快实现现代化、巩固和发展社会主义的宝贵经验"。同时，立足于我国社会主义初级阶段基本国情，总结我国发展实践，借鉴国外发展经验，分析我国发展呈现一系列新的阶段性特征，党中央提出了科学发展观。从党的90年历史可

北京师范大学史学探索丛书

以看出，每一次对历史经验总结都使党成长一步、前进一步，每一次总结都使党的理论和路线方针政策与中国的实际更加贴近，更加符合历史的趋势和时代的要求，更加符合广大人民群众的愿望。因此，科学地总结历史经验这样一个优良传统要不断发扬光大。

"人不通古今，马牛而襟裾"

——延安时期毛泽东谈学习历史

1939 年 5 月 20 日，毛泽东在延安在职干部教育动员大会上发表讲话，其中谈到了学习历史的问题。他说："古人讲过：'人不通古今，马牛而襟裾'，就是说：人不知道古今，等于牛马穿了衣裳一样。什么叫'古'？'古'就是'历史'，过去的都叫'古'……'今'就是现在。我们单通现在是不够的，还须通过去。延安的人要通古今，全国的人要通古今，全世界的人也要通古今，尤其是我们共产党员，要知道更多的古今。"①

"人不通古今，马牛而襟裾"这句话，出自唐代韩愈的《符读书城南》诗。这首诗作于唐元和十一年(816 年)，是一首劝学诗。符是韩愈的儿子，城南是韩愈的住处。诗中有这样的诗句："木之就规矩，在梓匠轮舆。人之能为人，由腹有诗书。诗书勤乃有，不勤腹空虚。"而"人不通古今，马牛而襟裾"一句所表达的含义是，人要知晓历史，否则就和禽兽牛马没什么两样了。韩愈的这句诗源于《孟子·滕文公上》的"人之有道也，饱食暖衣，逸居而无教，则近于禽兽"，其意思是说：人所以为人，与禽兽不同，吃饱、穿暖、住得舒适如不给以道德教化，就和禽兽相近了。韩愈取孟子的话，目的是从道德教化的角度来教育他的儿子。而毛泽东借韩愈这句话所要表达的是重视学习历史的问题。

毛泽东在这个时候强调学习历史，是有特定的背景的。

当时正在进行的中国人民的抗日战争，是自鸦片战争以来中华民族面临生死存亡的关键一战，必须动员全民族的力量投入到抗战中来。而加强对中国历史的学习，可以增强中华民族的凝聚力、向心力，也有助于弘扬中华民族精神，提升民族认同感，动员广大的民众和社会力量共同抵抗日

---

① 《在延安在职干部教育动员大会上的讲话》(1939 年 5 月 20 日)，见《毛泽东文集》，第 2 卷，177 页，北京，人民出版社，1993。

北京师范大学史学探索丛书

本帝国主义侵略。

学习中国历史有助于把马克思主义基本原理与中国实际相结合。从党成立到抗日战争全面爆发的 16 年间，党以马列主义为指导，学习借鉴苏联的经验来领导中国革命，其中有成功的经验，也有失败的教训。这期间"左"的和右的错误使革命遭受了巨大的挫折。抗战开始后，这种情况再次出现。1937 年 11 月，王明从苏联回国，在如何巩固和扩大抗日民族统一战线问题上，指责以毛泽东为核心的党中央没有贯彻"一切通过统一战线"、"一切服从统一战线"的精神，过分强调了独立自主。由于王明打着共产国际的旗号，他的言论在党内产生了一定影响，以致在同国民党的关系问题上过分强调联合而忽略了斗争。以王明为代表的右倾错误不利于党的全面抗战路线的贯彻，不利于党的团结。它表明教条主义、洋八股在党内仍然有市场，仍然没有去除掉。因此，提出把马列主义与中国实际相结合的问题，势在必行。而要做到这一点，开展一场既要学习马列主义原理、又要学习中国历史的学习运动就显得更为重要了。

1938 年 11 月，党的六届六中全会通过的政治决议案提出在党内开展学习运动的号召，要求党员和干部学习马列主义、学习中国历史。如何学习马列主义呢？毛泽东提出，学习马列主义不是学些马列主义的词句，而应当学习他们观察问题与解决问题的立场与方法。他还认为，"马克思主义必须通过一定的民族形式才能实现"。而运用民族形式就涉及学习中国历史的问题，对此，他讲了下面一段话：

> 我们这个民族有数千年的历史，有它的特点，有它的许多珍贵品质。对于这些，我们还是小学生。今天的中国是历史的中国的一个发展；我们是马克思主义的历史主义者，我们不应当割断历史。从孔夫子到孙中山，我们应该给以总结，承继这一份珍贵的遗产。①

---

① 《中国共产党在民族战争中的地位》（1938 年 10 月 14 日），见《毛泽东选集》，第 2 卷，533～534 页，北京，人民出版社，1991。

毛泽东讲这番话与他具有深厚的中国历史文化修养有密切关系。在毛泽东的革命生涯中，学习历史、研究历史是他的一门必修课，其用工之深，运用之自如，党内无人能出其右。

从中国革命的历程看，马克思主义要在中国生根，就必须与中国实际相结合。中国历史文化中有许多智慧和哲理，中国历史的发展也有其自身的特点。毛泽东在党内号召学习历史，要求共产党员承继中国历史文化遗产，目的就是将这些智慧和哲理提炼出来加以运用，同时在中国革命中始终注意自己的国情。在这个基础上他明确提出了"马克思主义中国化"的命题，并得到党内许多领导人的赞同。但是，王明在六届六中全会上的发言中，在表示肯定马克思主义中国化的同时，却又提出几点要"注意"的问题，声称：不能以孔子的折衷和烦琐哲学代替唯物辩证法；不能以中国旧文化学说来曲解马列主义；不能在"民族化"的误解之下，来忽视国际经验的研究和运用；不能庸俗化和牵强附会。王明讲这番话的针对性是明显的，透露出他对"马克思主义中国化"的质疑。

正是针对这种情况，毛泽东讲了本文开头的那段话，此后又多次谈及在党员和干部中学习历史的重要性问题。特别是在延安整风期间，他提出："我党现在已是一个担负着伟大革命任务的大政党，必须力戒空疏，力戒肤浅，扫除主观主义作风，采取具体办法，加重对于历史，对于环境，对于国内外、省内外、县内外具体情况的调查与研究，方能有效地组织革命力量。"[1]针对党内存在的认真研究历史的空气不浓厚，许多党员的心目中对近百年的中国史和古代中国史还是漆黑一团，一些党内的学者言必称希腊而忘记了自己的祖宗的种种情况，毛泽东明确提出："不要割断历史。不单是懂得希腊就行了，还要懂得中国；不但要懂得外国革命史，还要懂得中国革命史；不但要懂得中国的今天，还要懂得中国的昨天和前天。"[2]他强调，采取这种学习历史的态度，就是要有目的地去研究马克思

北京师范大学史学探索丛书

---

① 《中共中央关于调查研究的决定》(1941年8月1日)，见《毛泽东文集》，第2卷，361页，北京，人民出版社，1993。

② 《改造我们的学习》(1941年5月19日)，见《毛泽东选集》，第3卷，801页，北京，人民出版社，1991。

列宁主义的理论，要使马克思列宁主义的理论和中国革命的实际运动结合起来，是为着解决中国革命的理论问题和策略问题而去从其中找立场、找观点、找方法。

由于毛泽东的大力倡导，学习历史、研究历史成为延安整风中的一项主要内容。在延安的历史研究会、中国现代史研究会、民族问题研究会等学术性社团对历史问题进行研究，完成了一批重要成果。党内由此形成的学习历史、研究历史的气氛，对于全党提高马克思列宁主义理论水平，增强对中国国情的认识，实现马克思主义基本原理与中国具体实际相结合，起了积极的推动作用。

历史教育在社会主义精神文明
建设中的地位和作用

党的"十五大"报告明确指出："社会主义现代化应该有繁荣的经济，也应该有繁荣的文化"，而"有中国特色社会主义的文化，就其主要内容来说，同改革开放以来我们一贯倡导的精神文明是一致的。"由此可见，建设社会主义精神文明是摆在我们面前的一项既艰巨又伟大的任务，是建设有中国特色社会主义文化的重要组成部分。而历史教育是精神文明建设中的一个重要方面。因此，在世纪之交，我们对历史教育在精神文明建设中的重要地位和作用应该有更加清醒、科学的认识。

一、对人民进行历史教育，有利于弘扬爱国主义精神，继承革命传统，进一步增强中华民族的凝聚力

中国是一个具有悠久历史和灿烂文化的国家。长期以来，它为人类文明的进步和发展做出过巨大的贡献。因此，学习和研究中国古代的光辉历史，可以增强中华民族的自信心和自豪感。虽然自鸦片战争以来，由于帝国主义列强的侵略，中国逐渐沦为半殖民地半封建社会的悲惨境地，但是，一百多年来，为了民族的独立和国家的富强，无数的仁人志士高举爱国主义的旗帜，不怕牺牲，顽强奋斗。中国人民经过长期艰苦努力，终于在中国共产党领导下，取得了新民主主义革命的胜利，推翻了帝国主义、封建主义和官僚资本主义的统治，建立了独立的、人民当家做主的新中国。因此，学习中华民族这段饱受屈辱的历史和中国人民英勇斗争的历史，可以激发人们的爱国主义热情，增强整个民族的凝聚力和向心力。在建设社会主义精神文明的伟大工程中，历史教育的这种独特作用是其他学科所无法替代的。

北京师范大学史学探索丛书

重视历史，以史为鉴，积极弘扬民族的文化遗产以促进社会的进步，这是中华民族的优良传统。近代著名思想家龚自珍对历史的重要性曾有一段精辟的论述："灭人之国，必先去其史；隳人之枋，败人之纲纪，必先去其史；绝人之材，湮塞人之教，必先去其史；夷人之祖宗，必先去其史。"①反过来说，一个国家、一个民族只有珍惜自己的历史，重视自己的文化遗产，才能弘扬爱国主义精神，才能形成强大的民族凝聚力。近代史学家梁启超也说："史学者，学问之最博大而最切要者也。国民之明镜也。爱国心之源泉也。"②中国共产党也一贯重视历史的智慧和历史的经验，重视发挥历史科学的教育功能。毛泽东在 1938 年 10 月写的《中国共产党在民族战争中的地位》一文中说："我们这个民族有数千年的历史，有它的特点，有它的许多珍贵品。对于这些，我们还是小学生。今天的中国是历史的中国的一个发展；我们是马克思主义的历史主义者，我们不应当割断历史。从孔夫子到孙中山，我们应当给以总结，承继这一份珍贵的遗产。这对于指导当前的伟大的运动，是有重要的帮助的。"③改革开放以来，邓小平等领导同志在许多场合发表讲话，都强调要把历史教育提到社会主义精神文明建设的高度，当成一件大事来抓。邓小平同志曾满含激情地说："我是一个中国人，懂得外国侵略中国的历史。当我听到西方七国首脑会议决定要制裁中国，马上就联想到 1900 年八国联军侵略中国的历史。"④他针对一些青年不了解中国的历史，特别是中国革命、中国共产党历史的现象，在 20 世纪 80 年代提出："了解自己的历史很重要。青年人不了解这些历史，我们要用历史教育青年，教育人民。"⑤他说："要懂得些中国历史，这是中国发展的一个精神动力。"⑥

① ［清］龚自珍：《龚自珍全集》上册，22 页，上海，上海人民出版社，1975。
② 李华兴、吴佳勋：《梁启超选集》，277 页，上海，上海人民出版社，1984。
③ 《毛泽东选集》，第 2 卷，533～534 页，北京，人民出版社，1991。
④ 《邓小平文选》，第 3 卷，357～358 页，北京，人民出版社，1993。
⑤ 《邓小平文选》，第 3 卷，206 页，北京，人民出版社，1993。
⑥ 《邓小平文选》，第 3 卷，358 页，北京，人民出版社，1993。

二、对人民进行历史教育，有利于坚定社会主义信念，
充分认识中国走社会主义道路的必然性

中国走社会主义道路而不走资本主义道路，这是无数仁人志士和革命先烈用鲜血和生命换来的结论，是中国近代历史发展的必然结果。鸦片战争以后，中国传统的社会制度开始解体，并缓慢地开始了近代化的历程。无数仁人志士都希望通过向西方学习，中国可以迅速改变落后面貌，由强变弱，赶上西方列强的发展水平。但是，他们的梦最后都破灭了。为什么？这是因为帝国主义不希望中国独立自主地发展资本主义，它们害怕中国强大起来。因此，尽管近代中国人民也曾想把资本主义的生产方式和社会制度照搬到中国来，但最后还是失败了。历史事实充分证明，正是帝国主义列强的不断侵略和帝国主义与封建主义的相互勾结，才阻碍了中国资本主义的发展；也正是西方侵略者为中国资本主义的发展设置了重重障碍，才导致中国人民追求的资本主义道路最后走进了死胡同。邓小平同志曾语重心长地说："让我们看看历史吧。国民党搞了二十几年，中国还是半殖民地半封建社会，证明资本主义道路在中国是不能成功的。"[①]他进一步解释道：鸦片战争以来的近一个世纪，"我国有识之士包括孙中山都在寻求中国的出路。孙中山开始就想学习西方，所谓西方即资本主义。后来，孙中山觉得资本主义西方不行了，提出'以俄为师'，学习十月革命后的俄国，开始了国共合作，导致北伐战争的胜利。孙中山逝世以后，国民党的统治使中国继续处在半殖民地半封建社会的悲惨地位，在日本侵华期间大片国土沦为殖民地。在帝国主义、封建主义和后来发展起来的官僚资本主义压迫下，中国继续贫穷下去。这个历史告诉我们，中国走资本主义道路不行，中国除了走社会主义道路没有别的道路可走。"[②]邓小平的这一段话告诉我们，中国近代社会发展的这一特点并不是我们今天才看清楚

北京师范大学史学探索丛书

---

① 《邓小平文选》，第 3 卷，62 页，北京，人民出版社，1993。
② 《邓小平文选》，第 3 卷，205～206 页，北京，人民出版社，1993。

的、早在 20 世纪初，中国革命的先行者孙中山先生就看清楚了。孙中山从自己的革命生涯中总结出一条经验，这就是，西方列强是不希望中国走上资本主义发展道路的，中国革命只有以俄为师，才有出路。中国共产党也是从它成立的时候起，就认识到只有走俄国人的路也就是十月革命的道路，中华民族才能迎来自己的独立和解放。而中国人民也正是在中国共产党的领导下，经过艰苦卓绝的斗争，才赢得了新民主主义革命的胜利，走上了社会主义的发展道路。

我们今天必须在全社会尤其是在青少年中加强历史教育特别是中国近代史教育，而不是削弱这种教育。只有这样，才能使人民对中国的近现代历史有正确的认识，才有利于人民坚定走社会主义道路的信念。

三、对人民进行历史教育，有利于全体人民在现阶段树立
共同理想，这就是为建设有中国特色的社会主义，
为实现中国的社会主义现代化而奋斗

新中国成立以来，党领导人民群众进行社会主义革命，建立了社会主义制度，并在此基础上开展了大规模的经济文化建设，取得了伟大的成就。但是这中间也经历了一些挫折，犯了一些错误，主要是强调"以阶级斗争为纲"，忽视发展生产力，没有完全搞清楚什么是社会主义。在"文化大革命"中，这些错误发展到了极端，从而使我们吃了大亏，社会主义优越性未能充分地发挥出来。对于这段刚刚过去的历史，邓小平同志一方面认真总结其历史经验教训，在此基础上提出改革开放等一系列方针政策，继承和发展了马克思主义，形成了建设有中国特色社会主义理论；另一方面要求党员和人民群众从中受到教育，坚持走建设有中国特色的社会主义道路。他说："过去的成功是我们的财富，过去的错误也是我们的财富。"[1]"十一届三中全会确立的这条中国的发展路线，是否能够坚持得住，要靠

---

[1] 《邓小平文选》，第 3 卷，272 页，北京，人民出版社，1993。

大家努力，特别是要教育后代。"①今天我们认真学习邓小平理论，坚持党的基本路线不动摇，需要深入学习历史，特别是中华人民共和国建立以来的历史。只有这样，我们才能深刻理解为什么要坚持以经济建设为中心，为什么要坚持四项基本原则和改革开放不动摇的道理，才能更好地团结在以江泽民同志为核心的党中央周围，一心一意地搞社会主义现代化建设。

四、对人民进行历史教育，有利于弘扬中华民族优秀的传统文化，推动我们去学习和吸收世界文化的优秀成果

毛泽东在《新民主主义论》中提出了建立新民主主义的政治、经济和文化的要求。同样地，在建设有中国特色社会主义的过程中，不仅要建设有中国特色社会主义的政治和经济，也要建设有中国特色社会主义的文化。这当中，如何对待中国的传统文化和西方文化是一个要紧的问题。邓小平同志在改革开放初期即指出："属于文化领域的东西，一定要用马克思主义对它们的思想内容和表现方法进行分析、鉴别和批判。"②他强调，在讲中国传统的时候，要批判和反对封建主义在党内外思想政治方面的种种残余影响。对于现代西方文化我们要分析，既向资本主义发达国家学习先进的科学、技术、经营管理方法以及其他一切对我们有益的知识和文化，但是又不能容忍西方资产阶级没落文化的腐蚀。为了做到这一点，邓小平同志要求思想战线上的同志"高举马克思主义的、社会主义的旗帜，用自己的文章、作品、教学、讲演、表演、教育和引导人民正确地对待历史，认识现实，坚信社会主义和党的领导，鼓舞人民奋发努力，积极向上，真正做到有理想、有道德、有文化、守纪律，为伟大壮丽的社会主义现代化建设事业而英勇奋斗"。③ 江泽民同志在庆祝中国共产党成立70周年大会上的讲话中也指出："要坚持进行爱国主义、集体主义、社会主义思想和共产主义理想的教育，进行近代史、现代史教育和国情教育。""中华民族是

---

① 《邓小平文选》，第3卷，381页，北京，人民出版社，1993。

② 《邓小平文选》，第3卷，44页，北京，人民出版社，1993。

③ 《邓小平文选》，第3卷，40页，北京，人民出版社，1993。

有悠久历史和优秀文化的伟大民族。我们的文化建设不能割断历史。对民族传统文化要取其精华、去其糟粕，并结合时代的特点加以发展，推陈出新，使它不断发扬光大。我们还必须积极吸收人类所创造的一切优秀文化成果，把它熔铸于有中国特色社会主义的文化之中。"

社会主义精神文明建设所要求的在全国各族人民特别是青少年中间，加强正确的世界观、人生观、价值观教育，加强以爱国主义、集体主义、社会主义为核心内容的思想道德教育，以及提高整个民族的科学文化素质等，这都与历史教育有着密切的联系。因此，在社会主义精神文明建设中，历史教育只能加强，不能削弱。任何忽视历史教育的想法和做法都是轻率的、肤浅的，甚至是有害的。

总结历史经验与探寻客观规律

"三个代表"重要思想和党的"十六大"报告有一个显著的特点，即重视总结历史经验，强调对客观规律的认识和把握。

马克思主义认为，任何事物都是存在规律的，人类社会发展也是有规律的。只有认识规律、尊重规律，按照规律办事，社会才能健康地发展。江泽民同志在"十六大"报告中几次提及规律的问题。他向全党提出"深入学习贯彻'三个代表'重要思想，提高党的马克思主义理论水平"的要求时指出："党的思想理论上的提高，是党和国家事业不断发展的思想保证"，要在全党深入进行马克思主义发展史的教育，"不断深化对共产党执政规律、社会主义建设规律和人类社会发展规律的认识，不断丰富和发展马克思主义"。在谈到"加强党的执政能力建设，提高党的领导水平和执政水平"时，他强调了"必须坚决按照客观规律和科学规律办事"的问题。他还指出："坚持党的思想路线，解放思想、实事求是、与时俱进，是我们党坚持先进性和增强创造力的决定性因素。与时俱进，就是党的全部理论和工作要体现时代性，把握规律性，富于创造性。"

对客观规律的认识需要通过人们的实践来认识。就实践而言，除了各种现实活动外，人类历史也是实践的重要方面。所以说，总结历史经验的过程也是一种对规律的认识过程。总结历史经验的目的是探寻社会发展的客观规律，深化对规律的认识，从而更好地遵循规律。

中国是一个重视历史的国度。总结前人的历史经验有着悠久的传统，其中重视对当代历史的总结又是古往今来人们的常见做法。在中国传统社会，人们虽注重历史经验的总结，但是，尚不懂得认识社会发展的规律。只有运用马克思主义基本原理，以科学的、实事求是的精神，才能逐渐认识规律。在中国共产党成立以来的80年中，通过总结历史经验教训，成功地探索出中国革命和建设客观规律的例子，并不少见。以毛泽东、邓小平为代表的党的第一、第二代领导集体实现把马克思主义与中国实际相结合

北京师范大学史学探索丛书

的两次历史性飞跃，就是在总结历史的基础上对中国革命和建设规律的科学认识。

江泽民同志十分重视总结历史经验，曾多次强调学习历史、研究历史的重要性。1989年6月党的十三届四中全会以来，他几次在重要的场合对历史经验进行认真地总结。1992年党的"十四大"，他在政治报告的第一部分总结了改革开放十四年的经验教训。此后，他在1997年党的"十五大"报告中总结了邓小平理论产生的历史背景，在1998年12月纪念十一届三中全会召开20周年的大会上总结了改革开放20周年的历史经验。特别需要指出的是，他在纪念中国共产党成立80周年大会上的重要讲话，就是以总结历史经验开篇，从1840年西方列强入侵，中国逐渐沦为半殖民地半封建社会讲起，到中国共产党成立，再到党领导新民主主义革命取得胜利，以至建设社会主义，实行改革开放。讲话运用马克思主义历史唯物主义观点，以一种宏观的历史视角，高度概括了近代、现代中国经历的两个截然不同的80年的进程，具有很强的历史感和说服力。"三个代表"重要思想就是在总结中国近代、现代160年的历史经验，基础上同时结合新世纪我国所面临的复杂的国内外形势而提出的，它是总结党成立80年的历史经验的直接结果。例如，关于"代表中国先进生产力的发展要求"的论断，江泽民同志指出：党的路线、方针、政策，"必须努力符合生产力发展的规律，体现不断推动社会生产力的解放和发展的要求，尤其要体现推动先进生产力发展的要求，通过发展生产力不断提高人民群众的生活水平。"这方面新中国成立以来我们有着深刻的教训。在我们进入社会主义初级阶段的初期，由于我们对生产力是社会发展的最终决定力量的认识存在偏差，导致一个时期党和国家的工作重心没有放在经济建设上，而是强调"以阶级斗争为纲"，以致造成"文化大革命"的严重错误。改革开放以后，邓小平提出"社会主义的任务很多，但根本一条就是发展生产力"的论断，形成了"一个中心、两个基本点"的党的基本路线，极大地推动了我国社会生产力的发展，使人民生活水平有了很大提高。党领导人民进行社会主义革命和建设，目的就是促进社会生产力和各项事业的发展，满足人民群众日益增长的物质、文化、生活需要，为实现共产主义最终目标创造条件。如果不把发展生产力摆到党和国家各项工作的首位，我们的革命和建设就失去了意义。正如刘少奇在新中国成立初期指出的：打倒三大敌人"只是消除发展生产的阻碍，造成发展生产的条件，还不是生产的直接发展"。如果不发展生产，"那我们的革命就没有什么大的意义了，我们的革命就不能说是已经胜利了，相反，我们还要遭受可耻的失败。"①因此，党只有始终代表先进生产力的发展要求，才能保证得到人民的拥护，才能实现党的既定目标。

再如，关于"代表中国先进文化的前进方向"的论断，江泽民指出："必须努力体现发展面向现代化、面向世界、面向未来的，民族的科学的大众的社会主义文化的要求，促进全民族思想道德素质和科学文化素质的不断提高，为我国经济发展和社会进步提供精神动力和智力支持。"中国共产党成立以后是十分注意加强文化建设的。抗战时期，毛泽东提出建设民族的科学的大众的新民主主义文化的任务。新中国成立以后，党适时地开展大规模文化建设，努力清除旧社会遗留下来的腐朽没落的旧文化，以"百花齐放、百家争鸣"方针为指导大力发展教育科学事业，提倡移风易俗，从思想上、精神上引导人们追求高尚的理想境界，提倡社会主义新的道德风尚，批判地吸收借鉴历史文化遗产。但是，在这方面也走过弯路。"文化大革命"十年使我国文化建设遭受严重挫折，不仅教育科学事业损失严重，人们的道德水准、理想信念也大幅度滑坡。改革开放以来，党多次强调加强社会主义精神文明建设，党的"十五大"提出建设有中国特色社会主义文化的任务。实践证明，只有物质文明的提高，而没有精神文明的提高，不能说是实现社会主义现代化。

江泽民同志"三个代表"重要思想的提出体现了重视总结历史经验的鲜明特色，同时他在"七一"讲话和"十六大"报告中站在时代前列，立足于新的实践，把握时代特点，运用马克思主义基本理论研究现实中的重大问题，提出"不断深化对共产党执政的规律、对社会主义建设的规律、对人类社会发展的规律的认识"的要求。"三个规律"虽然处于不同的层面，但

---

① 《刘少奇选集》下卷，3、4页，北京，人民出版社，1985。

是其中却有着内在的联系，是一个整体。深化对"三个规律"的认识与总结历史经验同样有着密切的联系。

在我们党领导人民进行革命和建设的历程中，对于"三个规律"的认识是经历了一个逐步的发展过程。这当中总结历史经验起了重要的作用。在民主革命时期，以毛泽东为代表的第一代领导集体，认真总结中国革命成功和失败的经验教训，摸索在半殖民地半封建社会的中国进行革命的规律，提出了新民主主义理论，形成了毛泽东思想，最终取得了革命的成功。进入社会主义革命和建设时期，党对新形势下如何认识党的执政规律、社会主义建设规律和社会发展规律曾一度迷茫，采取过违背客观规律的做法，结果导致社会主义建设事业遭受挫折。党的十一届三中全会以后，以邓小平为代表的第二代领导集体，深刻总结了新中国成立以来社会主义建设的正反两个方面的经验教训，对"什么是社会主义、怎样建设社会主义"等重大理论问题进行认真研究。成功的经验是宝贵的财富，错误的教训也是一种财富。邓小平在"文革"结束后，对这场给党、国家和各族人们带来严重灾难的内乱进行了深刻地反思。在《邓小平文选》第2、3卷中有80多处谈到"文革"。他指出："'文化大革命'也有一'功'，它提供了反面教训。"①正是深刻总结了"文革"的教训，邓小平才提出了改革开放、我国正处于社会主义初级阶段、建设有中国特色的社会主义等一系列新思想，形成了邓小平理论。这在一定程度上加深了对社会主义建设规律和人类社会发展规律的认识，促进了社会主义现代化建设事业的发展。

需要指出的是，对规律的认识过程并非一次实践就可以完成，有时甚至要经过多次的反复。在我国进入社会主义初级阶段的初期，党对苏联社会主义建设中存在的弊病有所觉察，进而提出探索中国自己的社会主义建设道路的问题。在党的"八大"前后形成了一系列富有成效的重要思想。这显示党在努力探寻中国社会主义建设的规律。然而，在"大跃进"和人民公社化运动中，党在指导思想上犯了违背客观规律的错误，提出种种不切实际的要求，对国民经济造成很大损害。经历了这个挫折后，1962年毛泽东

---

① 《邓小平文选》，第3卷，272页，北京，人民出版社，1993。

在总结经验教训时才进一步认识到尊重规律的重要性。他指出："对于建设社会主义的规律的认识，必须有一个过程。""必须通过从群众中来的方法，通过作系统的周密的调查研究的方法，对工作中的成功经验和失败经验，作历史的考察，才能找出客观事物所固有的而不是人们主观臆断的规律。"①而事实上，真正深化对社会主义建设规律的认识还是在党的十一届三中全会以后。这说明对规律的认识需要不断地通过社会实践，其中包括对历史经验的认真总结来加深。

江泽民同志提出深化"三个规律"认识的要求，是在深刻总结了马克思主义诞生以来150多年社会主义运动的经验、中国共产党成立80年革命和建设的经验以及新中国成立后党作为执政党长期执政的经验的基础上提出的意义重大的理论课题。"三个代表"重要思想是现阶段中国共产党对"三个规律"认识的集中体现。它表明党在21世纪之初在重视总结历史经验的基础上，根据实践的要求，以创新的精神丰富和发展了马克思主义，把党对"三个规律"的认识提高到了一个更新、更高的水平。

总之，深刻总结历史经验有助于我们进一步深化对"三个规律"的认识，有助于开拓中国特色社会主义建设事业的新局面，有助于我国社会经济文化各项事业健康稳步地发展，有助于我们实现全面建设小康社会的目标。

---

① 《毛泽东文集》，第 8 卷，300、305 页，北京，人民出版社，1999。

中国共产党培育和弘扬
时代精神的基本经验

中华民族是一个具有宝贵精神财富的民族。在五千多年的发展历程中，形成了以爱国主义为核心的团结统一、爱好和平、勤劳勇敢、自强不息的伟大民族精神。近代以来，中华民族在争取民族独立和人民解放的过程中，形成了适应时代发展的、反映时代主题的时代精神。而中国共产党成立后的 90 年中，在其领导人民进行的新民主主义革命、社会主义革命和建设以及改革开放的进程中，不断锤炼、培育，形成了具有鲜明时代特色、蕴含深刻理论精髓的时代精神。它的形成和发展深深植根于这一波澜壮阔的历史画卷之中，是中华民族的宝贵的精神财富。总结培育和弘扬时代精神的基本经验，对于在新形势下大力弘扬时代精神意义十分重大。

中国共产党在 90 年波澜壮阔的奋斗历程中，培育和弘扬时代精神的基本经验主要有以下几个方面：

一、从中国革命、建设和改革开放的伟大实践中提炼时代精神

马克思主义认为，实践在人们认识客观世界的过程中具有首要的地位和决定性的作用。实践对于认识的作用在时代精神的孕育、形成和发展过程中得到鲜明的体现。

在新民主主义革命时期，中国共产党领导人民进行了 28 年艰苦卓绝的奋斗，革命斗争的实践锻造和锤炼了艰苦奋斗、不怕牺牲的革命精神。井冈山精神、长征精神、延安精神、铁军精神、红岩精神和西柏坡精神等，就是最鲜明的体现。每一种精神都是革命实践的集中反映。例如，长征精神产生在艰苦卓绝的二万五千里长征中。在这一惊天地、泣鬼神的英雄史诗般伟业中，无数的红军将士以鲜血和生命培育了坚定理想信念、不怕艰难困苦、不怕流血牺牲、团结协作、顾全大局的长征精神。延安精神是中

国共产党人优良传统和优秀作风的总代表。中共中央在延安13年，领导人民建立了巩固的革命根据地，不断壮大了人民武装力量，积极探索了中国革命的发展道路，形成了马克思主义与中国革命实际相结合的毛泽东思想。在这一伟大实践中体现出了抗日救亡的爱国主义精神，理论联系实际、密切联系群众的工作作风，实事求是的思想路线，自力更生、艰苦奋斗的创业精神。延安精神的形成标志着中国共产党培育的革命精神已经成熟。

1949年新中国成立以后，中国人民迎来了一个社会主义革命和建设的新时代。但是，中国人民还面临着各种各样的内忧外患。维护国家主权和民族尊严，争取周边安定的国际环境，集中精力进行社会主义建设，是摆在党和全国人民面前的紧迫任务。毛泽东敏锐地认识到新中国建立后的繁重的历史任务，他号召全党同志"要保持过去革命战争时期的那么一股劲，那么一股革命精神，那么一种拼命精神，把革命工作做到底"[1]。这一时期，为了建设社会主义、为了使中华民族自立于民族之林，党领导亿万人民群众在对敌斗争、生产实践、科技突破等方面，发扬了不畏强敌、自力更生、艰苦奋斗的精神，出现了抗美援朝精神、"两弹一星"精神、雷锋精神、铁人精神、大庆精神和红旗渠精神等。

改革开放以后，中国特色社会主义建设的伟大实践呼唤时代精神的进一步弘扬。邓小平同志多次指出，改革开放和现代化建设事业是亿万人民群众共同的事业，要充分发挥和依靠人民群众的积极性和创造性。他说："中国搞四个现代化，要老老实实地艰苦创业。我们穷，底子薄，教育、科学、文化都落后，这就决定了我们还要有一个艰苦奋斗的过程。"[2]"我们一定要宣传、恢复和发扬延安精神，解放初期的精神，以及60年代初期克服困难的精神"[3]。在新的历史条件下，党和人民群众积极开拓、勇于探

---

① 《毛泽东文集》，第7卷，285页，北京，人民出版社，1999。
② 《邓小平文选》，第2卷，257页，北京，人民出版社，1994。
③ 《邓小平文选》，第2卷，369页，北京，人民出版社，1994。

索、不畏艰险、敢于胜利的实践，造就了"六十四字"①创业精神、孔繁森精神、98抗洪精神、抗击非典精神和抗震精神等。江泽民指出："创新是一个民族进步的灵魂，是一个国家兴旺发达的不竭动力，也是一个政党永葆生机的源泉。"胡锦涛也指出："实践永无止境，创新永无止境。"改革开放是一项前无古人的伟大实践，是马克思主义与中国实际相结合的产物，也是与时俱进、不断创新的结果。党的"十七大"正式提出了"以改革创新为核心的时代精神"的命题，使得创新成为时代精神的主要内容。

时代精神作为精神产品，其培育和发展必然要以实践为源泉，没有实践就没有时代精神。在中国革命、建设和改革开放的伟大实践中，形成的一系列宝贵的精神财富，为当今时代精神的培育提供了丰厚的资源。

二、通过马克思主义中国化水平的提高促进时代精神的进一步弘扬

中国共产党的历史是以马克思主义为指导，紧密结合中国具体实际进行理论创新的历史，就是一部不断推进马克思主义中国化的历史。从毛泽东思想、邓小平理论、"三个代表"重要思想到科学发展观，充分体现了马克思主义中国化的发展历程。党的每一次理论创新，都是在敏锐把握时代特征，准确反映时代要求的前提下取得的，都使马克思主义中国化更具有时代特色，适应时代的发展，从而能更好地为党和人民的事业提供科学理论指导。同样，马克思主义及其中国化水平的提高为弘扬时代精神提供了科学的世界观和方法论，从客观上和事实上拓宽了时代精神的道路，并从实践上大大提升了时代精神的境界。1935年的遵义会议是党的历史上第一次独立自主地解决中国革命根本问题的会议。这次会议使马克思主义中国化展开了一个崭新的局面。在长征途中出现的这一重要历史转折表明了党

---

① "六十四字"创业精神，是1993年3月江泽民在八届全国人大一次会议闭幕式讲话中率先概括出来的，具体指：解放思想、实事求是，积极探索、勇于创新，艰苦奋斗、知难而进，学习外国、自强不息，谦虚谨慎、不骄不躁，同心同德、顾全大局，勤俭节约、清正廉洁，励精图治、无私奉献。

具有一种敢闯新路的创新精神。1945 年的延安整风催生了毛泽东思想这一马克思主义与中国革命实践相结合的伟大理论成果，统一了全党思想，调动了广大民众投身革命洪流的积极性，指引着中国革命走向最终胜利。其中实事求是的思想路线成为延安精神的主要内容。1978 年关于真理标准问题的讨论是马克思主义中国化进程中又一次重大的思想解放运动，它澄清了人们的认识，统一了人们的思想，为改革开放和中国特色社会主义现代化建设提供了思想理论基础。此后，1992 年春邓小平南方谈话和党的"十五大"、"十六大"、"十七大"，带来了全党的思想解放和全民族思想认识的进步。马克思主义中国化和解放思想、实事求是、与时俱进的思想路线的确立和发展，中国特色社会主义道路的不断开拓，为培育和弘扬时代精神提供了强大的思想武器。

三、从中华民族精神的宝库中汲取精华滋养时代精神

以爱国主义为核心的团结统一、爱好和平、勤劳勇敢、自强不息的伟大民族精神是维系中华民族生存、推动中华民族发展的巨大精神力量，是我们的精神宝库。同时，博大精深的中华民族精神也为中国共产党培育和弘扬时代精神提供了取之不尽的源泉。

在中华民族的历史上，爱国主义主要表现为开发和改造祖国河山，创造灿烂的中华文明；反抗民族压迫和外来侵略，捍卫国家的主权和民族的尊严；反对民族分裂，维护国家统一和民族团结以及顺应历史潮流，改革弊政，励精图治，治国安邦，施利于民。在党领导的革命和建设事业中，爱国主义主要表现反对帝国主义侵略和颠覆，维护民族独立和国家主权；反对封建主义和官僚资本主义的压迫，实现人民的解放；献身于社会主义建设的伟大事业，献身于促进祖国统一的伟大事业。以爱国主义为核心，团结统一、爱好和平、勤劳勇敢和自强不息的精神在中国人民追求独立和解放，实现社会主义，建设社会主义的伟业中得到了升华。正如毛泽东所说："我们中华民族有同自己的敌人血战到底的气概，有在自力更生的基

础上光复旧物的决心，有自立于世界民族之林的能力。"①继承中华民族精神的精髓，党所培育和弘扬的井冈山精神、长征精神、大庆精神、抗击非典精神、抗震精神等，是民族精神中自强不息精神的体现；抗美援朝精神是团结一致抵御外侮、爱好和平精神的体现；雷锋精神、"六十四字"创业精神、"两弹一星"精神、孔繁森精神、98 抗洪精神等，则是勤劳勇敢、吃苦耐劳、艰苦奋斗、不畏艰险精神的体现。

四、党对培育和弘扬时代精神的高度重视具有重要的推动和引领作用

高度重视培育和弘扬时代精神是中国共产党的优良传统。中国共产党 90 年的历史，就是一部不断培育和弘扬时代精神、继承和研究时代精神的过程。在中国共产党领导中国人民进行的革命、建设和改革的重大实践中，党的几代领导人高度重视对时代精神的培育和弘扬。毛泽东指出："人是要有一点精神的，无产阶级的革命精神就是由这里头出来的。""根本的是我们要提倡艰苦奋斗，艰苦奋斗是我们的政治本色。"改革开放初期，邓小平将中国革命精神概括为："革命和拼命精神，严守纪律和自我牺牲精神，大公无私和先人后己精神，压倒一切敌人、压倒一切困难的精神，坚持革命乐观主义、排除万难去争取胜利的精神。"②并号召在全党全社会大力发扬这些精神。邓小平同志在号召继承传统精神的同时，对新时期的形势进行了科学的判断指出要抓住机遇，不断创新。在 20 世纪 80 年代，邓小平要求"我们要抓住时机，现在是改革的最好时机"。此后又多次强调要抓住机遇。在南方谈话中，邓小平鼓励改革开放中"闯"的精神。江泽民对改革开放时期应弘扬时代精神进行过多次阐述。在党的"十四大"报告中，江泽民要求"全党大力提倡解放思想、改革创新的精神，尊重科学、真抓实干的精神，顾全大局、团结协作的精神，谦虚谨慎、崇尚先进的精

① 《毛泽东选集》，第 1 卷，161 页，北京，人民出版社，1991。
② 《邓小平文选》，第 2 卷，368 页，北京，人民出版社，1994。

神，艰苦奋斗、无私奉献的精神"①，精心培育和倡导了"六十四字"创业精神、98抗洪精神、孔繁森精神等，并要求全党面对新形势新任务，要大力弘扬为社会主义现代化而不懈奋斗的"五种精神"，即解放思想、实事求是的精神；紧跟时代、勇于创新的精神；知难而进、一往无前的精神；艰苦奋斗、务求实效的精神；淡泊名利、无私奉献的精神。进入21世纪，以胡锦涛为总书记的党中央继承党高度重视时代精神的优良传统，大力提倡弘扬民族精神和时代精神。胡锦涛明确指出："我们要继续坚定不移地发展社会主义先进文化，弘扬民族精神和时代精神。"②党中央进一步强调要宣传和弘扬解放思想、锐意改革、艰苦创业、开拓创新的精神，不断增强中华民族的创造力。要求"在全社会大力宣传和弘扬解放思想、实事求是，与时俱进、勇于创新，知难而进、一往无前，艰苦奋斗、务求实效，淡泊名利、无私奉献的时代精神"③。在抗击非典和汶川地震、玉树地震抗震救灾之后，党中央从人民群众中涌现出来的可歌可泣的英雄事迹概括出了抗击非典精神和抗震精神，得到人民群众的广泛认同。

时代精神是基于历史和时代要求而形成的崇高的思想感情和精神境界。而精神层面的东西不会自然产生出来，它需要通过一定的手段和途径加以总结、提升，需要通过一定的渠道和路径传播出去。中国共产党是社会主义事业的领导核心，要弘扬时代精神也必须充分发挥党的核心作用。邓小平在谈到要大力弘扬党在长期革命斗争中形成的革命精神时，表示要"大声疾呼和以身作则地把这些精神推广到全体人民、全体青少年中间去"④。"大声疾呼"，就是要造成舆论，广泛宣传，阐释在社会主义现代化建设的新时期弘扬时代精神的重要意义，揭示时代精神的内涵，表彰在新时期实践时代精神的先进典型，造成浓厚的舆论环境和社会氛围。"以身作则"，就是要知行统一，付诸实践。这两点是培育和弘扬时代精神的最主要方法。这里体现了党在弘扬时代精神方面要发挥重要引领作用。

① 《江泽民文选》，第1卷，250页，北京，人民出版社，2006。

② 胡锦涛：《在学习〈江泽民文选〉报告会上的讲话》，载《人民日报》，2006年8月16日。

③ 《公民道德建设实施纲要》，载《人民日报》，2001年10月25日。

④ 《邓小平文选》，第2卷，368页，北京，人民出版社，1994。

五、通过来自于人民群众中的典型事例培育和弘扬时代精神

抓典型、树榜样，发扬先进典型的示范作用是弘扬时代精神的基本经验之一。党一贯重视典型事例对时代精神弘扬的重要作用。在中国革命、建设和改革的不同时期，产生了许许多多的先进人物，党和国家也树立了许多的榜样，号召广大官兵和人民群众学习。近期在媒体上宣传的"双百人物"，即100位为新中国成立做出突出贡献的英雄模范人物和100位新中国成立以来感动中国人物，就是许许多多先进人物中的代表。其中像张思德、赵一曼、董存瑞、白求恩、江姐、刘胡兰、黄继光、邱少云、雷锋、王杰、焦裕禄、邓稼先、孔繁森等，在人们心目中是学习的榜样和楷模，从他们身上体现出来的时代精神影响了一代又一代青少年。这当中影响最大的莫过于雷锋了。雷锋是在毛泽东思想哺育下成长起来的伟大的共产主义战士。他把毛泽东著作看成"粮食"、"武器"、"方向盘"，以"钉子"精神挤时间刻苦学习；工作勤勤恳恳，吃苦耐劳；刻苦钻研业务，干一行爱一行钻一行，艰苦朴素，廉洁奉公，品德高尚；助人为乐，处处为群众做好事；在平凡的生活中努力实践"把有限的生命投入到无限的为人民服务之中去"的诺言。近半个世纪以来，雷锋已成为几代人学习的榜样。雷锋精神对时代精神培育和弘扬起了重要的作用。

榜样之所以能历久不衰，在于这些典型身上具有鲜明的时代特征和现实社会意义。党对先进人物和典型事例的宣传正是站在时代的高度，切合时代的需要，从他们的事迹中挖掘时代精神的现实价值，使之产生对社会的影响和引领。

每一个时代都有这一时代特定的时代精神。把握时代的发展脉搏，总结提炼出与时代相适应的时代精神，并在全社会大力弘扬，是时代的必然要求。从中国共产党培育和弘扬时代精神的基本经验中，我们可以看出，党把握了近一个世纪以来中国社会发展变化所带来的对时代精神的新要求，通过各个层面的工作扎实地推进了时代精神的构建，丰富了中国共产

党思想文化的宝库，续写了中华民族精神新的华章。伟大的时代需要伟大的精神，也产生伟大的精神。我们有了培育和弘扬时代精神的宝贵历史经验，必将能够在中国特色社会主义的伟大实践中更好地培育时代精神，弘扬时代精神。

中国中小学历史教育中的
日本侵华战争问题①

　　20世纪的三四十年代中日两国之间发生了长达15年的日本侵略中国的战争。这场战争给中国和中国人民带来了深重的灾难，它的影响至今我们还可以看到。如何正确地认识和尊重这段历史，对中日两国都很重要，对中日两国青少年尤为重要。这里主要想谈谈中国中小学历史教育中如何对待日本侵华战争的问题。

一、中国中小学历史教育的基本理念

　　中国是有着悠久历史的国家，长期以来非常重视历史和文化的传承。历史教育在继承文化传统、弘扬民族精神、形成民族凝聚力等方面有着重要的作用。中国历来十分重视中小学的历史教育。教育部于1956年颁布了中小学《历史教学大纲》，要求通过历史课程的学习对学生进行历史唯物主义和爱国主义教育。

　　1978年改革开放以来，中国基础教育在深化改革的过程中积极推进课程改革，加快构建符合素质教育要求的新基础教育体系。历史教育方面，教育部于2001年颁行了《全日制义务教育历史课程标准(实验稿)》，2003年颁行了《普通高中历史课程标准(实验稿)》，以替代原来的《历史教学大纲》。其强调的基本理念是：全面发挥历史教育的功能，尊重历史，追求真实，吸收人类优秀文明成果，弘扬爱国主义精神，陶冶关爱人类的情操。

　　贯彻上述新的历史课程标准，中国历史教师通过教学实践教育学生：

　　(1)了解中国国情，热爱并继承中华民族优秀传统文化，弘扬和培育

---

　　①　本文系笔者参加2004年8月在东京举办的第二届中日和平教材研讨会提交的文章。

民族精神，培养爱国主义情感；

（2）加深对历史上以人为本、善待生命、关注人类命运的人文主义精神的理解，形成健全的人格和健康的审美情趣；

（3）认识人类社会历史发展的多样性，理解和尊重世界各国、各地区、各民族的文化传统，学习和汲取人类创造的优秀文明成果，形成开放的世界意识。

二、中国中小学历史教科书叙述日本侵华战争的主要内容和特点

按照新近颁定的历史课程标准，中国一些教学研究机构分别编纂出版了新的中学历史教科书，主要有：人民教育出版社 2001 年 12 月出版的《中国历史》（简称人教社版）；北京师范大学出版社 2002 年 6 月出版的《历史》（简称北师大版）；华东师范大学出版社 2002 年 6 月出版的《中国历史》（简称华东师大版）；人民教育出版社 2003 年 6 月出版的《中国近代现代史》（简称人教社高中版）等。在这些教科书中对日本侵华战争都用"中华民族的抗日战争"一个单元来叙述。主要内容表现在如下几个方面：

1. 以"九一八事变"作为抗日战争的开端，指出日本策划发动对华战争的侵略性质。

教材中无一例外地提出，是日本关东军策划了柳条湖事件，由此日本侵略军侵占了整个东北，中国进入艰难的局部抗战时期。抗日战争从 1931 年 9 月起到 1945 年 8 月共 15 年，1931 年"九一八事变"到 1937 年 7 月卢沟桥事变爆发前是局部抗战阶段；1937 年 7 月到 1945 年 8 月抗日战争胜利是全面抗战阶段。

2. 揭露侵华日军的暴行，以侵华日军南京大屠杀作为重点予以介绍。

各种教材中都将南京大屠杀列为专目，配以图片和辅助文字来说明侵华日军南京大屠杀的真实性。同时对侵华日军的其他罪行也有说明。

3. 讲述中国军民顽强抗战、不怕牺牲的英勇顽强精神。

教材中列举中国军队抗击日军的重大战役，如平型关大捷、台儿庄战役、百团大战等。北师大版还以音乐家冼星海、美术家徐悲鸿和科学家侯

德榜为例介绍了各界人士为抗战做出的贡献。

4. 重点说明中国抗日战争胜利的意义。

教材中都将日本无条件投降，抗日战争取得胜利作为重点内容来讲述。对日本无条件投降配以图片和辅助文字。把抗日战争胜利的意义作为重要问题向学生提出，以引起学生的进一步思考。

各版教材都设计了多种形式的课外活动，以充实课内所学的知识。如：北师大版提出有条件的地方可以组织学生参观抗日战争的遗迹和纪念馆；学唱抗日救亡歌曲等。人教社版提出学生可以向家人、亲友、邻里的老人调查了解日军还有哪些侵略罪行；组织观看抗日战争题材的电影等。通过课程的设计希望促进中日两国中学生对日本侵华历史的认识。如人教社版设计了活动课"写给日本中学生的一封信——南京大屠杀不能忘记！"要求学生给日本中学生写一封信，告诉日本中学生南京大屠杀的真相，并告诉日本中学生中国学生对和平的热爱。

三、关于侵华日军战争罪行的几个个案

侵华日军在战争期间曾利用各种手段残害中国人民。如残杀中国俘虏和平民；实施"三光作战"；进行细菌战与毒气战；强掳中国劳工；强征中国"慰安妇"和制贩鸦片等。关于残杀中国平民的惨案，除了南京大屠杀以外，在日军所到的许多省份都发生过。这里介绍侵华日军在河北省保定的暴行和北京地区的米粮屯惨案，希望引起人们的关注。关于细菌战的问题，除了人们熟知的"七三一"部队外，这里介绍日军在浙江衢州进行细菌战的情况。

1. 日军在保定的暴行。

1937年卢沟桥事变后，日军占领平津，并向河北、察哈尔、山西、绥远和山东进攻。所到之处制造了许多惨案。9月23日（中国农历八月十九日），日军到达保定外围。24日（中国农历八月二十日）占领了保定。仅在这两天里，日军在城内外大肆烧杀掠抢，中国平民的生命财产受到巨大的损害。关于日军在保定的暴行，以往由于档案资料未公开，人们知之较

少。1995年北京市档案馆将1946年年初至1947年年初，河北省司法、行政部门调查日军侵华罪行的材料进行了整理，选取了其中一部分结集出版，名为《日本侵华罪行实证——河北、平津地区敌人罪行调查档案选辑》。该书收录档案资料762件，其中关于日军在保定暴行的有122件。在这些并不是全部的调查档案中，涉及屠杀的73件，侵害平民财产的48件，伤人和人员失踪的8件。

有的调查档案中记载："当日本兵出入保定城时，随意杀戮民众，枪声四起，城内秩序甚乱，一般人逃的逃，跑得跑。"①"在敌人日本部队进入清苑县境，人民伤死甚多，所有士兵随意抢掠，焚烧各地。"②又载："在敌人日本士兵进入县境之时，无故摧残乡民，惟我北关杀害民人最甚。"③从该书收录的调查档案中可以看出，被日军直接杀害的平民有120多人。日军杀人的方式有刺杀、枪杀、砍头等。据调查档案记载："（二十日）突有敌人坂垣部队所属原口大佐先遣士兵多人各处搜查，至北关大街四十二号院中，该院有北关大街四十一号居民卢保尔等多人均在该院躲避。当时被士兵进入院中见其情形可疑，刺刀齐举，均被挑死在院中，卢保尔亦受伤数处而死。当时之惨杀不忍目睹。计该院被刺杀者数十人。"④同日，安文泉等5人在保定清苑县北关桥东防空洞内躲避，被日军发现。安文泉被日军叫出洞，用刀砍去其头颅。其他四人也被刺死，肠血流出。

日军在攻占保定时，向城内肆意炮击，击毁大量民房，据调查档案粗略统计有百余间。日军进入保定城内后四处抢掠，像杂货铺、粮铺、饭馆、油铺、煤厂、灰厂等都成为抢掠的目标。民宅也难逃劫难。大量民宅内的财物被抢，房屋被烧。据调查档案记载：9月24日，位于保定东大街170号的阎幼忱沿街铺房，计门面平房五间、内套瓦房五间、北瓦房三间、北平房一间，共计十四间，被日军全部烧毁。阎幼忱在位于北大街的七间铺房也被日军烧毁。

① 《日本侵华罪行实证》下册，936页，北京，人民出版社，1995。
② 《日本侵华罪行实证》下册，846页，北京，人民出版社，1995。
③ 《日本侵华罪行实证》下册，851页，北京，人民出版社，1995。
④ 《日本侵华罪行实证》下册，863页，北京，人民出版社，1995。

2. 米粮屯惨案。

米粮屯位于北京西南丰台区，距著名的卢沟桥 10 多公里。1937 年属于河北省良乡县。当时全村 50 多户人家，男女老少总共 300 多人，都是以种粮为生的农民。1937 年 11 月 15 日（中国农历十月十三），这里发生了日军屠杀村民 66 人的惨案。

据当年直接受害的幸存者马殿亭回忆：

阴历十月十三，天还没亮，我和往常一样，起了个早儿，背着粪筐去拾粪。猛一抬头，就瞧见一大队穿黄军装的人从贺兆云村的山坡上压下来，我一瞧事儿不对，赶紧奔家去报信。跑到家，一进屋就对俺爹说：爹！穿黄衣裳的来啦！俺爹说：没事儿，咱穷人家，他能怎么着你呀！可话音刚落，东边就开枪喽！我刚进屋，就跟进来个日本鬼子，端着刺刀，"吭吭"，照着俺爹的后脊梁骨就是两刺刀，还没明白是怎么回事儿，俺爹躺在炕沿下就死啦！俺妈、俺奶奶在炕上跪着跟日本人求饶，那哪顶事儿啊！鬼子照着她们就是几刺刀，肠子流了一炕，躺倒就死啦！当时俺妈死的时候才 40 多岁，还怀着身孕，一刺刀就死了两口儿。扎完了俺妈、俺奶奶，这个日本鬼子就像吃人的恶狼一样，瞪着两只眼睛，嘴里叽哩哇啦地喊着，扭回头就冲着我的肩膀子扎了三刀，因为当时我长的矮小，没有捅在胸口上，没有伤着内脏，才捡了这条命。①

今年 78 岁、当时 11 岁的郭铁也是幸存者之一。他的伯父被烧死在街西的场院里。他亲眼见到当时村里的惨状，事后又了解到日军的其他暴行。他讲述道：

马大勇家里的遭遇更为悲惨。他当时 13 岁。日军烧杀那天家里小北屋有爷爷、奶奶和爹妈一共七个人。刚好他母亲和嫂子都怀着身孕，家里正请接生婆准备给接生。没有人性的鬼子兵进屋后，首先扎死爷爷奶奶，然后又对接生婆及两个鼓着大肚子的年轻妈妈扎进了那无情的刺刀。马大勇躲在门后，看着亲人的鲜血从破棉袄里往外流，吓得闭眼睛直打哆嗦，被鬼子发现了，冲他身上就是几刺刀，还算命大没有死。①

郭铁还讲述了自己的大伯、大妈及在同村郝四元子家七八个人被日军残杀的惨状。

据后来统计，这次惨案中死亡 66 人，轻重伤 7 人，共 73 人，烧毁房屋五六十间。这次惨案使米粮屯村民的生活受到很大影响。直到 1945 年抗日战争结束，米粮屯村民的生活也没有恢复元气。原来在田间干农活的人死了，幸存下来的幼儿，对田间农活又不大懂，村民生活很困难。

3. 日军在衢州的细菌战。

日军在侵华战争期间组建细菌战部队、研制和生产细菌武器并且进行细菌战的历史事实，在被隐瞒了半个世纪后已经逐渐为世界上更多的人们所了解。中日学者都有相关的著作和资料集出版。这些著作和资料集比较深刻地揭露了侵华关东军防疫给水部（代号满字第 731 部队），以及甲字第 1855 部队、荣字第 1644 部队和波字第 8604 部队等细菌战部队在中国开展细菌战的罪行。日军在中国实施细菌战的主要地区有：湖南常德，浙江宁波、衢州、金华、义乌、山东聊城、堂邑、冠县等，造成的损害难以计数。浙江衢州是受细菌战危害较大的地区之一。1999 年邱明轩出版了专著《罪证——侵华日军衢州细菌战史实》一书。该书通过文献资料和调查取证，详细记述了侵华日军在衢州实施细菌战的情况，有重要的参考价值。

1940 年 10 月 4 日上午 9 时，日军一架飞机飞至衢州上空，在居民区撒下大批麦粒、黄豆、粟米、麦麸、碎布、棉花、跳蚤及宣传单等食物和物品。居民恐为毒物，报告当地政府。政府命令居民将空投食物和物品集中焚烧。但 10 月 10 日后，在衢州街上发现死鼠（自毙鼠）。同时，居民李明江、陈从德、王学恭等多人突患急症死亡。经医生初步分析诊断为疑似

北京师范大学史学探索丛书

---

① 《米粮屯村村史资料》，手写稿。

鼠疫，11月12日，又有三名女性发病，诊断为鼠疫，几日后先后死亡。随后患者增多，到12月25日止，经医疗防疫部门发现并确诊的鼠疫患者有22人，死亡21人。居民中因害怕鼠疫全家被隔离，不少人隐瞒不报。1941年年初，日军飞机日夜轰炸衢州，居民被迫逃到农村，造成疫情扩散。1941年这一年中疫情进一步扩散。据衢州防疫处统计，1941年经医疗防疫部门确诊为鼠疫的患者有281人，死亡274人，病死率为97.5％。这个数字不包括隐瞒病情和转移到农村而死亡的人数，也不包括农村疫区患鼠疫死亡的人数。后根据各乡镇上报的疫情报告统计，1941年一年中，衢州城乡患鼠疫死亡的人数达2000余人（不包括城区患鼠疫逃避到农村死亡后隐匿不报的人数）。鼠疫大流行造成社会混乱，市民生活非常困难。

1942年8月，日军在沿浙赣线撤离衢州之前，由石井四郎亲自到衢州部署细菌战计划。自8月26至31日的6天内，一方面派飞机在中国军队阵地和防区空投带鼠疫菌的跳蚤；另一方面派细菌战部队随地面部队一边撤退，一边撒播细菌，在城乡居民区的井水、水塘、食品中投放霍乱、伤寒、炭疽、鼠疫等病菌。日军撤离后，衢州沿浙赣线沿线各地相继发生鼠疫、霍乱、伤寒、痢疾、疟疾、炭疽等传染病。据1942年衢县防疫委员会调查，9～12月的4个月中，全县患疫病总人数达2万余人，死亡3000余人。同年，据衢州各县防疫委员会调查统计，患霍乱、伤寒与副伤寒、痢疾、疟疾、炭疽等传染病者共45000余人，死亡7600余人，平均死亡率为16.89％。① 此后的几年里，衢州各种传染病大流行。据1948年衢州5县防疫委员会调查统计，1940—1948年的8年中患上各种传染病者达30万人以上，病死者在50000人以上。②

四、对日本侵华历史教学中的一些思考

日本侵华战争既是历史问题，又是中日关系发展中的现实问题。作为中国的历史教育工作者，我们感到有责任加深对这段历史的研究，告诉学

---

① 《罪证——侵华日军衢州细菌战史实》，13页，北京，中国三峡出版社，1999。
② 《罪证——侵华日军衢州细菌战史实》，15页，北京，中国三峡出版社，1999。

生历史的真相。

1. 教育学生树立正确的历史观。

中国有句古话说："前事不忘，后事之师。"历史是现实的老师。世界上凡是有影响的国家无不重视历史。中日两国有着二千多年的友好交往关系，这是前事，我们不应该忘记。但是，近代以来日本有几十年加害中国的历史，特别是 1931 年至 1945 年的侵华战争，给中华民族带来深重的灾难。这也是前事，我们更不应该忘记。对中国来说，向青少年讲述日本侵华历史，目的是让学生了解中华民族这段屈辱的历史，也是奋斗的历史，培育他们的热爱祖国、热爱人民、敬仰先烈的思想。

2. 教育学生"面向未来"。

自 20 世纪 50 年代以来，中国领导人毛泽东、周恩来、邓小平等多次提出这样的观点：要把日本军国主义者和日本人民区别开来；日本人民在过去的侵略战争中也深受其害；对中日关系要向前看，中日两国建立和发展友好关系有利于两国人民；要学习日本先进的科学技术和现代化的管理经验等。多年来，中国坚持以这种思想教育青少年，让他们既懂得"以史为鉴"，又懂得"面向未来"。

3. 教育学生树立和平发展的观念。

中国传统文化中有"贵和"的思想，强调"和为贵"，"君子和而不同"。同时也有"以人文本"的思想，重"人道"，而不重"天道"。在传统文化的影响下，中国多年来在青少年中始终进行的是"中国人民是爱好和平的"、"维护世界和平，反对侵略战争"的教育。之所以进行这样的教育除了传统文化的因素外，还因为近代以来中国遭受过世界上所有列强的侵略和欺侮。中国深知遭受别人欺凌的苦痛，深知侵略战争给人民带来的巨大灾难。中国希望和平，希望与周边邻国和平共处。我们要教育青少年学生热爱和平、维护和平、反对侵略战争。

总之，发展中日友好关系应本着"前事不忘，后事之师"和"以史为鉴，面向未来"的理念，尊重历史，全面、客观、真实地向青年学生讲述中日关系的历史，只有这样才能够建立起中日关系的良好基础。

北京师范大学史学探索丛书

附录

清末新政时期清政府文化
社团政策的调整①

清顺治九年(1652)以来，鉴于明末党争的教训，清政府厉行党禁，文化社团的发展受到了极大地阻碍。甲午战争后，民族危机日益加深，近代新型知识分子冲破清朝严禁结社的条规，组织群众团体，为拯救国家而奔走呼号。从此时开始至清朝灭亡，曾先后出现过两次文化社团兴起的高潮期，一次是在戊戌变法时期，一次是在清末新政时期。两次文化社团兴起高潮的出现与清政府被动应付时局的变化，不得不采取相对宽松的政策有一定的关系。学术界有关晚清文化社团政策的研究尚显薄弱。本文仅就清政府在清末新政时期文化社团政策的调整问题加以探讨。

一、党禁的开放与《结社集会律》的颁布

戊戌维新时期，尽管清政府对结社活动有所开放，但清朝统治阶层并没有明文规定开放党禁，因此，社团活动多小心谨慎，唯恐受到顽固守旧势力的阻挠。自清政府宣布实行新政后，"与民维新"与"立宪"成了众多国人的口头禅，朝廷内外要求昭雪戊戌冤案的呼声日益高涨。光绪三十年五月八日(1904 年 6 月 21 日)，慈禧借七十大寿之机，宣布："从前获罪人员，除谋逆立会之康有为、梁启超、孙文三犯实属罪大恶极，无可赦免外，其余戊戌案内各员均着宽其既往，予以自新。曾经革职者俱着开复原衔，其通饬缉拿并现在监禁及交地方管束者着即一体开释。"②自此，清政府部分开放了党禁。丁未政潮发生后，清统治集团内部的争权夺势，愈演愈烈。而留学生的排满情绪相当高涨。随着时局的发展，国内立宪派和革

①　本文完成于 2007 年 9 月。合作者顾新荣。

②　中国第一历史档案馆：《光绪宣统两朝上谕档》第三十册，76～77 页，桂林，广西师范大学出版社，1996。

命党人对全面开党禁的呼声此起彼伏。宣统二年十一月初八日（1910年12月9日）的《民立报》就有关于"鄂汉同志会接到北京同志会公启，以请开党禁来相联合"①的报道。同月，资政院特别股员也开议赦用党人案。会中"汪荣宝主张宣布先帝给杨锐手诏书事，以雪六君子冤，全体赞成"②。清政府的一些官员亦从挽救摇摇欲坠的封建统治出发，请求开放党禁。军机大臣曾密议开党禁事，枢臣谓："赦与不赦，皆当明降谕旨，否则党人在各省鼓动不休，恐有他变。"③资政院总裁世续等人亦主张，为实行宪政、护惜人才、消解祸乱起见，应速开党禁。④

　　宣统三年（1911），清政府迫于当时的革命形势，颁布了准开党禁特赦谕："党禁之祸，自古垂为炯戒，不独戕贼人才，抑且消沮士气。况时事日有变迁，政治随之递嬗，往往所持政见，在昔日为罪言，而在今日为谠论者。虽或逋亡海外，放言肆论，不无微瑕，究因热心政治，以致逾越范围，其情不无可原。兹特明白宣示，特沛恩纶，与民更始，所有戊戌以来，因政变获咎，与先后因犯政治革命嫌疑惧罪逃匿，以及此次乱事被胁自拔来归者，悉皆赦其既往，俾齿齐民。嗣后，大清帝国臣民，苟不越法律范围，均享国家保护之权利。非据法律不得擅以嫌疑逮捕，至此次被赦人等，尤当深自拔擢，抒发忠爱，同观宪政之成，以示朝廷咸与维新之意。"⑤从上谕的内容可以得知，清政府所开赦的党人不仅包括康、梁等维新派人士，而且也包括革命党人。有清以来，政府对文化社团予以禁止，无非是害怕士人"结党营私"，因此，对党禁的开放，一定程度上刺激了文化社团的大量发展。而清政府《结社集会律》的颁布，又为文化社团的合法

---

　　① 马鸿谟：《民呼、民立、民吁报选辑》，第一辑，570页，郑州，河南人民出版社，1982。

　　② 马鸿谟：《民呼、民立、民吁报选辑》，第一辑，604页，郑州，河南人民出版社，1982。

　　③ 马鸿谟：《民呼、民立、民吁报选辑》，第一辑，576页，郑州，河南人民出版社，1982。

　　④《资政院总裁世续等请速开党禁以收拾人心折》，见故宫博物院明清档案部：《清末筹备立宪档案史料》上册，92页，北京，中华书局，1979。

　　⑤ 故宫博物院明清档案部：《清末筹备立宪档案史料》上册，95～96页，北京，中华书局，1979。

存在提供了法律保障。

清代以前，中国没有结社集会的法律。清初以来，对文化结社严格限制，却没有制定专门的法律。光绪三十二年(1906年)，清政府宣布"预备立宪"，仿照西方实行宪政。一些官员如沈家本、陈夔龙等上奏应该重新修订律例，将结社集会、发行报纸之类的一些内容用法律规定其范围。光绪三十三年(1907)十一月，清政府发布上谕，命宪政编查馆会同民政部，斟酌中外，妥善拟定结社集会律。上谕一方面指出拟定结社集会律要采纳列邦之法，借鉴西方资本主义国家的经验；另一方面，强调了尊崇本国礼教的重要性，称"中国从来敦崇礼让，名分严谨，采列邦之法规仍须存本国之礼教"；"立宪国之臣民，皆须尊崇秩序，保守平和"。①

负责制定结社集会律的宪政编查馆与民政部认为："结社集会种类甚多，除秘密结社潜谋不法者应行严禁外，其讨论政学、研究事理、联合群策以成一体者，虽用意不同所务各异，而但令宗旨无悖于治安，即法令可不加以禁遏……是以各国既以人民结社集会之自由，明定之于宪法，而又特设各种律令以范围之。其中政治社会关系尤重，故国家之防范亦弥严。先事则有呈报以杜患于未萌，临事则有稽查以应变于俄顷。上收兼听并观之益，而下鲜嚣张凌乱之风，立宪精义实存于此。"②在此原则下，光绪三十四年(1908)二月，宪政编查馆与民政部制定了《结社集会律》，共三十五条。主要内容如下：

(1)凡以一定之宗旨合众联结公会经久存立者为结社，结社关于政治者称政事结社。凡以一定之宗旨临时集众公开讲演者为集会，集会关于政治者称政论集会。

(2)政事结社应有首事人于该社成立前开具下列各款，呈报该管巡警官署或地方官署，在京申呈民政部核准，在外由巡警道局申呈本省督抚核准，咨部存案。

---

① 中国第一历史档案馆：《光绪宣统两朝上谕档》第33册，298～299页．桂林，广西师范大学出版社，1996。

② 《宪政编查馆会奏拟定结社集会律原折清单附片一件》，中国第一历史档案馆，宪政编查馆档案全宗，52号，会议政务处档案全宗，141号。

（3）政论集会须先定倡始人，由倡始人于开会前一日开具下列各款，呈报会场所在地方该管巡警或地方官署。

（4）凡结社集会或整列游行，若遇巡警人员有所查询，该首事人、倡始人或警员所指名之社员会员应即答复。政论集会，巡警或地方官署得派遣人员临场监察，所派人员若向该会请列坐位，该倡始人或监察员所指名之会员应即照设。违反上述规定者，处五元以上五十元以下之罚金。答复不实者同。

（5）凡集会或整列游行之际，如有任意喧扰或迹涉狂暴者，巡警或地方官署得量加阻止，有不遵者得勒令退出。集会讲演之际，如有语言悖谬，或有滋生事端、妨害风俗之虞者，巡警或地方官署得饬令其中止。凡于公众交通往来之地揭示书画、演唱诗曲，或为他项举动，若有滋生事端、妨害风俗之虞者，应由巡警或地方官署一律禁止。对上述执行各事违抗不遵命令者，处三日以上一月以下之拘留。

（6）凡秘密结社一律禁止，纠集秘密结社或列入者均照刑律惩办。

（7）凡按照法律准许之教育会、商会、农会、议事董事等会，及经官批准立案之结社集会，不在秘密结社之限。但若民政部或本省督抚及巡警道局地方官，为维持公安起见，饬令其解散或令其暂时停办，应即遵照办理。①

此外，清政府对官员的结社亦做了专门规定："此次修订结社集会律，拟请嗣后现任职官于其职务外，有亲莅各社会研究政治学术者，亦为律之所许，惟必须向本管长官陈明方可列入，其未经呈准及不守定律者，该管长官应即酌量情节分别惩儆参处，以期仰副前次谕旨督率董戒之意，借防弊端而昭慎重。"②此后，结社、集会、演说等事均在民政部的管辖范围之内。民政部是全国公安、内务、民政的最高行政机关，其下属的治安科负责掌管结社集会的具体事宜。

① 《宪政编查馆会奏拟定结社集会律原折清单附片一件》，中国第一历史档案馆，宪政编查馆档案全宗，52号，会议政务处档案全宗，141号。

② 《宪政编查馆会奏拟定结社集会律原折清单附片一件》，中国第一历史档案馆，宪政编查馆档案全宗，52号，会议政务处档案全宗，141号。

《结社集会律》是中国有史以来第一次将结社集会活动以法律的形式予以规定。此外，在光绪三十四年清政府颁布的《钦定宪法大纲》中也规定人民有结社的权利。这些法律法规的制定，从国家法律的角度肯定了近代文化社团的合法地位，为文化社团开展活动提供了法律保障，带有较多的近代色彩。

但是应该看到，这些法律是直接为清王朝的专制统治服务的。它们尽管在法律上抽象地肯定了人民进行文化结社的权利，但同时又附加了一系列政治性的条件，把文化社团的活动限制在清朝统治者允许的范围内。

二、文化社团政策的施行

清政府从法律上承认了文化社团的合法地位，并对文化社团的活动范围作了规范，但从文化社团政策的具体实施情况来看，清政府对各类文化社团，主要包括教育团体、学术团体、改良风俗团体以及文艺团体等采取的政策又有所不同。

1. 颁定章程，倡导创办教育团体

教育团体主要包括各地成立的教育会、私塾改良会和教育研究会等，是这一时期成立数量最多的文化团体。20世纪初，各地教育团体的涌现，与清政府重视发展近代教育，倡导新式教育团体的做法有密切的关系。

光绪二十七年(1901年)，清政府谕令将各省、府、州、县的书院改设大、中、小学堂。此后，颁布学堂章程，统一学制。新式学堂的建立需要解决一系列的问题，研究教育得失，介绍教育经验，各地热心教育之人组织学会成为学界热点，教育会在中国蓬勃出现。中国教育会与江苏学务总会是1906年教育会章程颁布之前全国各地成立的教育团体中影响较大的两个。

中国教育会由蔡元培、吴稚晖、章太炎、蒋智由等人于光绪二十八年(1902年)春成立于上海。该会成立以后，一方面编辑教科书，开展各种教育活动；另一方面以《苏报》与《警钟日报》为中心，开展革命宣传活动。该会以"教育中国男女青年，开发其知识而增进其国家观念，以为他日恢复国权之基础"①为目的。其总部设于上海,其他地方设立支部。组织爱国学社与爱国女学,进行新学的教育与革命的宣传。在中国教育会的影响下,浙江、江苏、江西、四川、湖南、广东等地先后成立教育会或教育研究会。这些教育会一般都有总部和支部,其宗旨也比较类似。据不完全统计,截止到光绪三十年(1904年),全国出现的教育会或教育研究会已达21个。②

光绪三十一年(1905年),江苏一批热心教育之士在上海发起江苏学会。同年十一月学会正式定名为江苏学务总会,选举张謇为会长,恽祖祁为副会长。该会以"专事研究本省学务之得失,以图学界之进步,不涉学外事"为宗旨,包括注重师范、考求实业、提倡尚武精神、预备地方自治、联合本省学界等内容。③ 江苏学务总会的成立,标志着严格意义上的中国近代教育会正式宣告成立。江苏学务总会成立后,努力在全省设立分会,参加各地各项学务事宜。据统计,到1906年,江苏全省成立的各地分会已有15个。④ 在江苏学务总会的影响下,其他各省也纷纷设立教育团体。

从当时的情况来看,这一时期各地教育会的成立没有经过政府的允许和立案,基本上都由民间热心新式教育的开明士绅自发组织,主要办理学务事宜。各地教育团体名称不一,种类烦琐。清政府鉴于新式教育亟待研究和发展而政府又无暇顾及的实际,对于陆续出现的以研究和推进新式教育为主旨的教育会,普遍采取了一种默许的态度,并对教育会所取得的成绩予以肯定。

教育之道,重在普及。对清政府来说,经济窘困,疆域广远,各地的经济发展状况不一,仅仅依靠地方官的领导与督促来谋得新式教育的普及是有相当大的难度的。因此,为振兴教育,学部在明确规定了各地方学务

① 《中国教育会章程》,见朱有瓛:《中国近代教育史资料汇编·教育行政机构及教育团体》,403页,上海,上海教育出版社,1993。

② 桑兵:《20世纪国内新知识界社团概论》,载《近代史研究》,1994(5)。

③ 《江苏学会暂定章程》,见朱有瓛:《中国近代教育史资料汇编·教育行政机构及教育团体》,269页,上海,上海教育出版社,1993。

④ 刘登秀:《清末教育会研究》,成都,四川大学,2004。

机构的职责权限及各省提学使办事权限之后，于全国各地倡办教育会，并明定章程，使之整齐划一。学部于光绪三十二年(1906年)拟订了教育会章程，共有15条，主要内容包括：

(1)宗旨。教育会设立的宗旨期于辅助教育行政，图教育之普及，应与学务公所及劝学所联络一气。

(2)设立及名称。各省府厅州县分别设立教育会，在省设总会，称省教育会，在府州县设分会，称某府厅州县教育会，一处地方只许设一所教育会。各省之议绅、学务总董、省视学、县视学、劝学员、各学堂监督、堂长及学界素有声誉者，均有发起总会或分会之责。

(3)会员。教育会设正、副会长各一名及书记、会计等职员。会长副会长须品学兼优，声誉素著或于本地教育有功者由会中公举禀请提学使审查后方可选充。会员须品行端正，名誉会员还必须能以财力赞助该会。

(4)会务。设立教育研究会和师范讲习所，选聘讲师定期讲演；调查境内官办、私立各种学堂；作境内教育统计报告；择地开宣讲所，宣讲《圣谕广训》，并明定教育宗旨的上谕及原奏，以正人心而厚风俗；筹设图书馆、教育品陈列馆及教育品制造所，并搜集标本，刊行有关教育之书报等，以资学界。

(5)解散及奖励。各学会应有提学使稽查，若有犯以下各条者，即令解散。一、徒袭用教育会之名，并不设研究所以图学问；二、干涉教育范围以外之事(如关于政治之演说等)；三、勒索捐款冀图私利；四、会员时起争端，不能融合；五、挟私聚众，阻碍行政机关。各学会每届三年由提学使考核一次成绩，优良者得详请督抚酌给奖励。其会员中品学修明任事笃实者，则任选本省学务议绅并择其相宜之事酌予委任。①

从以上内容可以看出，章程对教育会进行了较多的限制性规定，学部更多是从规范的角度出发来制定教育会章程的。如针对此前各地教育团体名称不一、种类繁杂等现象，章程对教育会的设立及名称做了规定。章程对会员的规定尤为严格，因为国内学堂学生以及国外的中国留学生在这一

---

① 《学部奏酌拟教育会章程折》，载《东方杂志》，1906(9)。

时期多参与政事。另外，由于章程颁布前的某些教育会参与革命活动，因此，章程规定教育会的活动只能限制在教育范围内，不准涉足教育以外的事情，否则立即解散。

　　章程的颁布从法律的角度承认了教育会的合法地位，从而加速了各地教育团体的设立，各省纷纷组织教育总会和教育分会。遵照章程的要求，各地原未含有教育性质的学会在省城的纷纷改称教育总会，在各府厅州县的改称教育会。光绪三十二年（1906年）十月，江苏学务总会遵章改为江苏教育总会，成为全国最早成立的省级教育总会。① 继江苏之后，四川、福建、江西、浙江、湖南、奉天、广东、湖北、山西、安徽、贵州等省的教育总会相继成立。光绪三十三年底，全国教育会数目还不过291个（其中四川省未能统计在内）。到宣统元年（1909年），全国教育会数目达到了723个，拥有会员48432人。② 到宣统三年，全国除了新疆、甘肃等地没有设立教育会外，各省均有教育总会和分会，形成了以绅士阶层为主体、以教育社团为依托的掌控地方新式文化教育的组织系统。各地教育会的成立与活动的开展大多能够得到官方的支持。从光绪三十三年的《第一次教育统计图表》可以看出，各省教育会成立后均能获得官府的资助。以江苏省为例，1907年江苏全省教育会岁入白银2876两，大都来自公款提充，其中各府厅州县教育会获取公款占绝大多数。湖南教育总会在1907年冬成立之后，官府除每月拨百金以资助外，还拨出贡院余地为其建造总会会所。③

　　除教育会外，20世纪初还成立了不少私塾改良会。这些团体成立之初即为民间的自发行为。如光绪二十八年，浙江石门（今桐乡县）的学界曾自发组织教育集议处，研究讨论私塾改良事宜。④ 光绪三十年，江苏学务处委员沈戟仪在川沙之龚镇成立私塾改良会，倡导私塾改良之风。光绪三十

北京师范大学史学探索丛书

---

　　① 朱有瓛：《中国近代教育史资料汇编·教育行政机构及教育团体》，255页，上海，上海教育出版社，1993。

　　② 桑兵：《清末新知识界的社团与活动》，274页，北京，生活·读书·新知三联书店，1995。

　　③ 《分类新闻》，载《申报》，1908年5月24日。

　　④ 桐乡县教育局：《桐乡县志》，10页，杭州，浙江教育出版社，1997。

一年，沈亮榮等在上海设立私塾改良会总会。后来，海盐、嘉兴、新昌、芜湖、安庆、南京等处亦相继设立私塾改良会。当清政府明确了近代教育的方向，并废除了科举制，各县劝学所成立之后，政府倡导于上，民间鼓应于下，一时间学界纷纷自发组织私塾改良会，政府对一般私塾改良会的呈请准予立案，私塾改良会在政府行为的规范下开展活动。

光绪三十二年，江苏学务司为了解决学堂数量少、为数众多的学龄儿童就读于私塾或失学在家这一问题，要求各地设立私塾改良会，希望对传统私塾改良，使其向新式教育转化。丹徒县（今镇江）于光绪三十四年照章程设立私塾改良会。太平县（今温岭县）陈演存等设立私塾改良会，呈请省提学使司立案。提学使支恒荣批文："私塾改良会设于文化未甚开通之处，督促进步最有实益"，准予立案。① 此外，支恒荣在离县城较远、风气阻塞的台州葭沚、六庄等处呈请立案的批示中指出，此处设立私塾改良会，能"辅该县劝学所、教育会之不逮"②。这些偏僻地区所设的私塾改良会，起了弥补劝学所影响莫及之缺憾。宣统二年六月，学部颁布了《改良私塾章程》，明确了"改良私塾以私塾教授期合法，并助地方教育为宗旨"，对各级各类私塾在教学内容、考试、升级、教授方法上均有明确规定。③ 这有利于私塾的改良和新式教育的发展与普及，推动了教育的近代化。

2. 为各类学术团体立案，准其发展

晚清最后十年各地成立的学术团体，据张玉法统计，有65个。学术团体的种类繁多，研究内容涉及自然科学和社会学说的各个方面。除教育研究会外，还有国学、法学、商学、医学、地理学、科技等团体。发展近代教育是清政府推行新政的一大举措，各种学术的研究有益于普及教育，发展知识。因此，清政府对呈请立案的学术团体一般都准予立案。

晚清最后十年，国内成立了一些医学团体，但在光绪三十二年（1906）之前，为数不多。1906年，巡警部通饬各地设立医学研究会，此后各医学

---

① 《浙江教育官报》，1909年，11期，51页。

② 《浙江教育官报》，1908年，5期，23页。

③ 商务印书馆编译所：《大清教育新法令》，第4编，13页，上海，商务印书馆，1910。

会都因为官方的提倡而纷纷设立。① 如 1906 年常相臣在北京设立了医学研究会。同年，华体仁在芜湖也成立了医学研究会。第二年，刘芳在庐陵成立医学研究会。各医学研究会成立之时，多向政府部门呈请立案，取得法定地位。清政府对此类纯粹的医学团体，一般都准予立案。这一时期的学术社团除了成立之时须呈请立案外，社团的一些活动也要呈请所属政府部门审批。如光绪三十二年(1906)上海科学会要编纂四种教科书，其主持人张仁普呈送学部，请审定禀批。②

清政府实行新政的一个重要举措就是发展工商业。这期间，国内成立了不少附属于商会的商学研究团体。1903 年设立商部之后，清政府于第二年发布章程在全国倡办商会。各地商人在组织商会之后，普遍意识到要想改变中国商业落后的局面，必须设立团体进行研究，群策群力，才能谋求中国商业发达的机会。这一时期旨在研究促进工商业发展的商办学术团体，如雨后春笋般出现。仅江、浙两省就有上海商余学会、商余补习所、浙江旅沪学会、杭州商学公会、出品协会、绍兴商学会、南洋劝业会研究会、苏州广货公所同业研究会等，名目繁多，不胜枚举。

这一时期，除了医学、商学等研究社团外，在法学、地理学、国学、历史学等方面也成立了一些研究社团，这里就不再一一详说。总的说来，不管是哪一类学术社团，其宗旨一般都是研究或学习一门或几门具体的社会学说或自然科学，其活动内容一般与政治无涉，因此，清政府对这类社团的管理较为宽松，对其呈请多予以立案。这成为这一时期学术社团繁荣发展的重要原因。

3. 严格限制文艺社团

新政时期成立的文艺社团为数不多。其中，戏剧社团中影响较大的有留日学生于东京成立的春柳社，上海的春阳社、竞义会、进行团，广州的琳琅幻境社，天津的移风乐会等。研究音乐的社团包括广州的民镜乐社，天津的音乐讲习会等。书画社团有广州的书画社，上海的豫园书画善会、

① 王尔敏：《清季学会汇表》(上)，载《大陆杂志》，1962，24(2)。

② 《上海科学会举人张仁普呈送编纂教科书四种请审定禀批》，中国第一历史档案馆，学部档案全宗，357 号，学部官报，第 5 期。

书画研究会等。语言文学社团中规模最大、影响最为深远的当数南社。这一时期的文艺社团相对于戊戌时期来说有了很大发展，但与同时期的其他文化社团相比较，其发展较为缓慢，这与清政府对文艺社团实行的严格限制政策不无关系。

清统治者长期实行文化专制政策，除大兴文字狱、全面禁毁书籍外，视一些民间戏曲为"风俗人心之害"，对其持严格限制的政策。至清末新政时期，清政府开始对戏曲、唱本等文艺形式的管理有所变通，但仍然固守这种限制政策，对于不符合封建道统的戏曲、唱本等仍然实施禁止与取缔。

戏剧具有广泛的群众基础，当时进步知识分子运用演剧活动针砭时政。如我国最早的话剧团体春柳社，由一批热衷于戏剧的日本留学生于1906年在东京成立。该社以"开通知识，鼓励精神"为宗旨。[1] 在剧目的选择上，该社重视戏剧的社会教育作用。其演出的作品，具有强烈的民族感情和希望国人早日猛醒的意图，在留日学生中引起了很大反响。

新政时期清政府对学生的管理甚为严格。光绪三十三年十一月，上谕严禁学生"干预国家政治，及离经畔道联盟纠众立会演说"，并令学部通行京外有关学务各衙门将学堂管理禁令定章，广为刊布，严切申明，对士风大加整饬。[2] 对于学生的演剧活动，清政府更是严加限制。光绪三十三年，春柳社在日本东京演出了《黑奴吁天录》，因此剧的民族意识强烈，在留学生中引起了轰动，并受到日本评论界的好评，但却引起了中国公使馆的阻挠和反对。后来，有的社员怕影响自己的前程，有的毕业回国，成员锐减，大规模的演出已无可能。[3] 从这次演出之后，春柳社在戏剧方面就没有活动。同样，春柳社在演出《热血》之后，公使馆贴出禁止学生演戏的布

---

① 贾植芳：《中国现代文学社团流派》下册，913～914页，南京，江苏教育出版社，1989。

② 朱寿朋：《光绪朝东华录》，第5册，5806～5807页，北京，中华书局，1958。

③ 贾植芳：《中国现代文学社团流派》下册，901页，南京，江苏教育出版社，1989。

告，要停止演戏的学生的官费资助，于是演戏的空气一时间沉寂下来。①
此外，因春阳社演剧激进，其主持人王钟声被清政府抓捕入狱，成立不到
一年的春阳社宣告解散。②

　　清政府对倾向革命的演剧社团如此严加限制，对倡导革命的文学团体
也不例外。清末十年间，成立了很多倾向革命的文学团体，影响较大的当
数南社。南社由柳亚子、陈去病、高天梅于宣统元年成立。先后加入南社
的共千余人，而以江浙人为最多，其次为广东、福建、湖南、湖北、四
川，其他各省亦皆有人加入。它以提倡文学为名，而实际鼓吹革命，影响
所及，感人极深。南社成员常发表言论，指斥清朝统治者的文化禁锢政
策，号召天下士人前来结社，蓄志排满，参与革命活动。因此其成员经常
遭到清政府的严缉，甚至被清政府以"革命党人"的名义杀害。

　　清末最后十年，清政府尽管对文艺形式的管理有所变通，但其自清初
以来实行的文艺专制政策并没有实质性的改变。而且，由于革命风潮的影
响，一些影响较大的文艺社团多倾向于革命。因此，相对于其他的文化团
体而言，清政府对文艺团体的管理相当严格，文艺社团开展活动异常
困难。

三、结语

　　新政时期内忧外患的政治局面是清政府调整文化社团政策的重要原
因，而新政的大背景为文化社团政策的调整创造了环境。这一时期的文化
社团较戊戌时期发展迅速，无论从类型上，还是数量上都有了很大的发
展。从组成人员来看，在预备立宪之前，社团的民间性质浓厚，很少官方
色彩。其成员以新知识界为主，士多绅少，而且绅也主要是与文教新闻事
业有关之人，商或与商、官联系密切的绅较少介入。预备立宪之后，与
官、商联系密切的绅较多介入。这种局面使清政府原有的文化社团政策无

　　①　欧阳予倩：《自我演戏以来》，22 页，台北，龙文出版社，1990。
　　②　葛一虹：《中国话剧通史》，19 页，北京，文化艺术出版社，1990。

法容纳和承载。清政府既想利用其为封建王朝服务，又害怕其危害到封建正统文化的地位，因而不得不改变以往单一的压制政策。自《辛丑条约》签订以后，清统治集团内部被迫进行了改组，极端保守派被杀或被逐，慈禧迫于时势的剧变，亦转向扶持具有变革倾向的官员。这样，一些思想相对开明的官员入主中枢，从而为清政府的决策转变提供了较为有利的政治保障。在地方政府一级，主持地方军政及文化事业的督抚们基于国势没落的刺激，也逐渐认同并推进学习西方的观念和实践。统治集团决策层人员构成的变更，即意味着统治集团文化观的重大转变，从而决定了这一时期文化社团政策调整的发展脉络。

此外，"中体西用"与"崇儒重道"的文化理念是清政府制定文化社团政策的思想理论基础。一方面清政府明确引进西学，借鉴欧美、日本等国的技术和文化；另一方面又固守封建核心，强化"崇儒重道"。这种复杂的社会背景以及政策制定者对矛盾性文化理念的固守，使得这一时期文化社团政策的调整呈现出近代性与封建性并存的时代特征。

然而，就整体而言，清政府实行的文化社团政策不仅对清末社会与文化产生了深远影响，而且对民国初年的社会与文化方面影响至深，从而成为中国传统文化向近代转型过程中一个不可忽视的环节。

清末文化社团政策与西学的传播

——以科技社团为中心

近代意义上的西学在中国的传播是明末清初以来中国社会所面对的文化问题，也是政治问题。在经历了一个时期的阻断后，鸦片战争前后西学的传播又形成了新的发展趋势，"师夷"之风渐起。洋务运动时期的"采西学"、"制洋器"，使得西学的传播影响日增，但清政府仍对西学加以裁抑。甲午战败后，世风骤变，维新人士和新知识界极力倡导西学，并借助社团学会的形式大力推动。所谓"社团"（association），是社会团体的简称，是指人们为了共同的目的，自愿组织并按照一定的原则和方式成立的相对稳定的团体。文化社团即指文化领域内的社会团体。文化社团政策是指统治集团为实现一定的政治路线而制定的有关文化社团的行动准则，直接体现了国家在一定历史时期的政治文化意志。本文希图说明晚清甲午战争之后至清朝灭亡这一时期，清政府迫于时局在文化社团政策上的变化及其对西学传播的影响，并着重以科学社团为中心进行考察。

一、清末文化社团政策的演变

清初鉴于明亡的教训，清廷禁立社盟，顺治上谕称："士习不端，结定社盟，把持衙门，关说公事，相煽成风，深为可恶，着严行禁止。"①以后的二百多年党禁依旧。鸦片战争后至甲午战前，清政府面临时局多变，内外交困的形势，但依旧严行党禁。众多知名人士对党禁噤若寒蝉。王韬要求广开言路，但是告诫士子不能"结党援立门户"。这一局面一直持续到甲午战前。甲午战后，面对民族危亡，一批知识人士冲破禁锢，组织团

---

① 谢国桢：《明清之际党社运动考》，172 页，上海，上海书店出版社，2004。

体，以期救亡图存。在维新人士的倡导下，中国出现了70多个学会组织。① 而从1895年到清亡，全国先后出现的各类新式学会社团有2000多个。② 社团的勃兴反映出清政府社团政策发生了变化。这体现在两个时段：

1. 甲午战后至戊戌政变期间，清政府对政治性较强的学会组织，如北京强学会、上海强学会、长沙南学会、北京保国会等采取了较为严厉的政策，但对文化结社活动没有明文禁止，而是采取了默许的态度。

这一时期全国各地成立的文化社团主要分为两种类型：一种是以学术性为主的，一种是以改革社会习俗为主的。以学术性为主的社团，如蒙学公会、医学善会、质学会、算学会、测量学会、化学公会、法律学会、校经学会、地图公会等，是中国近代最早的学术社团。这类以学术性为主的社团，研习生光化电、格致测算、法律医理等西方科学，目的在于求中国之富强。③ 这类学术团体的成立，只是迎合某种专业的需要或少数人的兴趣。由于缺乏经费作长期的支持，又少真正具有高深学术修养的人参与，规模都较小。清政府对这类专事学术研究、规模较小的学术团体一般不加以限制。

另一种是以改革社会习俗为主的社团，如不缠足会、戒鸦片烟会、延年会等。这类社团以改革封建陋俗、提倡社会新风为目的。学习西方的教民、养民之法，移风易俗，倡导西方社会新风尚，是维新人士所进行的社会启蒙的主要内容之一。在社会风俗变革中，维新人士反对缠足、溺女、包办婚姻等种种摧残妇女的陋行。戊戌变法期间，康有为上《请禁妇女缠

---

① 关于戊戌维新学会的数量，王尔敏、张玉法、汤志钧、李文海、闵杰做过统计，前三位所统计的数量分别是63个、68个、50个。李文海对这些统计有所修订。闵杰在发现新资料的基础上，对上述已有的统计进行修订和补充，认为戊戌时期成立的有案可稽的学会共计为72个。参见王尔敏：《清季学会汇表》，载《大陆杂志》24卷，2、3期；张玉法：《清季的立宪团体》，680～692页，台北，文海出版社，1985；李文海：《戊戌维新运动时期的学会组织》，见胡绳武：《戊戌维新运动史论集》，55～60页，长沙，湖南人民出版社，1983；闵杰：《戊戌学会考》，载《近代史研究》，1995(3)。

② 桑兵：《清末新知识界的社团与活动》，274页，北京，生活·读书·新知三联书店，1995。

③ 中国史学会：《戊戌变法》第4册，389～391页，上海，上海人民出版社、上海书店出版社，2000。

足折》，建议清政府下令禁止妇女缠足，已裹者一律宽解，否则处罚。并主张废除沿袭千百年的旧礼制，以及破除鬼神迷信。主张断发易服，与欧美同俗。在改变旧的社会风俗实践中，维新派成立一系列社会团体，希望以此来培养文明进步的社会新风尚。这一类社团人数较多、规模较大、影响广泛。清政府把注意力放在这方面。由于鸦片、缠足二事对社会的危害最烈，维新派认为"鸦片、缠足二事，不早为之所，则变法者，皆空言而已矣"①，遂极力促成各地禁鸦片、禁缠足团体的建立。清政府对禁鸦片和禁缠足也持不反对的态度，所以戒鸦片烟会和不缠足会得到大力发展。当时的上海、湖南、广东、广西、福建、湖北、天津、香港、澳门等地设有不缠足会、戒鸦片烟会的团体。

　　为扩大声势，减少阻力，各地的团体约请当地有名望的绅士出面主持，并尽力争取官方的支持。如上海不缠足会成立后，发起人争取到支持维新运动的湖广总督张之洞的支持。由于张之洞为上海不缠足会作序，地方官员不便阻挠，一些世家大族亦解除顾虑，愿出面担任不缠足会主持人，这是不缠足运动得以迅速推开的重要原因。但由于清政府不准结社的禁令并未解除，各地不缠足会成立后多小心行事。如上海不缠足会成立后，在各地建立分会。但除澳门不缠足会因远离清政府的统治，敢于公开声明在它上面还有一个"上海总会"外，各地不缠足会不敢公开承认上海是总会。这主要是由于人们对于建立全国性的社会团体心存疑惧，担心遭到清政府的镇压。这个例子恰好从反面证明，在中央政府没有命令取消结社禁令之前，不可能出现一个公开合法的带有大批分会组织的全国性社团。但在湖南，不缠足团体存在明确的总会与分会关系。这主要是由于湖南不缠足会董事黄遵宪以湖南按察使身份示谕各地开展不缠足运动，从而在一省之内，破除了中央政府的禁令，致使湖南各地不缠足会不同程度地承认自己与长沙总会的隶属关系。这一特例也正说明能否取得官方的支持对于不缠足会正常开展活动来说是至关重要的。

　　总的来看，戊戌维新时期的文化团体，尤其是学术团体和改良风俗类

---

　　①　王栻：《严复集》，第 1 册，29 页，北京，中华书局，1986。

团体有了不同程度的发展。

戊戌维新失败后，清政府鉴于康、梁等维新人士结社令其寝食难安，遂颁布禁止结社立会的上谕，称："联名结会，本干例禁。乃近来风气，往往私立会名。官宦乡绅，罔顾明教，甘心附和。名为向人劝善，实则结党营私。有害于世道人心实非浅鲜。着各省督抚，严行查核。拿获入会人等，分别首从，按律治罪。其设会房屋，封禁入官。该督抚务当实力查办，务得阳奉阴违。庶使贼党寒心，而愚民所知儆惧。"[1]这是自清朝初年实行禁止结社的政策以来，清政府再次以最高级命令——上谕的形式禁止结社立会。从上谕的内容可以看出，清政府禁止社团活动的主要理由是害怕士绅结党营私、参与政事，这与自清朝初年以来政府对社团活动严行禁止的理由没有什么大的差别。

上谕颁布后，清政府各处访拿会员，于是"各省有志之士，几于无一幸免"[2]。由此，文化社团的活动渐趋低潮，大部分在戊戌维新失败后即解散，但仍有少数纯学术的文化团体继续活动。

2. 清末"新政"期间，清政府内外交困的政治局面加剧，不得不调整其统治政策，制定了关于结社集会的法律。

光绪二十七年(1901)四月，清政府发布上谕，宣布推行"新政"。之后，文化社团有了一定发展，原有的文化社团政策无法继续。对此，清政府不得不改变以往单一的压制政策，转而采取对文化社团在法律范围内予以掌控的政策。

在清政府宣布"预备立宪"的背景下，光绪三十三年(1907)十一月，清政府发布上谕，命宪政编查馆会同民政部，斟酌中外，妥善拟定《结社集会律》。据此，光绪三十四年二月初九日(1908年3月11日)，宪政编查馆与民政部制定了《结社集会律》。此外，在光绪三十四年(1908)清政府颁布

---

① 朱寿朋：《光绪朝东华录》，第4册，4221页，北京，中华书局，1958。

② 中国史学会：《戊戌变法》，第1册，281页，上海，上海人民出版社、上海书店出版社，2000。

的《钦定宪法大纲》中也规定人民有结社的权利。①

这一时期的文化社团较戊戌时期发展迅速，无论从类型上，还是数量上都有了很大的发展。从类型上来说，主要包括教育团体、学术团体、风俗改良团体、文艺团体等。从数量上而言，仅教育团体一类，到宣统元年（1909），清末各省府州县成立的教育会即达到七百多个，以后成立的更多。② 这一时期文化社团的宗旨主要有两点：一是开智，二是合群。其主要活动包括：兴学育才，开展新式教育；创办报刊出版业、组建各种形式的阅书报机构，传播文明信息；集会演说；借用戏剧、音乐、幻灯等形式传播近代意识，改良旧俗；开办综合科学馆或专门研究会，以引进和发展近代科学。

清末"新政"时期，清政府制定关于结社集会的法律，是中国有史以来第一次将结社集会活动以法律的形式予以规定。这虽然是清政府的无奈之举，但客观上又是对清初以来对结社实行专制政策的否定，具有一定的历史进步性。这些法律法规的制定，从国家法律的角度肯定了近代文化社团的合法地位，为文化社团开展活动提供了法律保障，带有较多的近代色彩。这对后来民国初期的结社集会法令也产生过一定的影响。

清政府在甲午战后不断调整其社团政策，尤其是对文化社团、学术社团采取宽松政策，究其原因，除了清政府为解决内忧外困，找寻摆脱危机的出路和推行"中学为体，西学为用"的思想文化政策之外，西学影响的扩大以及维新人士极力鼓动是重要的一个方面。

第一，近代社团的兴起与戊戌时期西方的哲学、政治学、社会学等人文社会科学的传播有密切的关系。

近代以来中国人学习和传播西方文化的一条主要管道是翻译西方书籍。洋务运动时期译书的范围主要集中在自然科学方面，戊戌维新运动时期则改变了这一状况。西学的传播由以自然科学为主转向开始宣传介绍一

---

① 耿向东、顾新荣：《新政时期清政府文化社团政策的调整》，载《社会科学辑刊》，2007(5)。

② 桑兵：《清末新知识界的社团与活动》，274 页，北京，生活·读书·新知三联书店，1993。

系列西方的哲学、政治学、社会学等人文社会科学,从而把西学的传播推进到一个崭新的阶段。随着西学的不断传入,甲午战后,中国新知识界迅速掀起一股以宣传实行群治为目的的群学思潮,它引导知识分子进行了初步的合群运动。戊戌时期的群体观念始自严复。他于光绪二十一年(1895年)翻译了赫胥黎的《天演论》。此书认为"天演之事,将使群者存,不群者灭;善群者存,不善群者灭"①,强调了运用群体之力在人类生存竞争中的重要作用。严复在光绪二十一年(1895年)至光绪二十四年(1898年)间,先后发表了《论世变之亟》、《原强》、《辟韩》、《救亡决论》等四篇文章,对群学予以提倡。在《原强》一文中,他引用荀子的言论加以论述:"人之贵于禽兽者,以其能群也,故曰群学。夫民相生相养,易事通功,推以至于刑政礼乐之事,皆自能群之性以生。"②

在严复之后,维新运动的发起人对群学也都大加倡导。康有为在其所作的《强学会序》、《上海强学会序》和《上海强学会后序》这三篇文章中阐发了他的群学主张。他认为:"夫挽世变在人才,成人才在学术,讲学术在合群。"③梁启超在《论学会》一文中指出:"道莫善于群,群莫善于独;独故塞,塞故愚,愚故弱;群故通,通故智,智故强。"所以,他说:"群者,天下之公理也。"④

从这种"群学"理论出发,以康有为、梁启超、谭嗣同等为代表的维新人士认为,组建学会可以开通社会风气,为维新运动广泛动员社会力量,培养和联结广大维新人才。康有为认为:"中国风气向来散漫,士夫戒于明世社会之禁,不敢相聚讲求,故转移极难。"而"考泰西所以富强之由,皆由学会讲求之力。"⑤普鲁士战胜法国是因为有强国之会;日本之所以维新成功在于尊王攘夷团体;学会繁盛是美国富强之由。因此,他指出:

---

① 王栻:《严复集》,第5册,1347页,北京,中华书局,1986。
② 王栻:《严复集》,第1册,16页,北京,中华书局,1986。
③ 中国史学会:《戊戌变法》,第4册,385页,上海,上海人民出版社、上海书店出版社,2000。
④ 梁启超:《饮冰室合集·文集二》,4页,北京,中华书局,1989。
⑤ 中国史学会:《戊戌变法》,第4册,386页,上海,上海人民出版社、上海书店出版社,2000。

"思开风气，开知识，非合大群不可，且必合大群而后力厚也。合群非开会不可"①。梁启超也指出，"凡讲学莫要于合群，盖以得知识交换之功，而养国体亲爱之习。自近世严禁结社，而士气大衰，国之日屡，病源在此，故务欲破此锢习，所至提倡学会"②。

第二，甲午战争之后，中国士人组织团体，很大程度上是受西方传教士在中国成立的各种学会的影响。

中国自古就有结社立会的传统，戊戌时期以学会形式成立的社团，固然受到中国士人结社和关心时政传统的影响，但戊戌时期的学会组织并不是由传统的诗社、文社、画会等演变而来，在性质上它是仿照西方学会的。当时西方传教士组织的文化团体主要有：道光十四年（1834 年）在广州成立的益智会。它是西方传教士在中国最早建立的学会，以出版史地财经方面的书籍为主。道光十六年（1836 年）在澳门成立的马礼逊教育会，目的是资助学校或创办学校。③ 上海文理学院创立于咸丰八年（1858 年），为欧美传教士的学术团体，英国人韦列亚力组织，主要业务是出版会报，创办图书馆、博物馆及美术品陈列所。④ 上海益智书会成立于光绪三年（1877 年），由狄考文、丁韪良、韦廉臣、林乐知、傅兰雅等组织委员会，主要从事教科书的编纂工作，后改组为中国教育会。⑤ 广学会光绪十三年（1887 年）由韦廉臣成立于上海，名为同文书会，1894 年称改为广学会。其目的在于传播基督教义、介绍西方文化、鼓吹中国自强，主要活动是出版书籍、发行期刊。⑥

正是由于维新人士的极力推动和西学影响的加深，戊戌时期成为中国

---

① 中国史学会：《戊戌变法》，第 4 册，133 页，上海，上海人民出版社、上海书店出版社，2000。

② 梁启超：《康有为传》，31～32 页，北京，团结出版社，2004。

③ 王树槐：《基督教教育会及其出版事业》，载《中央研究院近代史研究所集刊》（二），366 页，1970。

④ 胡怀琛：《上海的学艺团体》，载《上海通志馆期刊》第 2 卷第 3 期，830～831 页。

⑤ 王树槐：《基督教教育会及其出版事业》，见《中央研究院近代史研究所集刊》（二），367～380 页，1970。

⑥ 王树槐：《清季的广学会》，见《中央研究院近代史研究所集刊》（四），193～221 页，1973。

近代文化社团勃兴的时期之一，其影响在清末新政时期仍在延续。

二、清末科技社团的状况

从西方近代社团发展状况来看，社团具有以下基本特征：具有完整的章程、固定的活动场所、定期的集会时间、稳定的经费来源以及平等的研习氛围。学术社团由一批具有共同学术旨趣而相聚的人组成，他们有着共同致力于学术发展的目标，在团体内部处于一种学术平等的地位，以达到相互切磋、交流的目的。这样的学术团体是开放性的，它有别于传统的会党组织。从清末科技社团的形成来看，具有近代社团的特征的并不多，大多数都是一些既关注政治，又提倡科学的综合性普及型科技社团。

从 1895 年到清末，在全国先后出现的 2000 多个各类新式学会社团中，教育会、农学会占较大比重，而属于学术类型的科技社团，从 1895 年至 1900 年约有 37 个。如再延至 1911 年，则有 47 个。① 据张玉法先生统计，自 1904 年至 1911 年各地成立的学术类社团有 65 个。② 这些统计中，都将强学会、上海强学会等政治倾向明显的社团计算在内，这是切合当时大多数社团都带有明显的政治倾向这一时代特点的。但本文着重考察学术社团，尤其是科技社团，故在列表统计科技社团情况时不将政治性极其明显的社团包括在内，同时数量众多的教育会亦不列入。参见下表：

1895—1911 年科技社团一览表

名称	成立时间	成立地点	发起人	宗旨和主要活动	创办刊物
算学社（算学会）	光绪二十一年（1895）八月	湖南浏阳	谭嗣同、唐才常	废经学、兴算学	

① 林文照：《中国近代科技社团的建立及其社会思想基础》，见王渝生：《第七届国际中国科学史会议文集》，540～541 页，郑州，大象出版社，1999。

② 张玉法：《清末的立宪团体》，132～138 页，台北，"中央研究院"近代史研究所，1971。

名称	成立时间	成立地点	发起人	宗旨和主要活动	创办刊物
农学会	光绪二十一年（1895）十月	广州	孙中山	搜罗各国农桑新书，译成汉文，俾开风气之先，即于会中设立学堂，再开设博览会，又劝纠资本，以开垦荒地	
务农会	光绪二十二年（1896）八月	上海	罗振玉、徐树荣、朱祖荣、蒋黼	采用西法，兴天地自然之利，植国家富强之源	农学报
译印西文地图公会	光绪二十二年（1896）	上海	邹代钧、汪康年	绘制中外精详地图	
算学会	光绪二十二年（1896）	上海	叶耀元	讲究新学，研讨算学	
质学会	光绪二十三年（1897）	武昌		分经学、史学、法律学、方言学、算学、阁学、天文学、地学、农学、矿学、工学、商学、兵学、格致学等14科目	
关西学会	光绪二十三年（1897）	北京	阎乃竹、宋伯鲁、雷延寿、王步瀛等	每周聚会一次，"各以读书所得，质疑辨难，如有撰述，互相质疑"	
金陵测量会	光绪二十三年（1897）四月	江宁	杨文会、谭嗣同	测量天文、地理、气象	
译印中西书籍公会	光绪二十三年（1897）八月	上海	王仁俊		
上海印书公会	光绪二十三年（1897）十月	上海	顾润宾、黄尧圃		

名称	成立时间	成立地点	发起人	宗旨和主要活动	创办刊物
化学公会	光绪二十三年(1897)秋	杭州	董祖寿	泰西各国格致之业,造端发轫,先在化学。1897年11月9日进行第一次化学实验	
医学会	光绪二十三年(1897)秋	上海	孙直斋、王仁俊、沈敬学		
苏学会	光绪二十三年(1897)	苏州	章钰、张一麐、孔昭晋	以中学为主,西学为辅,中学为体,西学为用,讲求有用之学,储为经济,以报国家	
医学善会	光绪二十三年(1897)	上海	吴仲弢、龙积之、梁启超	开医会以通海内海外之见闻,刊医报以甄中法西法之美善,立医学堂选高才之才,以究其精微,设医院循博施之义,以济贫乏	
译书公会	光绪二十三年(1897)	上海	恽积勋、恽毓麟、陶湘、董康、赵元益	以采译泰西东切用书籍为宗旨	译书公会报
明达学会	光绪二十三年(1897)	湖南常德		本义理之学,参富强之术,以算学为阶,以致用为本	
实学会	光绪二十三年(1897)	上海	王仁俊	博采通论,广译各报	
南学会	光绪二十四年(1898)二月	长沙	谭嗣同、唐才常	开浚知识,恢张能力,拓充公益	湘报

北京师范大学史学探索丛书

名称	成立时间	成立地点	发起人	宗旨和主要活动	创办刊物
医学会	光绪二十四年(1898)五月	苏州	缪禹臣		
格致学社	光绪二十四年(1898)八月	上海	华蘅芳、徐建寅等	讲求格致之理，以期互相切磋，有裨实学	
算学会	光绪二十四年(1898)	福州			
舆算学会	光绪二十四年(1898)	湖南郴州	邹代钧、罗辉山	以讲求舆算、兵略、农矿为宗旨	
仁学会	光绪二十四年(1898)	贵州贞丰	吴嘉瑞、杨虚绍	讲演时政，提倡西学	
学战会	光绪二十四年(1898)	长沙	黄尊等		
积益学会	光绪二十四年(1898)	长沙	张祁等		
群萌学会	光绪二十四年(1898)	湖南浏阳	唐才常等		
任学会	光绪二十四年(1898)	衡州	陈为镒等		
蜀学会	光绪二十四年(1898)	成都	宋育仁		
励志学会	光绪二十四年(1898)	江西	邹凌瀚		
算学日新会	光绪二十五年(1899)前				
瑞安天算学社	光绪二十五年(1899)	浙江瑞安	孙冲等		
知新算社	光绪二十六年(1900)	扬州	周达(美权)		

名称	成立时间	成立地点	发起人	宗旨和主要活动	创办刊物
亚泉学馆	光绪二十六年（1900）		杜炜孙	以集体研习各种科学技术为趣旨	亚泉杂志；中外算报
舆地学会	光绪二十九年（1903）以前	武昌	邹代钧	出版中外舆地图	
科学补习所	光绪三十年（1904）七月	武昌	吕大森、刘静庵、胡瑛		
医学会	光绪三十年（1904）	上海	李钟珏、陈莲舫		
厦门医学会	光绪三十年（1904）	厦门	陈絅	研究医理	
舆地学会	光绪三十二年（1906）以前	福州			
医学研究会	光绪三十二年（1906）	天津	刘毓琛	汇通中西医理，研究制造药材	
医学研究会	光绪三十二年（1906）	北京	常相臣	改良医术	
医学研究会	光绪三十二年（1906）	芜湖	华体仁	宜广学、宜研究、宜虚心、宜推诚	
译书交通公会	光绪三十二年（1906）八月	上海	周树奎、吴沃尧、汪庆祺	交换和识、广通声气、维持公益；交换会友所译之书，广为推销译著，代订外洋书报	
中国药学会	光绪三十三年（1907）冬	东京	王焕文、伍晟、曾贞等留日药科生	研究药学理论和实践，交流学术，调查国内外药物出产情况，宣传卫生和药学知识	

名称	成立时间	成立地点	发起人	宗旨和主要活动	创办刊物
中国化学会欧洲支会	光绪三十三年（1907）	法国巴黎	俞同奎、利寅、李景镐等	划一名词、编译书报、调查、通讯	
科学会	光绪三十三年（1907）	贵阳	张铭	修学、革命	
医学研究会	光绪三十三年（1907）	庐陵	刘芳		
中国地学会	宣统元年（1909）	天津	张相文、白眉初、章太炎、蔡元培、张伯苓、翁文灏等	以联合同志、研究本国地学为宗旨，旁及世界各国，不涉范围以外之事	地学杂志
中华护士会（中华护理学会）	宣统元年（1909）	上海	信宝珠	提高护理技艺，培养护理人才，联络护士感情，共谋会员福利	
中华医药学会	宣统元年（1909）	上海			
中西医学研究会	宣统二年（1910）	上海	丁福保	研究有关医学各学科，编着医学书籍，陈列图书仪器，编辑学报	中西医学报
立达学社	宣统三年（1911）夏	北京	胡敦复	以视己立立人，自达达人为宗旨；以共同研究学术，兴办学校为职志	
浦东医会	约宣统三年（1911）	上海	刘镜蓉		
江北医学研究会	约宣统三年（1911）				

名称	成立时间	成立地点	发起人	宗旨和主要活动	创办刊物
严陵医学研究分会	约宣统三年（1911）	严陵			
中国植物病理学会	约宣统三年（1911）				

本表主要综合以下著述而成：

1. 张玉法：《清季的立宪团体》，台北，"中央研究院"近代史研究所，1971；

2. 汤志钧：《戊戌时期的学会和报刊》，台北，台湾商务印书馆，1993；

3. 王尔敏：《晚清政治思想史论》，桂林，广西师范大学出版社，2005；

4. 闵杰：《戊戌学会考》，载《近代史研究》，1995(3)；

5. 林文照：《中国近代科技社团的建立及其社会思想基础》，见王渝生：《第七届国际中国科学史会议文集》，郑州，大象出版社，1999。

上表虽综合了学界的研究成果，但恐难完整。仅从这些科技社团的基本情况来看，仍可以总结出几个特点：

1. 成立的时间集中在戊戌维新期间，清末新政时期的相对较少。

从上表所列 55 个社团中可见，成立于光绪二十四年（1898 年）及之前三四年间的社团有 29 个，之后至 1911 年 13 年间计有 26 个。但是，戊戌之后成立的一些社团在开展科学研究方面却大有成就，如瑞安天算学社、中国化学会欧洲支会、中国地学会等。

2. 涉及的学科相对集中在某几个学科。

其中包括了医学、算学、地学、农学等类别。这里既有按照西方科学研究模式建立的纯粹的科技社团，如中国化学会旅欧支会、中国地学会等，也有立足于进行科学知识宣传和普及的社团，如质学会、关西学会、苏学会等。后者大大多于前者。

3. 多数社团具有明显的图强倾向和科学救国思想。

受时局的影响，不管是戊戌时期的维新人士，还是之后的新知识界人士，都具有很强的自新求强倾向，希冀以传播和研习新知识来实现救国。瑞安天算学社成立时称："参泰西学会之意，以复兴中国固有畴人之盛业。"①中国地学会成立时声言："数年以来，非惟边侥多事，内地亦几遭蹂躏，而莫敢谁问，何推原祸始，实由地学隔膜，有以增敌之骄而短我之气。"对此，地学会坦诚表示："果有热诚提倡谋所以交通而启牖之者乎？仆等不敏，窃愿馨香顶礼以迎之。"②在许多科技社团成立时的启事和章程中这样的言论随处可见。因此，这一时期有些学术社团的政治倾向非常明显，甚至存在维新人士以学术社团为名而行政治社团之实的情况。

4. 科技社团的发起人或主持者大多有西学的背景。

像谭嗣同、唐才常等维新著名人士，受西学影响很深，自不待言。其他创建科技社团的发起人或多或少都有留洋和研习西学的经历。如邹代钧（1854—1908年），地图公会的创办者。他家学很深，祖父为《海国图志》编绘过列国地图。其本人曾作为随员出使欧洲，留心收集欧美各国地理书籍和地图。中国地学会发起人张相文（1867—1933年），甲午战争时期执教淮滨书院，对地理学萌发兴趣，遂遍阅江南制造局翻译的地学书籍。后入上海南洋公学执教，其间向日籍教师学习日文，并达到通晓水平。曾从日文翻译有关书刊。知新算社发起人周达（1879—1949年），自幼喜爱数学，"上自周髀、九章、海镜、玉鉴，下迄梅（文鼎）、江（永）、罗（士琳）、董（佑诚）、项（明达）、戴（熙）、徐（有壬）、李（善兰）之书，旁及墨海书馆、江南制造局所译西籍，凡中国有字之算书，靡不遍观而尽识。"③后又学习外文，直接阅读西方数学原著，1902年赴日进行数学交流活动。曾参与发起译书公会的赵元益（1840—1902年），精通医学。曾入江南制造局翻译馆任职，翻译过多部西学著作，其中的《西药大成》最为知名。立达学社的创办人胡敦复，1898年就读上海南洋公学，1907年考取江苏省公费留学，赴美国康奈尔大学学习天文学和数学，后回国主持游美肄业馆，选拔留美学生。这些发起人或主持者的西学背景对于该社团积极推介西学知识、开

北京师范大学史学探索丛书

---

① 洪震寰：《清末的"瑞安学计馆"与"瑞安天算学社"》，见《中国科技史料》，第九卷，第1期，81页，1988。

② 《中国地学会启》，见《地学杂志》一，宣统二年（1910）正月。

③ 转引自胡炳生：《周达的家世和业绩述略》，见《中国科技史料》，第15卷，第1期，23页，1994。

展科学研究，无疑发挥了重要的作用。这当中的许多人成为了中国近代著名的科学家。

三、科技社团在传播西学过程中的作用

清末科技社团兴起之时，西学在中国的传播和影响已经形成了一种氛围。甲午战前，时人评论说："昔以西学为集矢之的，今则以西学为炫奇之媒；昔以西学为徒隶之事，今则以西学为仕宦之挚矣。"①维新人士极力推动国人学习西学。康有为说："泰西之强，不在军兵炮械之末，而在其士人之学，新法之书。凡一名一器，莫不有学。理则心、伦、生物，气则化、光、电、重，蒙则农、工、商、矿，皆以专门之士为之，此其所以开辟地球，横绝宇内也。"②戊戌维新之后，严复称："近今海内，年在三十上下，于旧学根底盘深，文才茂美，而有愤悱之意，欲考西国新学者，其人甚多，上自词林部曹，下逮举贡，往往而遇。"③从甲午战后到辛亥革命的十几年中，从官宦到士子都以研习西学为要，译介西方科学和政治著作，发行报刊编译西文，创办学馆、学堂传授西方科学文化知识，以及组建文化社团传播西学，成为这一时期的社会潮流。

这时的科技社团在组建中仿效西方学会模式，将学习和运用西方科学技术作为其主旨。务农会成立于1896年，其创建的意图是"农学为富国之本，中土农学，不讲已久"，故"创设农学会，拟复古意，采用西法，兴天地自然之利，植国家富强之原"。④该会直言，"中国农器，仍二千年之旧制，而日益苦窳"，而"泰西所用机器，则皆精巧灵捷，有火力、马力、人力之别"；"中国犁耕仅及数寸，而西国之犁，则深至五尺"。因之，该会

---

① 汤寿潜：《中学》，见《汤蛰仙先生危言》，卷一，10页，光绪十六年上海刊。转引自邬小站：《西学东渐：迎拒与选择》，385页，成都，四川人民出版社，2008。

② 康有为：《日本书目志自序》，见《康有为全集》，第三集，583页，上海，上海古籍出版社，1992。

③ 愈懋堂（严复）：《论教育书》，见《辛亥革命前十年间时论选集》，第一卷上册，113页，北京，生活·读书·新知三联书店，1960。

④ 《农学会章》，载《知新报》十三册，光绪二十三年三月二十一日。

欲"购买各种器具，试验果灵捷合宜，即如式仿造，以利民用"。对于种植、畜牧、养殖等农事，该会表示皆"悉用新法试办"①。这里特别要提到中国地学会。该会是在清末众多科技社团中具有典型的科学研究特征的社团。它于1909年9月在天津成立，发起人为张相文、白眉初、张伯苓等。其《中国地学会启》称："东西各国，考察地理，罔不有正式集会，领以亲贵之官，辅以探险之队，诚重其事而分其任也。我国民何遽让此。今与海内诸君子约，仿披之例，组成中国地学会。"②其宗旨曰："本会以联合同志，研究本国地学为宗旨，旁及世界各国，不涉范围以外之事。"③该学会自筹经费，纯为仿效西方的民间学术团体。

在戊戌和清末新政组建社团、推倡西学的潮流之下，科技社团以传播西学、科学救国为理念，开展多种科学普及、科学研究等活动，为西方近代科学技术在中国的传播作出了贡献。

1. 大量译介西方科学著述。

甲午战前，西学译书多由官办机构和教会主持。战后情况发生变化，民间译介西学书籍之风日盛。如广学会译著的《自西徂东》、《泰西新史揽要》、《格物探原》、《时事新论》、《列国变通兴盛记》等风行各地。各种西学翻译丛书亦盛行，如《西学大成》、《西学大成续集》、《西政丛书》、《西学富强丛书》、《质学丛书》、《自强斋时务丛书》等。④ 对于这一时期的科技社团而言，译介西学书籍为主要任务之一。中国化学会欧洲支会将编译教科书、出版词典和确定出版物格式作为支会第一年的主要工作之一。译印西文地图公会(简称地图公会)是由邹代钧于1896年在上海成立的中国第一个地理学会，主要目的是译印地图，并开展学术研究。邹代钧曾作为随员出使欧洲，遍购欧美各国地理图册。地图公会成立后，他编译中外地图，到1908年先后编译出版《中外舆地全图地图》、《中国地理图》、《外国地理

① 《农学会章》，载《知新报》十三册，光绪二十三年三月二十一日。

② 《中国地学会启》，载《地学杂志》一，宣统二年正月。

③ 《中国地学会简章》，载《地学杂志》一，宣统二年正月。

④ 邹小站：《西学东渐：迎拒与选择》，390～391页，成都，四川人民出版社，2008。

图》、《本国地理讲授图》等 13 种。① 1897 年，专以采译泰西切用书籍为宗旨的译书公会在上海成立。该会称："考各国书籍浩如烟海，中国从前所译各书，仅等九牛一毛。"因之，公会遍购欧美各类书籍，"凡有关政治、学校、律例、天文、舆地、光、化、电、汽诸学，矿务、商务、农学、军制者，次第译成，以餍海内同志先赌为快之意。"②这时期还有很多社团在译介西学著作方面做出重要贡献，如质学会、亚泉学馆等。

2. 创办学术刊物，推介西学论点。

清末时期报纸、期刊成为政界人士和新知识界了解世事、传播思想的主要途径。郑观应谈道："士君子读书立品，尤贵通达时务，卓为有用之才。自有日报，足不逾户庭，而周知天下之事。一旦假我斧柯，不致毫无把握。此有功于学业也。"③戊戌时期及新政时期，许多社团学会视编印报刊为日常主要事项。就科学社团而言，通过编印报刊普及科学知识、发表学术成果，对于传播西学产生重要作用。1900 年，杜炜孙（亚泉）创办亚泉学馆，刊行《亚泉杂志》，主要目的是"揭载格致算化农商工艺诸科学"，是近代最早由中国人创办的自然科学杂志。杂志辟有论述、答问、科学消息、理科新书目等栏目，涉及天文学、数学、物理学、化学、生物学和地学等自然科学方面的学科，亦有经学、史学、法学等人文社会科学方面的学科。务农会创办的《农学报》始于光绪二十三年（1897 年）四月。该刊初为半月刊，1898 年 1 月改为旬刊，1907 年停刊，共出版 315 期。它以提倡新农业为要旨，大量刊载译自欧美日本的农书及杂志，是中国最早的传播先进农业科技知识的期刊。

这里特别需要提出的是中国地学会创办的会刊《地学杂志》。该杂志创刊于中国地学会成立的第二年即宣统二年（1910 年）。创刊之初杂志力求

---

① 参见郭双林：《西潮激荡下的晚清地理学》，136 页，北京，北京大学出版社，2000。

② 《译书公会告白》，载《译书公会报》，第一册，转引自汤志钧：《戊戌时期的学会和报刊》，463 页，台北，台湾商务印书馆，1993。

③ 郑观应：《盛世危言·日报》（光绪乙未刊印本），转引自左玉河：《中国近代学术体制之创建》，484 页，成都，四川人民出版社，2008。

"体例谨严，文章务求典雅"①。《地学杂志》为月刊，宣统二年（1910）和宣统三年（1911年）共出版18号（期）。设有"图迹"、"论丛"、"杂俎"、"说郛"、"邮筒"、"本会纪事"六个栏目。其发表的文章，既有地质学、地理学的专业论文，也有中外地学考察报告、旅行游记、工业农业地理概况、人文社会介绍等方面的文章。在这18号中，译自西方和日本学者的文章，占较大比例。"论丛"栏目刊发学术论文，18号共刊发16篇论文②，由外国人撰述的有8篇。③ 其"杂俎"、"说郛"栏目刊发的文章近半数译自外国人著述。此外还有一些留学生撰写的文章发表，如留学日本东京帝国大学的章鸿钊发表《论杭属以石灰代肥之隐状》（第十号）；留学日本札幌农科大学的陶昌善发表《地力说》（第十二号）；留学德国柏林大学的张星烺发表《夏期欧洲旅行记》（第十四号）等。

3. 出版科学著作和教科书，产生早期近代意义上的科学家。

从近代科学技术来讲，中国明显落后于西方。但在清末仍有一部分学者，通过学习西学并结合中国的科学传统，完成了有自身特色的科学研究活动，出版了学术著作和教科书，成为中国近代意义上的科学家，在中国近代科学史上产生了一定影响。张相文作为中国地学会的首倡者，也是中国近代第一位地理学家。为了推动地学的发展，他编撰了《初等地理教科书》和《中等本国地理教科书》。他还出版了自然地理教材《地文学》和地质学教材《最新地质学教科书》四册，成为当时学习和研究地理学和地质学的必读书目。其中，地文学的概念是他率先进行完整阐述的。此外，1900年成立的最早的数学学术团体——知新算社，倡导"演说学理，互相研究"。周达（字美权）作为知新算社发起人和社长，出版有数种数学著作，有《勾股三角整数术》、《三角和较术解》四卷、《周美权算学十种》、《平圆互容新

---

① 张相文：《中国地学会新置会所记》，见《南园丛稿》，卷七，上海，上海书店，1996。

② 《地学杂志》1—18号中，"论丛"栏一般每号刊发一篇论文，只1910年第四号刊发了两篇论文。另1910年第五号、第六号连载《世界通商地之沿革》；1910年第八号、第九号连载《地轴移动说》；1911年第十一号和第十三号连载《中国地图学发明之原始及改良进步之次序》。见《地学杂志》，1910年1—10号，1911年11—18号。

③ 主要有：德瑞克、唐雷（以上美国人）、石井八万次郎、中村清二、佐藤传藏（以上日本人）、宾古（德国人）等。

义》等 20 余部。他是中国近代数学家应该没有疑问。用汉字表达化学名词受语言的局限存在诸多困难，各种译名也不相同。1907 年 12 月成立于巴黎的中国化学会欧洲支会，由留学欧洲的留学生俞同奎、利寅、李景镐等人发起。支会活动两三年后，因成员陆续回国而停止活动。中国化学会欧洲支会存在时间虽然不长，但做了一件重要的工作，即厘定化学名词。他们经过反复讨论研究，提出建议：元质（即元素）用古文金石作为偏旁来分类；绿、臭（即氯、溴）等名则用生字表示；轻、养（即氢、氧）等名则用古文。他们还为无机、有机和度量衡等应用名词巧妙构思了一套表达方法。[①]中国化学会欧洲支会学者们的苦心钻研为中国化学发展做出了宝贵贡献。

除了上述几个方面，清末许多科技社团还开办学堂，直接培养掌握西学的人才。如谭嗣同在湖南浏阳创办的算学会，实际上也是算学馆，是为了"培植人才"[②]而设。类似的学会还有瑞安天安算社和瑞安学计馆等。

四、结语

自甲午战败到清亡的十几年，社会剧烈动荡，各种政治力量相互角力；文化思潮汹涌，中西学纷繁杂陈。西学的传播对中国社会固有的思想观念、认识世界的角度、思维方法等产生极大冲击，对清政府的统治产生一定的影响。对于清政府来说，维护其自身统治地位是首要的政治问题。其本不愿接受西学的观念，但无奈的是，社会上已经形成一股强大的潮流。不接受西学，仍然实行党禁，对于清政府来说是没有出路的。因此，清政府被迫做出改变禁锢社团的政策，制定相对宽松的文化社团政策，允许社团结社，并将对文化社团的管理上升到制度层面，呈现法制化、规范化的趋势，这是有进步意义的。政治与思想文化是相互制约、相互影响的。

---

① 袁翰青：《中国化学史论文集》，297 页，北京，生活·读书·新知三联书店，1956。

② 转引自汤志钧：《戊戌时期的学会和报刊》，578 页，台北，台湾商务印书馆，1993。

清政府从法律上承认人民结社的权利，为各类文化社团的发展营造了社会环境，为西学在中国的广泛传播提供了途径，对时人思想的改变、中西文化的交融和近代文化的繁荣产生了促进作用，为中国近代科学文化体系的建立奠定了初步的基础，对于民国初年科学文化的发展产生重要影响。

北京师范大学史学探索丛书

后　记

　　本书是笔者从事中国现当代史教学与研究的论著集。笔者自 1980 年考入北京师范大学历史系开始，在这所著名高校学习、工作了 30 多年。1984 年 7 月，本科毕业后留在历史系里从事学生工作，前后三年时间。这期间在工作之余，旁听了一些中国近代史方向的研究生课程。1987 年 9 月，按照系里安排到中国现代史教研室，主要从事中华人民共和国史的教学和研究工作。

　　来到教研室后，从各位前辈那里学到很多东西。王桧林先生是我的硕士研究生导师。先生治学严谨，涉猎广泛，思路开阔，见解深刻。他在中国现代史学科体系、中国现代政治思想史、抗日战争史等方面有很多独到见解。关于 1949 年以后的中国当代史，先生也不乏真知灼见。我的学位论文是《建国以来中国共产党对社会主义认识的深化》。从选题到资料收集，再到行文叙述，都得到了先生的认真指导。1988 年，先生主编高等教育出版社版的《中国现代史》下册，这册叙述的是 1949 年至 1987 年的历史。最后一章是讲新中国成立以来的"哲学、科学和文化"。蒙先生信任，我承担了其中教育学、心理学和体育部分的撰写。稿子写完后，交先生审看，得到先生的基本肯定。以后与先生联系越来越多，也听到先生更多的教诲。2007—2008 年，先生主持对高教版《中国现代史》的第三次修订，我负责日常秘书工作。这期间先生就中国现代史发表了很多重要的意见，我都做了认真记录，从中可见老一辈学者的严谨治学的精神和实事求是的学风。只可惜，先生未见到这套新修订的《中国现代史》出版，就驾鹤西去了。我将永远怀念先生，也深深地感谢先生！

　　谈到我的老师，还应该感谢的是对我帮助最大的郭大钧老师。郭老师长期从事中华民国史研究，尤其在现代中日关系、国民政府对日政策等方面有很深造诣，还对中共党史、中华人民共和国史有深入的研究。郭老师知识面开阔，思维敏捷，善于发现问题，文字功底深厚，做事从来都是一板一眼，严肃认真。我到教研室工作后，准备教案、上第一堂课、编写教材等，背后都有郭老师精心的指导。记得第一次给本科生上中华人民共和国史课程，郭老师陪我到了教四楼108教室。看到我很紧张，郭老师对我说，不要紧张，谁都有第一次上讲台的时候，我就不进去听了，你放开讲。有郭老师的鼓励，我顺利完成了第一堂课，以后又独立承担了《中华人民共和国史》的教学。1994年，在郭老师的主持下，我参加了北京师范大学出版社出版的《中国当代史》教材的编撰工作，1995年正式出版。这本书以后又做多次修订，前后近20年时间。到了2015年还在对《中国当代史》做新的修订。这期间，郭老师敏锐把握学术界的最新动态，吸收学术界新的研究成果，把它集中反映在我们的教材中。有时候遇到一些学术上的问题，我常常与郭老师进行讨论。郭老师看问题的敏锐眼光常常让我自叹不如。我为有郭老师这样一位良师感到幸运。

在此我还要感谢给予我很大帮助的中国现代史教研室的各位老师。感谢历史学院各位同仁的支持与理解。感谢我的家人。书中有三篇文章是和我的研究生共同完成的，在文中做了说明；我的学生李永进、李承泽、葛蓓蓓、任红宇和李晓宇等同学协助我进行了资料查找和校对的工作，在此一并向他们表示感谢。

北京师范大学出版社刘松彧同志为本书出版付出了很多的劳动，谨致谢忱。

耿向东写于北京师范大学主楼六层历史学院

北京师范大学史学探索丛书